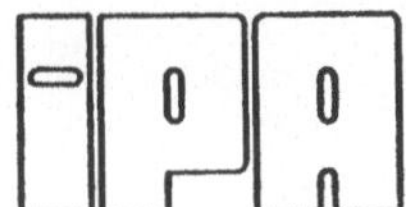

Forschung und Praxis · Band 66

Berichte aus dem Fraunhofer-Institut für Produktionstechnik und Automatisierung, Stuttgart, und dem Institut für Industrielle Fertigung und Fabrikbetrieb der Universität Stuttgart

Herausgeber: Prof. Dr.-Ing. H. J. Warnecke

Ruprecht Niepold

Fernsehüberwachung von Schutzgasschweißvorgängen mit abschmelzender Elektrode MIG – MAG

Mit 73 Abbildungen und 5 Tabellen

Springer-Verlag
Berlin Heidelberg New York 1983

Dipl.-Ing. Ruprecht Niepold

Fraunhofer-Institut für Informations- und Datenverarbeitung (IITB) Karlsruhe

Dr.-Ing. H. J. Warnecke

o. Professor an der Universität Stuttgart

Fraunhofer-Institut für Produktionstechnik und Automatisierng (IPA), Stuttgart

D 93

ISBN-13: 978-3-540-12181-7 e-ISBN-13: 978-3-642-47931-1
DOI: 10.1007/978-3-642-47931-1

Gesamtherstellung: DRUCK + *WERBUNG* · DRUCKSACHENVERTRIEBSGESELLSCHAFT m.b.H.
Hoffeldstraße 206E · 7000 Stuttgart 70 (Degerloch) · Telefon (0711) 721526

2362/3020—543210

Vorwort des Herausgebers

Die Entwicklung der Industrieroboter hat weitere Fortschritte in der Automatisierung des Schweißens ermöglicht. Größte Erfolge wurden zunächst beim Punktschweißen erzielt. So gibt es heute kaum noch eine Automobilfabrik, in der nicht Industrieroboter beim Punktschweißen der Karosserie eingesetzt sind.

Erheblich mehr Probleme sind beim Bahnschweißen zu lösen. Es geht dabei nicht allein um Steuerungsprobleme, sondern vor allem um die Kontrolle des Schweißvorganges selbst, der durch Toleranzen zwischen den beiden zu fügenden Bauteilen beeinflußt wird. Zur Lösung bieten sich neben der Kontrolle der Schweiß-Parameter optische Sensoren an, die wie der Mensch beim Schweißen die Schweißstelle beobachten. Dabei muß man insbesondere mit der hohen Lichtstärke des Lichtbogens fertig werden, da eine zu starke Abdunklung, Beobachtung und Steuerung der Bewegung des Schweißgerätes widersprechen würde. Mit verschiedensten Lösungsansätzen wird weltweit in den USA, in Japan und in West-Europa an dieser Aufgabe gearbeitet.

Herr Niepold hat im Rahmen seiner Forschungsarbeiten am Fraunhofer-Institut für Informationsverarbeitung einen interessanten Lösungsansatz verfolgt und realisiert. In dem vorliegenden Buch stellt er den beschrittenen Weg und die erzielten Ergebnisse dar. Er hat damit den Stand der Erkenntnisse auf dem Gebiete der Automatisierung des Schweißens nennenswert vorangetrieben. Er hat seine Arbeiten in enger Kooperation mit dem vom Herausgeber geleiteten Fraunhofer-Institut für Produktionstechnik und Automatisierung durchgeführt, so daß nunmehr die Veröffentlichung in dieser Buchreihe erfolgt. Verlag und Druckerei sei für die zügige Bearbeitung gedankt.

Stuttgart, Oktober 1982 Hans-Jürgen Warnecke

Vorwort

Die vorliegende Arbeit entstand von 1977 - 1980 im Fraunhofer-Institut für Informations- und Datenverarbeitung (IITB), Karlsruhe, im Rahmen des Forschungsvorhabens des Bundesministeriums für Forschung und Technologie: "Fernsehüberwachung von Schutzgasschweißvorgängen mit abschmelzender Elektrode MIG/MAG zum Abbau der Belastungen beim Schweißen".

Allen beteiligten Mitarbeitern des Instituts danke ich für die Unterstützung der Arbeiten. Ich stehe insbesondere in der Schuld von Herrn Dr.-Ing. A. Schief, der das Vorhaben gefördert und damit wesentlich zum Gelingen beigetragen hat.

Besonderen Dank schulde ich Prof. Dr.-Ing. H.J. Warnecke, Direktor des Instituts für industrielle Fertigung und Fabrikbetrieb, sowie Herrn Prof. Dr. W. Bloss, Direktor des Instituts für physikalische Elektronik, beide Universität Stuttgart, für die Übernahme der Referate.

Frau Zöller danke ich für die sorgfältige Reinschrift der Arbeit.

Karlsruhe, 1982 Ruprecht Niepold

Rien ne m'est sûr que la chose incertaine,
Obscur, fors ce qui est évident;
Doute ne fais, fors en chose incertaine;
Science tiens à soudain accident;
Je gagne tout et demeure perdant;

François Villon (1431 - ?)

Inhalt

Schrifttumsverzeichnis

/ 1/ Deutsche Industrienorm Nr. 1910, "Schweißen"

/ 2/ Föllinger, O.: "Regelungstechnik", Dr. A. Hüthig Verlag, Heidelberg, 1972

/ 3/ Brown, K.W.: "A Technical Survey of Seam Tracking Methods in Welding", The Welding Institute, Abington Hall, Abington, Cambridge, 1975

/ 4/ Foith, J.P.: "Sensoren für das vollmechanische Lichtbogenschweißen - Aufgaben, Anforderungen, Einteilungen", Schweißen und Schneiden 31 (1979), H. 7, S. 273-275

/ 5/ Foith, J.P.: "Sensoren für das vollmechanische Lichtbogenschweißen - Sensorsysteme", Schweißen und Schneiden 32 (1980), H. 3, S. 89-93

/ 6/ Schaerff, J.: "Entwicklungsstand optischer Meßsysteme zur selbsttätigen Führung des Schweißkopfes", ZIS-Mitteilungen 17 (1975), H. 12, S. 1377-1389

/ 7/ Hunter, J.J.: "Automation of Arc Welding", The Industrial Robot 5 (1978), H. 1, S. 27-31

/ 8/ Fa. ESAB: "A Lightweight Component System Welding Machine", Esab Ltd., Gillingham, Kent (zitiert nach /3/)

/ 9/ Pandjiris, A.K. u. Weinfurt, E.J.: "Tending the Arc", Welding Journal 51 (1972), H. 9, S. 633-637

/10/ Fa. IWKA, in: 2. Halbjahresbericht 1976 der Arbeitsgemeinschaft Handhabungssysteme, Kap. 23.6.2

/11/ Fa. IWKA, in: Jahresbericht 1977 der II. Arbeitsgemeinschaft Handhabungssysteme, Kap. 9.6

/12/ Fa. IWKA, in: Jahresbericht 1979 der II. Arbeitsgemeinschaft Handhabungssysteme, Kap. 3.2.1.2

/13/ Hahne, S.: "Einrichtung zur Höhen- oder Seitenverstellung eines Schweiß- oder Brennerkopfes", Patent Nr. 1267066, Deutsches Patentamt, 1965

/14/ Wall, W.A. u. Stephens, D.L.: "Automatic Closed Circuit Television Electrode Guidance for Welding", Welding Journal 48 (1969), H. 9, S. 713-720

/15/ King, F.J.: "Erhöhung des Mechanisierungsgrades beim maschinellen Lichtbogenschweißen durch Schweißkopfpositionierung und Fugengeometrieerfassung", Dissertation TH Aachen, 1977

/16/ Drews, P., King, F.J. u. Repenning, J.: "Beitrag zur Prozeßsteuerung beim Lichtbogenschweißen", DVS-Bericht Nr. 42, Deutscher Verlag für Schweißtechnik, Düsseldorf 1976, S. 127-144

/17/ Drews, P. u. Starke, A.: "Automatisches Nahtführungssystem an einem Industrieroboter", VDI-Bericht Nr. 357, VDI-Verlag, Düsseldorf, 1979, S. 79-85

/18/ Hill, J. u. Park, W.T.: "Real Time Control of a Robot with a Mobile Camera", Proc. 9th International Symposium on Industrial Robots, 13.-15. März 1979, Washington, S. 233-246

/19/ Arata, Y. u. Inoue,K.: "Automatic Control of Arc Welding (Report VI): Recognition of Intersection of 2 or 3 Planes", Transact. of the JWRI 6 (1977), H. 1, S. 7-16

/20/ Foith, J.P., Schief, A. u. König, M.: "Optische Sensoren für Schweißbahnverfolgung mit Lichtschnittbildern", Patentanmeldung Nr. 2711660 des IITB (FhG), Deutsches Patentamt, 1977

/21/ Toda, H. u. Masaki, I.: "Kawasaki Vision System - Model 79A", Proc. 10th International Symposium on Industrial Robots, März 1980, Mailand, S. 163-174

/22/ Vaisband, J.A. et al.: "A Television System for Automatically Guiding Electrodes Along Butt Welds", Automaticeskaja Svarka, (1971), H. 7, S. 48-52.

/23/ Arata, Y. u. Inoue, K.: "Automatic Control of Arc Welding (Report II): Optical Sensing of Joint Configuration", Transact. of the JWRI 2 (1973), H. 1, S. 87-101

/24/ Arata, Y., Inoue, K., Morita, M. u. Kawasaki, G.: "Automatic Control of Arc Welding (Report V): Application of Digital Picture Processing Technique to Automate Control", Transact. of the JWRI 5 (1976), H. 1, S. 77-85

/25/ Mishler, H.W. u. Monroe, R.E.: "Optische Meßfühler zur adaptiven Regelung des Schweißlichtbogens", Welding in the World 12 (1974), H. 7/8, S. 183-191

/26/ Eichhorn, F. u. Drews, P.: "Mechanisierte Schweißanlage", Patent Nr. 2546221, Deutsches Patentamt, 1977

/27/ Repenning, J.: "Grundlagen und Anwendungen der magnetischen Lichtbogenbewegung zur Regelung und Steuerung des Metall-Schutzgasschweißprozesses", Dissertation TH Aachen, 1976

/28/ Schmidt, A.: "Automatisierung des Lichtbogenschweißens mit Hilfe des Prozeßrechners PR2100",, Elektrie 27 (1973), H. 10, S. 557-559

/29/ Campbell, W.M. et al.: "The Development of a Weld Intelligence System", Welding Research Supplements, März 1966, S. 139-144

/30/ Vroman, A.R. u. Brandt, H.: Feedback "Control of GTA Welding Using Puddle Width Measurment", The Welding Journal 55 (1976), H. 9, S. 742-749

/31/ Lübbert, U.: "Automatisches Wurzelschweißen", Dissertation TH Stuttgart, 1979

/32/ Benett, A.P., Weldl, F. u. Smith, C.J.: "Improving Consistency of Weld Penetration by Feedback Control", Intern. Conf. on Fabrication and Reliability of Weld Process Plant, Nov. 1976, London, The Welding Institute Paper 9 (1976), S. 13-19

/33/ Lvov, N.S.: "Automation of Arc Welding by Means of Integrated Control Systems", Svar. Proizvodstvo (1969), H. 6, S. 10-12

/34/ Dilthey, U.: "Überwachung und Dokumentation von Schweißparametern", DVS-Bericht Nr. 50, Deutscher Verlag für Schweißtechnik, Düsseldorf, 1978, S. 8-11

/35/ Dillenburger, W.: "Einführung in die Fernsehtechnik", Fachverlag Schiele & Schön GmbH, Berlin, 1975

/36/ Weimer, P.K.: "A Historical Review of the Development of Television Pickup Devices", IEEE TRansact. on Electronic Devices 23 (1976), H.7, S. 739-752

/37/ Barbe, D.F.: "Charge-Coupled Devices and Charge-Injection Devices in Imaging", IEEE TRansact. on Electronic Devices 23 (1976), H. 2, S. 177-182

/38/ Sequin, C. et al.: "All Solid-State Camera for 525 TV-Format", IEEE Transact. on Electronic Devices 23 (1976), H. 2, S. 183-189

/39/ Burke, H.K. et al.: "Charge-Inkection Imaging: Operating Techniques and Performances Characteristics", IEEE Transact. on Electronic Devices 23 (1976), H. 2, S. 189-196

/40/ Becken, O.: "Versuch einer Fernsehübertragung des Schweißvorgangs", Schweißen und Schneiden 18 (1966), H. 2, S. 60-63

/41/ Gerthsen, C.: "Physik", Springer-Verlag, Berlin, 1964

/42/ v. Ardenne, M.: "Tabellen der Elektronenphysik, Ionenphysik und übermikroskopie", Deutscher Verlag der Wissenschaften

/43/ Munske, H.: "Handbuch des Schutzgasschweißens", Fachbuchreihe Schweißtechnik 30/II, Deutscher Verlag für Schweißtechnik, Düsseldorf, 1975

/44/ Aichele, G. u. Smith. A.A.: "MAG-Schweißen", Fachbuchreihe Schweißtechnik Nr. 65, Deutscher Verlag für Schweißtechnik, Düsseldorf, 1975

/45/ Hermann, H.: "Grundsätzliche Oberlegungen zur Funktion von Schweißstromquellen", Oerlikon Schweißmitteilungen 34 (1976), S. 14-22

/46/ Lübbert, U.: "Verfahren zur Beseitigung der störenden Lichtwirkung bei der optischen Abbildung von Lichtbogenschweißprozessen mit Bildaufnahme zu den Zeitpunkten der natürlichen Unterbrechung des Lichtbogens", Patentanmeldung Nr. 2642764 des IITB (FhG), Deutsches Patentamt, 1977

/47/ Spahn, C.J.: "Der Einsatz des Prozeßrechners als Meßmittel beim Lichtbogenschweißen", Dissertation TH Darmstadt, 1978

/48/ Moser, H.: "Über Untersuchungen des Werkstoffübergangs im Schweißlichtbogen", Dissertation TH Darmstadt 1965

/49/ Vollrath, K. u. Thomer, G.: "Kurzzeitphysik", Springer Verlag, Wien, 1967

/50/ Becker, M. u. Röttgers, T.: "Anwendungen elektro-optischer keramischer Werkstoffe in der zukünftigen Gerätetechnik", Proc. of the Laser 77 Opto-Electronics Conf., 20.-24. Juni 1977, S. 37-43

/51/ Grosch, A.: "Bildaufnahmeröhren mit Silizium-Target als Wandlerelement", Elektronik (1974), H. 2, S. 55-58

/52/ Rykalin, N.N.: "Berechnung der Wärmevorgänge beim Schweißen", VEB-Verlag Technik, Berlin, 1957

/53/ Christensen, N., Davies, V.L. u. Gjermundsen, K.: "Distribution of Temperatures in Arc Welding", British Welding Journal 13 (1965), S. 54-75

/54/ Hannappel, G.: "Das Wesen des elektrischen Lichtbogens", Schweißen und Schneiden 19 (1967), H. 3, S. 101-107

/55/ Haas, B.: "Ursachen für die Formänderung des Nahtquerschnitts beim MAG-Schweißverfahren", Maschinenmarkt 83 (1977), H. 74, S. 1458-1461

/56/ Eichhorn, F. u. Repenning, J.: "Erfassen von Änderungen der Fugenbreite mit dem Schweißlichtbogen, eine Methode zum Regeln des Durchschweißens", Schweißen und Schneiden 29 (1977), H. 3, S. 107-109

/57/ Lübbert, U. u. Ringshauser, H.: "Ein modulares System für Fernsehsensoren", IITB-Mitteilungen 1978, S. 9-13

/58/ Foith, J.P. et al.: "Optischer Sensor zur Erkennung von Werkstücken auf dem laufenden Band, realisiert mit einem modularen System", Fachberichte Messen-Steuern-Regeln, Band 4, Springer Verlag, Berlin, 1980, S. 135-155

/59/ Karg, R. u. Lanz, O.E.: "Experimental Results with a Versatile Optoelectronic Sensor in Industrial Applications", Proc. of the 9th International Symposium on Industrial Robots, 13.-15. März 1979, Washington, S. 247-264

/60/ Geißelmann, H.: "Bildsensor zur Mustererkennung und Positionsmessung bei programmierbaren Handhabungsgeräten", Dissertation Universität Stuttgart, 1980, veröffentlicht in "Forschung und Praxis Nr. 49", Springer-Verlag, Berlin, Heidelberg und New York, 1981

/61/ Landzettel, K. u. Hirzinger, G.: "Konzept und Realisierung eines mit Kontrastauswertung arbeitenden TV-Trackers", Informatik Fachberichte Nr. 20 (Angewandte Szenenanalyse, Symposium vom 10.-12. Oktober 1979, Karlsruhe), Springer Verlag, Berlin, 1979, S. 222

/62/ Flöscher, R. u. Partmann, Th.: "Sensorsystem zum Automatischen Aussortieren fehlerhafter Kleinteile", IITB-Mitteilungen 1980

/63/ Ruckdeschel, W.: "Der Werkstoffübergang beim MIG-MAG-Schweißen", Sonderdruck der Fa. LINDE Nr. 38, 1970

/64/ Puschner, P.: "Dynamisches Verhalten eines MIG-Schweißlichtbogens unter Betriebsbedingungen", VDI-Z 118 (1976), H. 17/18, S. 835-842

Abkürzungen und Formelzeichen

a	mm	Halbachse des Raupenellisoides in x-Richtung
a'	cm^2/s	Temperaturleitzahl
A_R	V	Rauschamplitude des Bildhelligkeitssignals
b	mm	Halbachse des Raupenellipsoides in y-Richtung
c	mm	Halbachse des Raupenellisoides in z-Richtung
d	mm	Pupillendurchmesser
e	1	relatives Emissionsvermögen
ENT		Aufrundungsfunktion
f	Hz	Frequenz
f( )		Funktion von ( )
F	$Länge^2$	Fläche
g	g/mm^3	spezifisches Gewicht
$g(\lambda)$	1	spektrale Empfindlichkeit
h_a	V/s	Anstiegsfaktor des Bildhelligkeitssignals
h(t)	V	Bildhelligkeitssignal
H		horizontale (Zeilen-) Synchronimpulse
i		natürliche Zahl
I	A	Strom
K1,K2,K3		Regelkreisübertragungskonstanten
k		natürliche Zahl
l	mm	Länge des Verschlußzylinders
l_D	mm	freie Drahtlänge
Δl	mm	Abstand Stromdüse / Werkstück
n		natürliche Zahl
p(x)		Wahrscheinlichkeitsverlauf für den Zustand des binären Bildsignals über die Ortskoordinate x einer Bildzeile
q	cal/s	Wärmefluß
R,R'	mm,1	absoluter, bezogener Betrag des Raumvektors (x,y,z)
s	s^{-1}	Laplace Variable
s(t)		Störgröße
t	s	Zeitvariable
Δt	s	Verzögerungszeit
T,T'	^oK,1	absolute, bezogene Temperatur
T_R	^oK	Referenztemperatur
U	V	Spannung

v	mm/s, cm/min	Geschwindigkeit
V		vertikale (Bild-) Synchronimpulse
$w(t)$		Führungsgröße
$x(t)$		Regelgröße
$x_R(t)$		gemessene Regelgröße
Δx	mm	Nahtversatz
x,y,z		kartesische Koordinaten
x',y',z'		bezogene kartesische Koordinaten
$x1,x2$	Zeilenpunkte	Suchbereichsgrenzen in der x-Richtung (Zeilenrichtung) des Bildfeldes
$y1,y2$	Zeilen	Suchbereichsgrenzen in der y-Richtung (Zeilenrichtung) des Bildfeldes
x_0,y_0		Verschiebungskoordinaten der Ellipsenmittelpunkte
α,α'	Grad	Nahtöffnungswinkel
β	Grad	Neigung des Ellipsenkoordinatensystems gegenüber dem Werkstückoberflächenkoordinatensystem
γ	Grad	maximaler Drehwinkel des Verschlußzylinders
γ'	$\frac{cal}{cm^3\ ^oC}$	spezifische Wärme
ε	Grad	Winkel zwischen Brennerachse und optischer Achse des Sensors
λ	cm 10^{-8}	Wellenlänge
η	%	Lichtbogenwirkungsgrad
$\sim$		proportional
$\parallel$		parallel
$\perp$		senkrecht
$\vert$		bezüglich

Indizes

a	analog
b	binär
B	Bild
Br	Brenner
Bel	Belichtung
Bd	Schmelzbad
D	Draht
F	Schmelzbadfortsatz
f	gefiltert
FS	Fernsehnorm
KZ	Kurzschluß
LB	Lichtbogen
M	Messung
min	Minimum
max	Maximum
N	Nahtmitte
P	Schweißprozeß
S	Schmelzbadspitze
Sch	Schweißung
T	Probentisch
W	Wärmequelle
ZT	Zeilentakt

1. Einleitung und Zielsetzung

Für den metallverarbeitenden Fertigungsbereich stellt das Schweißen eines der wichtigsten Verfahren dar. Im Laufe der letzten Jahrzehnte wurde eine große Zahl verschiedener Schweißtechniken entwickelt, deren zum Teil sehr unterschiedliche Eigenschaften zur Bewältigung einer breiten Palette von Anwendungsfällen einsetzbar sind. Die DIN-Norm 1910 (/ 1/) gibt eine Klassifikation der heute gebräuchlichen Schweißverfahren.

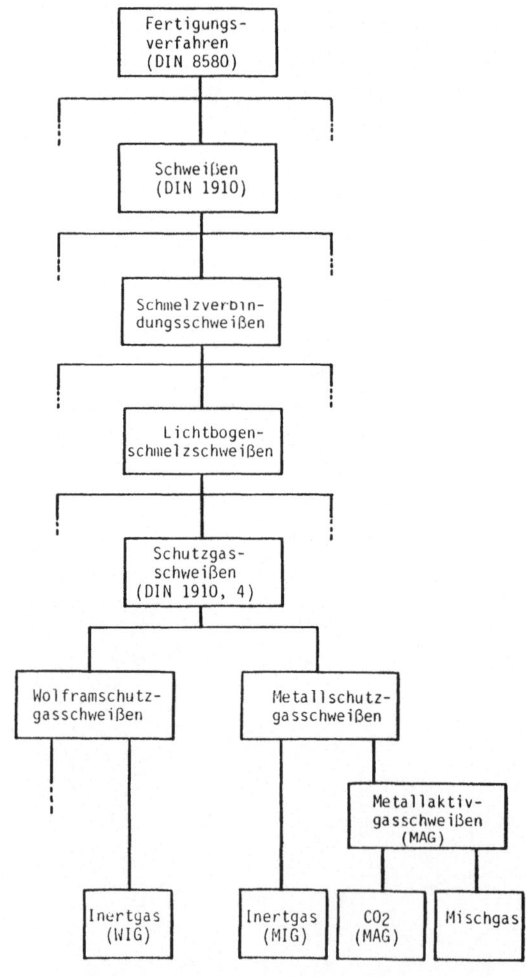

Tabelle 1: Klassifikation der Schweißverfahren (nach DIN 1910)

Besondere Bedeutung für die Metallfügetechnik hat das Lichtbogenschweißen gewonnen (vgl. Tabelle 1). Die gegen Ende des vergangenen Jahrhunderts bereits bekannte Methode, mit Hilfe eines Lichtbogens als Wärmequelle Werkstückteile anzuschmelzen und mit oder ohne Zusatzmaterial zu verbinden, wurde in der folgenden Zeit diversifiziert. Mit der Möglichkeit, technische Gase (Argon, Helium, CO_2, Gasgemische) wirtschaftlich in größeren Mengen zu produzieren, gewannen die Schutzgasschweißverfahren als Teilgruppe der Lichtbogenschweißtechniken schnell an Bedeutung.

Die vorliegenden Arbeiten befassen sich mit den Metallschutzgasschweißverfahren MIG (Metall-Inert-Gas-Schweißen) und MAG (Metall-Aktiv-Gas-Schweißen). Bild 1 zeigt schematisch die wichtigsten Merkmale dieser Techniken:

Im Gegensatz zum WIG-Schweißen (Wolfram-Inert-Gas) brennt beim MIG-MAG-Verfahren der Lichtbogen nicht an einer stabilen Elektrode (z.B. Wolfram), sondern zwischen einer abschmelzenden Elektrode und dem Werkstück. Diese Elektrode wird von einem Draht aus Zusatzmaterial gebildet, der von einer Vorratsrolle abgespult und mittels einer Führung zum Brenner geleitet wird, wo er eine Stromdüse durchläuft. Die Schweißstromquelle wird einerseits mit dem Werkstück, andererseits über die Stromdüse mit der Drahtelektrode verbunden. Zu Beginn einer Schweißung wird der Lichtbogen durch kurzes Aufsetzen des Drahtes auf das Werkstück gezündet. Die durch den Lichtbogen erzeugte Wärme schmilzt einerseits das Werkstück an und bewirkt andererseits, daß sich das Drahtelektrodenende verflüssigt. Durch das komplexe Zusammenspiel verschiedener Kräfte (elektromagnetische Kräfte, Oberflächenspannungen, Schwerkraft, Rückstoßkräfte des Lichtbogenplasmas) ausgelöst, gehen Metalltropfen von der Drahtelektrode zum Werkstück über. Der Lichtbogen setzt demnach werkstückseitig auf einen Bereich flüssigen Metalls auf, der als Schmelzbad bezeichnet wird und zur Schweißraupe erstarrt, wenn sich der Lichtbogen durch die Brennerführung fortbewegt. Da die Elektrode ständig Material an das Werkstück abgibt, muß der Draht kontinuierlich nachgeführt werden.

Abschmelzende Elektrode und Schmelzbad werden durch einen Schutzgasmantel umgeben, indem die Schweißstelle von aus der Gasdüse des Brenners ausströmendem Gas umspült wird. Das Schutzgas verhindert, daß das heiße und daher chemisch aktive flüssige Metall mit der Atmosphäre reagiert. Beim MIG-

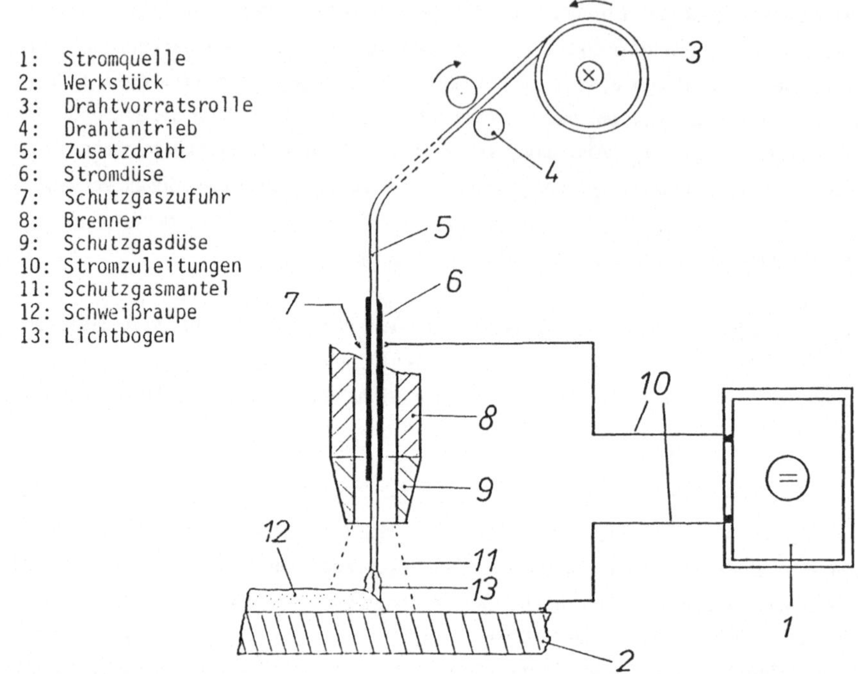

Bild 1: Schutzgasschweißprozeß mit abschmelzender Elektrode (schematisch)

Schweißen werden inerte Gase eingesetzt (Argon), die am Schweißprozeß selbst nicht teilnehmen, jedoch die Lichtbogenausbildung beeinflussen. Sofern aktive Gase (CO_2, O_2, Gemische aktiver und inerter Gase) eingesetzt werden, werden neben der Schutzwirkung gegenüber der Atmosphäre noch chemische Reaktionen der aktiven Gaskomponenten ausgenutzt, die aufgrund der hohen Lichtbogenenergie ablaufen und die Schmelzbadbildung in günstiger Weise beeinflussen (MAG-Schweißen).

Die DIN-Norm 1910 (/ 1/) unterscheidet innerhalb der Metallschutzgasschweißverfahren verschiedene Arten des Materialübergangs durch die Bezeichnungen Kurz-, Lang-, Sprüh- und Impulslichtbogen. Die Grenzen dieser vier Klassen, die die Eigenschaften der Materialtropfen (grob-/feintropfig) oder des Lichtbogens (kurzschlußbehaftet/-frei) sowie die Ursache für den Materialübergang (externgesteuert/prozeßbedingt) beschreiben, sind teilweise fließend. Während beim MAG-Schweißen hauptsächlich der Kurz- und Langlichtbogenbereich ausgenutzt wird und in der Praxis eine weite Verbreitung findet, wird beim MIG-Schweißen zunehmend das Impulslichtbogenverfahren verwendet, welches allerdings eine besondere maschinelle Ausrüstung benötigt.

Bedingt durch die erforderliche Nachführung der Drahtelektrode gehört das MIG-MAG-Schweißen zu denjenigen Verfahren, die von vornherein einen gewissen Mechanisierungsgrad mit sich bringen. Durch die Konstruktion kompakter Drahtvorschubeinrichtungen und Brenner lassen sich die Schweißungen jedoch manuell ausführen und haben sich daher in der Praxis stark durchgesetzt.

Der in der Schweißtechnik allgemein zu beobachtende Trend zur Mechanisierung führte beim MIG-MAG-Schweißen bereits früh zum Bau und Einsatz von vollmechanisierten Schweißanlagen, die besonders in der Serienfertigung Eingang gefunden haben. Bei diesen Schweißmaschinen werden alle Funktionen maschinell gesteuert, insbesondere auch die Führung des Brenners entlang der Werkstücknaht. Sie werden in der Regel für spezielle Anwendungsfälle (z.B. zum Schweißen eines bestimmten Werkstücktyps definierter Abmaße) konzipiert. Auf den Ablauf des Schweißprozesses, der durch das vorgegebene "Programm" festliegt, kann während der Schweißung kein Einfluß genommen werden.

Inzwischen kündigt sich eine neue Generation von Schweißanlagen an, bei denen ein Eingriff in den laufenden Schweißprozeß möglich ist. Das angestrebte Ziel ist ein flexibel regelbarer Schweißablauf, der an mehr oder weniger variable Prozeßbedingungen angepaßt werden kann. Hierzu werden Beobachtungseinrichtungen verwendet, die die Schweißung überwachen und die zum Eingriff benötigte Information liefern. Durch die Verwertung der von den Sensoren erfaßten Information - was maschinell oder mit Hilfe des Schweißers als Anlagenbedienmann geschehen kann - wird das einengende Konzept einer zwar vollmechanisierten, jedoch durch ein Festprogramm gesteuerten Schweißanlage herkömmlicher Bauart umgangen.

Das Konzept der mit Sensoren ausgerüsteten Schweißanlagen ist in Verbindung zu sehen mit neuen Maschinentechniken (flexible Handhabungssysteme) und mit einem zunehmenden Anspruch an die Qualität der Schweißverbindungen. Nicht zuletzt geht es aber auch um den Abbau nicht zeitgerechter sehr hoher Belastungen, die die manuelle Ausführung von Schweißungen heute noch mit sich bringt.

Das Ziel der vorliegenden Arbeit ist es, für das MIG-MAG-Schweißen ein Sensorsystem zu entwickeln. Dabei wird schwerpunktmäßig das Kurzlichtbogenschweißen (vgl. Kap. 3) betrachtet. Die Lösung der Aufgabenstellung, den Schweißprozeß kontinuierlich zu überwachen und die gewonnene Information in geeigneter Weise für eine Prozeßbeeinflussung zur Verfügung zu stellen bzw. zu verwerten, zerfällt in drei Teile, die bei der Beschreibung der Konzeption und Realisierung des Sensorsystems im folgenden berücksichtigt werden:

a) Informationserfassung: Konzeption einer an die Bedingungen des Schweißprozesses angepaßten Beobachtungstechnik, die eine möglichst umfassende Überwachung des Schweißablaufs erlaubt, und Realisierung einer in der Praxis einsetzbaren Beobachtungseinrichtung.

b) Informationsanalyse: Überprüfung der von der Beobachtungseinrichtung erfaßten Information über den laufenden Schweißprozeß auf schweißtechnisch relevante Merkmale; Überprüfung der quantitativen Aussagekraft der ausgewählten Merkmale.

c) Informationsverarbeitung: Konzeption und Realisierung eines vielseitig einsetzbaren Verarbeitungssystems zur Informationsaufbereitung; Erprobung des gesamten Sensorsystems am laufenden Schweißprozeß.

2. Stand der Technik bei Sensoren zur Beobachtung von Schweißprozessen

2.1 Aufgaben von Sensoren für die Schweißtechnik

Bei der Durchführung seiner Tätigkeit hat der Handschweißer zwei Aufgaben zu bewältigen: Er bewegt den Brenner entlang einer Bahn (Nahtverfolgung), welche durch die vorbereitete Naht des Werkstücks vorgegeben ist, und er überwacht und korrigiert den Prozeßarbeitspunkt gemäß der jeweils vorliegenden Prozeßsituation (Arbeitspunktregelung). Der Handschweißer muß demnach einerseits den Prozeß beobachten und andererseits in Abhängigkeit von der übernommenen Information in den Prozeß eingreifen. Verwendet man die Modellvorstellung der Regelungstechnik nach FÖLLINGER (/ 2/), so spielt der Schweißer bei der Abwicklung des Schweißprozesses die Rolle eines Reglers, d.h. eines Meßsystems und eines Stellgliedes.

Bei der in Kap. 1 beschriebenen Entwicklung hin zu Schweißanlagen zeigte sich bereits bald, daß eine reine Steuerung des Schweißprozesses (z.B. mechanische Führung des Brenners entlang einer vorprogrammierten Bahn bei konstantem Strom/Spannungsarbeitspunkt) den komplizierten Verhältnissen beim Prozeßablauf nicht gerecht wird. Anschaulich sind die Gründe hierfür in Bild 2 aufgezeigt. Die einstellbaren Größen werden so vorgegeben, wie es die Erfahrung zur Erzielung des gewünschten Schweißergebnisses lehrt; nicht berücksichtigt werden die Prozeßstörgrößen, die jedoch in entscheidendem Maße die Qualität der Schweißverbindung beeinflussen. Die Störgrößen können verursacht werden durch Abweichungen der Naht vom geplanten Verlauf, Änderungen der Nahtfugengeometrie (Spaltbreitenänderungen, Nahtflankenversatz, Heftstellen), Störungen der Zusatzmaterialzufuhr etc. Die Folgen äußern sich in mangelhaften Schweißverbindungen, bei denen eine ungenügende Haltbarkeit festgestellt wird.

Bei der manuellen Schweißung treten die Einflüsse der Störgrößen nur in sehr viel geringerem Maße in Erscheinung, weil der Handschweißer den Prozeß beim Ablauf beobachtet und die Störungen ausgleicht. Sensorsysteme, die in der Schweißtechnik eingesetzt werden, um auch beim maschinellen Schweißen die momentanen Schweißbedingungen erfassen und berücksichtigen zu können, bestehen daher aus zwei Teilen: Eine Beobachtungseinrichtung zum Erfassen der Regelgrößen wird ergänzt durch maschinelle Stelleinrichtungen, über die die Regelgrößen in geeigneter Weise auf den Schweißprozeß zurückwirken. In Bild 2b ist schematisch der geschlossene Regelkreis wiedergegeben.

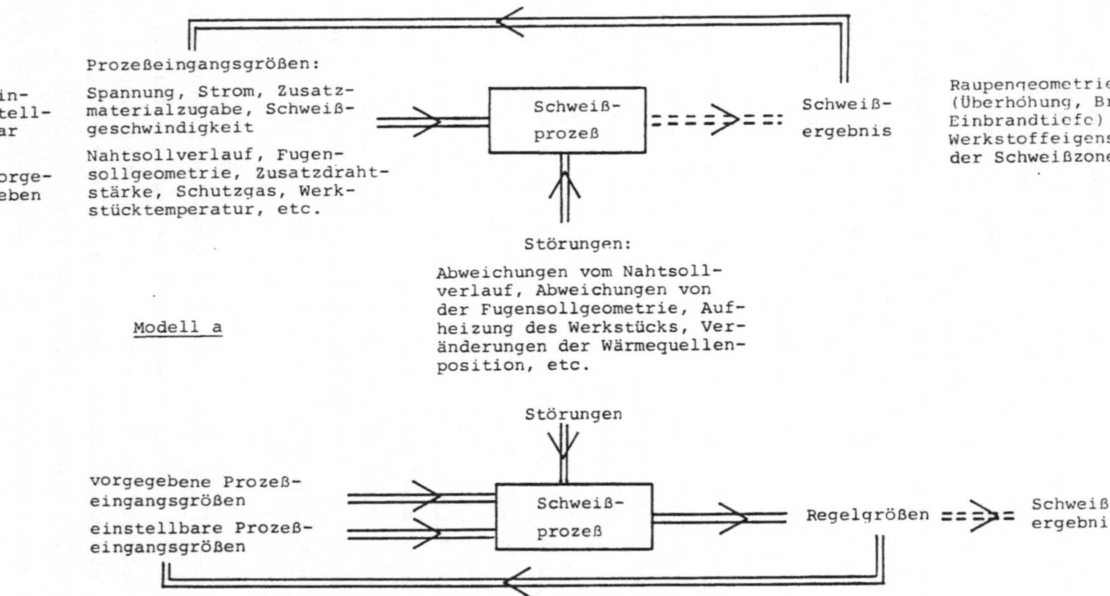

Bild 2: Schematische Darstellung des gesteuerten (a) und des geregelten (b) Schweißprozesses

In Bild 2 sind die beteiligten Prozeßparameter in Form von Signalbündelpfaden dargestellt. Eine nähere Untersuchung der verschiedenen Signale verdeutlicht, daß zwischen dem Modell a (gesteuerter Schweißprozeß) und dem Modell b (geregelter Ablauf) ein wichtiger Unterschied darin besteht, daß die beobachteten Prozeßausgangsgrößen (a: Schweißergebnis, b: Regelgrößen) unterschiedlich eng mit dem Prozeß verknüpft sind. Während sich das Schweißergebnis als Folge einer Einflußparameterkombination während des Schweißens ergibt und erst nach Ablauf der Schweißung untersuchbar ist, wird über die Regelgrößen des Modells b der Prozeß selbst beschrieben, wodurch der Einfluß der Störgrößen unmittelbar erfaßbar wird.

Während seit langem Kriterien zur Beurteilung von fertigen Schweißverbindungen bekannt sind - die Weiterentwicklung und Diskussion der Methoden hält an - ist es schwierig, Angaben zu den Regelgrößen des Modells b zu machen. Bei der Handschweißung, bei der der Mensch als Sensorsystem fungiert, ist es nicht möglich, die Meßfunktion der Beobachtungseinrichtung "Mensch" eindeutig zu beschreiben. Befragungen von erfahrenen Schweißern zeigen, daß sie nicht in der Lage sind zu erklären, wie sie einen Schweißprozeß beobachten. Erfahrene Schweißer besitzen Fertigkeiten, deren sie sich nicht bewußt sind und die sie durch ein langes Training erworben haben. Es ist lediglich bekannt, daß der Schweißer sich im wesentlichen auf die visuelle Information stützt, die er durch Beobachtung der Schweißstelle erwirbt. Aber auch sein Tastsinn oder das Schweißgeräusch geben ihm Auskunft über den Ablauf des Prozesses.

Da die Schweißsensoren die Beobachtungsfunktion des Menschen übernehmen, muß bei der Konzeption solcher Einrichtungen eine Beobachtungsstrategie aufgestellt werden. Aus ihr ergeben sich die Regelgrößen, die vom Sensor erfaßt und verarbeitet werden sollen. Bei der Schließung des Regelkreises über Stelleinrichtungen muß ebenfalls eine geeignete Vorgehensweise entwikkelt werden. Das resultierende Regelungskonzept beschreibt, wie der Prozeß in adäquater Form beeinflußt werden muß, um einen optimalen Schweißablauf zu garantieren. Ein Ansatzpunkt für ein mögliches Vorgehen ergibt sich aus der Verfahrensweise des Schweißers, der die einstellbaren Prozeßeingangsgrößen vorwählt (z.B. Strom, Spannung und Zusatzdrahtvorschub); während des Schweißens werden lediglich kleine Korrekturen um den vorgewählten Arbeitspunkt vorgenommen, um Fehleinstellungen der Prozeßgrößen und Störungen auszugleichen. In der Regel führt der Schweißer daher hauptsächlich eine Störgrößen-, weniger eine Führungsgrößenregelung aus. Wie im folgenden Kapitel gezeigt wird, basieren die meisten bekannten Sensorsysteme ebenfalls auf diesem Prinzip.

2.2 Beispiele realisierter Sensorsysteme und Abgrenzung des vorliegenden Verfahrens

Die ersten Sensorsysteme für die Schweißtechnik wurden gebaut, um für spezielle Probleme bei der Prozeßabwicklung in konkreten Anwendungsfällen Lösungen zu finden. Erst in letzter Zeit wurde bei der Konzeption neuer Sensorsysteme die Erkenntnis berücksichtigt, daß es in der Schweißtechnik bestimmte Aufgabenstellungen gibt, die bei vielen Anwendungen von Interesse sind. Deshalb wird in zunehmendem Maße Wert auf die vielseitige Einsetzbarkeit von Sensorsystemen gelegt, zumindest was verwandte Schweißverfahren angeht. Dies gilt insbesondere für die benötigten Nahtverfolgungssysteme. Die Realisierung von Arbeitspunktregelungen ist dagegen eng an das jeweilige Schweißverfahren gekoppelt und daher von Natur aus in ihrer allgemeinen Verwendbarkeit eingegrenzt.

Eine Klassifikation der vorhandenen Sensorsysteme ist nach mehreren Gesichtspunkten möglich: Schweißverfahren, Regelaufgabe, Meßprinzip, Beobachtungsstrategie, Werkstückform etc. können als Klassen verwendet werden. Übersichten zum Stand der Technik sind zu finden bei BROWN (/ 3/) für Nahtverfolgungssysteme; FOITH (/4,5/) teilt die Sensorsysteme nach der Beobachtungsstrategie ein; SCHAERFF (/ 6/) gibt einen Überblick über optische Sensoren; HUNTER (/ 7/) zeigt gegenwärtige Entwicklungstendenzen auf.

Um das in den folgenden Kapiteln zu beschreibende Verfahren einordnen und gegenüber anderen abgrenzen zu können, werden für das Schutzgasschweißen einige typische Sensorsysteme vorgestellt. Sie werden in zwei Grobklassen eingeteilt, die der Regelungsaufgabe entsprechen: Nahtverfolgungssysteme und Arbeitspunktregelungssysteme. Eine Übersicht zu den beschriebenen Systemen ist in Tabelle 2 (Seite 23) wiedergegeben.

	NAHTVERFOLGUNG					ARBEITSPUNKTREGELUNG (-STEUERUNG)				
	Lit.	Meßprinzip	Schweißverfahr.	beobacht. Größe	Stellgröße	Lit.	Meßprinzip	Schweißverfahr.	beobacht. Größe	Stellgröße
Messung vor der Schweißstelle	/8/	taktil	unabh.	Nahtmitte	→ ↑					
	/9/	takt./el.	unabh.	Nahtmitte	→ ↑					
	/11/	ind./kap.	unabh.	Nahtmitte	→ (↑)					
	/12/	indukt.	unabh.	Nahtmitte	→					
	/13/	pneumat.	unabh.	Nahtmitte	→ ↑					
	/14/	opt.	WIG	Nahtmitte	→					
	/15/	opt.	WIG,MAG	Nahtmitte	→					
	/20/	opt. LS	unabh.	Nahtmitte	→	→			Spaltbreite	?
	/18/	opt. LS	unabh.	Nahtmitte	→					
	/19/	opt. LS	unabh.	Nahtmitte	→					
	/21/	opt. LS	unabh.	Nahtmitte	→					
						/28/	taktil	UP	Spaltbreite	Strom
						/29/	therm.	WIG	Temperatur	Schweißgeschw.
an der Schweißstelle	/22/	opt.	?	Nahtmitte	→					
	/24/	opt.	MIG/MAG	Geom. LB	→					
	/25/	opt.	MIG	LB-Länge	↑					
	/§§/	opt.	MIG/MAG	Geom. Bd	→ ↑	→			Geom. Bd	Schweißgeschw.
						/30/	opt.	WIG	Raupenbreite	Schweißgeschw.
						/31/	opt.	WIG-Wurzel	Schweißöse	Drahtzufuhr
						/32/	opt.	WIG	Temperatur	Strom
extern	/16/	el.	MIG-MAG	Strom	↑					
	/26/	el.	UP-2-Draht	U / I	→	→			Spaltbreite	Pendelamplit.
	/27/	el.	MIG/MAG	U / I	→					

(Zeichenerläuterung:
→ : Stellung Seitenpositioon des Brenners
↑ : Stellung Höhenposition des Brenners
LB: Lichtbogen
LS: Lichtschnittverfahren
Bd: Schmelzbad
§§: vorgestelltes Sensorsystem)

Tabelle 2: Übersicht zu Schweißsensorsystemen

2.2.1 Sensorsysteme für Nahtverfolgungen

Die größte Zahl der bisher entwickelten Sensoren sind für Nahtverfolgungsaufgaben gedacht. Die einfachsten Systeme tasten mechanisch die Fuge der Naht ab. Eine Einrichtung von ESAB / 8/ sieht z.B die Führung des Brenners mittels eines starr gekoppelten Wagens vor, welcher in der Nahtfuge läuft. Andere taktile Systeme setzen über mechanische Fühler die Position der Naht in elektrische Signale um, die zur Positionierung des Brennersystems weiterverarbeitet werden (PANDJIRIS / 9/, IWKA /10/). Erfaßt werden kann die 3-dimensionale Position der Naht. Die taktilen Systeme haben offensichtliche Nachteile: Es muß ein Mindestabstand zwischen dem Fühler und der Schweißstelle eingehalten werden; der Fühler unterliegt der Abnutzung und muß bei verschiedenen Nahtprofilen der Form nach angepaßt werden. Außerdem können Nahtfehler (Versatz, variable Spaltbreite, Spritzer, Heftstellen) das Verfahren beeinträchtigen. Positiv dagegen ist zu bewerten, daß die mechanischen Fühler weitgehend unabhängig vom Schweißverfahren arbeiten.

Eine Reihe von Sensoren vermißt die Nahtlage vor der Schweißstelle berührungslos.

So lassen sich z.B. induktive oder kapazitive Meßverfahren einsetzen. Hierbei werden entweder durch Abstandsmessung die Profilkanten erfaßt (IWKA /11/) oder durch Pendelung eines induktiven Sensors das Nahtprofil abgetastet (IWKA /12/). Diese Sensoren sind aufgrund des Meßverfahrens weitgehend unabhängig von mechanischen Störungen der Naht. Während die Abstandsmeßmethode stark an die Form des Werkstücks gekoppelt ist (typischer Einsatzfall: Kehlnähte), läßt sich die Profilabtastung bei mehreren Nahttypen (V-, I-, Überlapp-Naht) einsetzen. Die jeweilige Nahtform wird beim Verarbeitungsalgorithmus des Sensorsignals berücksichtigt. Gemessen werden kann die seitliche Abweichung des Brenners zur Nahtmitte, in besonderen Fällen bei der Abstandsmeßmethode auch die Höhe des Brenners über dem Werkstück.

Ähnlich wie das induktive Abstandsmeßverfahren arbeitet ein von HAHNE (/13/) vorgeschlagener Sensor. Die Abstände werden hier allerdings pneumatisch mit Hilfe von Staudüsen vermessen. Durch geeignete Anordnung der Düsen unter Berücksichtigung der Nahtform läßt sich der Brenner in der Höhen- und Seitenposition relativ zur Naht regeln.

Zunehmend werden optische Verfahren zur Erfassung der Nahtlage angewandt. Hierbei wird die ungeschweißte Naht vor der Schweißstelle beobachtet. Die Schwierigkeit liegt bei den Beleuchtungsverhältnissen, die durch unterschiedliche Oberflächenbeschaffenheiten des Werkstücks und durch die Lichteinwirkung des Lichtbogens beim Schweißen (Ausnahme: UP-Schweißen) beeinträchtigt werden. Deshalb sind zusätzliche Beleuchtungseinrichtungen erforderlich, um die beobachtete Stelle in geeigneter Weise dem Sensor kontrastreich darzubieten. WALL (/14/) verwendet zur Beobachtung eine Fernsehkamera, wobei durch eine besondere Beleuchtung die Nahtmitte hervorgehoben wird. Durch elektronische Verarbeitung des Fernsehsignals wird eine Information über die Nahtlage gewonnen und der Brenner in seitlicher Richtung relativ zur Nahtmitte nachgeführt. Das System wird beim WIG-Schweißen eingesetzt. Ein von KING (/15/) und DREWS (/16/, /17/) entwickeltes Verfahren sieht eine gleichmäßige Beleuchtung des Blickfeldes des optischen Sensors vor: Eine Diodenzeile nimmt das reflektierte Licht auf. Das elektrische Ausgangssignal des Sensors wird einem Mikroprozessorsystem zugeführt. Je nach Nahtform (V-, I-, Kehl- und Oberlappnaht) ergeben sich charakteristische Verläufe des Signals, die durch entsprechend angepaßte Programme zur Extraktion der Nahtmittenlage verarbeitet werden. Das Rechnersystem übernimmt ebenfalls die durch den Abstand Brenner/Diodenzeile (Minimum: 20 mm) erforderlichen Verzögerungen der Meßergebnisse. Das System kann einen seitlichen Versatz des Brenners ausregeln und ist für das MIG-MAG- und das WIG-Schweißen verwendbar.

Die sogenannten Lichtschnittverfahren liefern zusätzlich eine Information zur Höhenlage der Schweißnaht. Hierzu werden eine oder mehrere Hell/Dunkelzonen durch Lichtprojektion auf die Naht erzeugt und unter einem schrägen Winkel beobachtet. Die durch das Nahtprofil gebrochenen Lichtschnitte erlauben eine 3-dimensionale Vermessung der Fuge. Die Schweißbrennerposition läßt sich somit in Höhe und Seitenlage relativ zur Naht regeln. HILL (/18/) projeziert einen Lichtstreifen und verarbeitet das Signal einer die Szene beobachtenden Diodenmatrixkamera mittels eines Rechnersystems. Eine Anwendung des Verfahrens unter realen Schweißbedingungen wurde bisher nicht durchgeführt. ARATA (/19/) beleuchtet die Szene mit hellen und dunklen Streifen, erfaßt die durch das Profil abgewinkelten Linien mittels Fernsehkamera und schlägt einen Verarbeitungsalgorithmus zur Stoßliniendetektion zweier oder dreier Flächen vor. FOITH (/20/) beleuchtet nur die eine Hälfte eines Fernsehkamerablickfeldes und wertet den Verlauf der Grenzlinie aus. Seine Versuche zeigen, daß die Einwirkung des Schweißlichtbogens bei genügend großem Abstand des Sensorblickfeldes vom Brenner (ca. 50 mm) nicht stört. TODA (/21/) benutzt ebenfalls das Lichtschnittverfahren zur Ansteuerung eines Schweißroboters.

Nur wenige Sensorsysteme für Nahtverfolgungsaufgaben beobachten die Schweißstelle selbst. Taktile Sensoren scheiden hier naturgemäß aus.

VAISBAND (/22/) schlägt ein optisches System vor, bei dem die Schweißstelle mittels einer Fernsehkamera beobachtet wird. Er detektiert die Lage der noch ungeschweißten Naht unmittelbar vor dem Schmelzbad und ermittelt die Brennerposition durch Vermessung der Position der Elektrode, die sich ebenfalls im Blickfeld der schräg angeordneten Kamera befindet. Geregelt wird die seitliche Position des Brennersystems. ARATA (/23/, /24/) beobachtet den Lichtbogenkegel beim MIG-MAG Schweißen mittels einer speziell konstruierten Anordnung von lichtempfindlichen Dioden. Er untersucht den Einfluß der Nahtform auf die Ausbildung des erfaßten Lichtbogenkegels und kann bei speziellen Nahtprofilen die Lage des Brenners relativ zur Naht durch Verarbeitung des Sensorsignals messen und zur Brennerführung verwenden. MISHLER (/25/) erfaßt die Länge des Lichtbogens in senkrechter Richtung zum Werkstück durch direkte Beobachtung mittels zweier lichtempfindlicher Dioden. Es gelingt über diese Einrichtung, den Brenner in konstanter Höhe über dem Werkstück zu halten. Das Verfahren wird beim MIG-Schweißen eingesetzt.

Außer der Prozeßbeobachtung vor und an der Schweißstelle sind auch Verfahren entwickelt worden, um den Schweißablauf durch Analyse der einstellbaren (und daher leicht meßbaren) Prozeßparameter zu überwachen. Für die Nahtverfolgungsaufgabe schlägt DREWS (/16/) vor, die Höhe des Brenners über eine Stromarbeitspunktbeobachtung zu regeln. Diese Vorgehensweise ist beschränkt auf Verfahren, bei denen Stromquellen mit Konstantspannungscharakteristik verwendet werden. Beim Doppeldrahtschweißen (UP-Schweißen) haben EICHHORN und DREWS /26/ ein Verfahren entwickelt, bei dem über einen Vergleich der Arbeitspunkte der beiden Drähte eine Information über die Abweichung der Position des Brenners gegenüber der Nahtmitte gewonnen werden kann. Versuche mit einem entsprechend geschlossenen Regelkreis beim UP-Schweißen bestätigen die Praktikabilität des Verfahrens. Die Weiterentwicklung dieses Systems wurde von REPENNING (/27/) durchgeführt: Beim MIG-MAG-Schweißen (1 Draht) wird der Lichtbogen durch Einwirkung eines Magnetfeldes künstlich in beide Richtungen quer zum Nahtverlauf kurzzeitig ausgelenkt. Hierdurch ergeben sich momentane Verschiebungen des Arbeitspunktes. Die provozierten Abweichungen vom Sollarbeitspunkt sind nur dann für beide Auslenkungsrichtungen symmetrisch, wenn der Lichtbogen in der Fugenmitte brennt. Ein Vergleich der Strom/Spannungs-Wertepaare bei rechter und linker Auslenkung ergibt den Brennerversatz relativ zu Nahtmitte nach Betrag und Richtung. Eine seitliche Positionierung des Brenners ist daher möglich. Eine Höhenregelung des Brenners läßt sich jedoch nicht durchführen.

2.2.2 Sensoren für Arbeitspunktregelungen

Arbeitspunktregelungen über beobachtende Sensoren sind bisher nur in wenigen Fällen realisiert worden (vgl. Tabelle 2, S. 23).

Sofern vor der Schweißstelle gemessen wird, wird üblicherweise die Fugenbreite erfaßt. SCHMIDT (/28/) vermißt mit einem mechanischen Fühler die Spaltbreite von I-Stößen und steuert beim UP-Schweißen den Schweißstrom über den Drahtvorschub. Der optimale Zusammenhang Schweißstrom/Fugenbreite wird vorher aufgrund eines empirischen Modells des Schweißprozesses festgelegt. Eine Verwertung der Spaltbreite zur Arbeitspunktregelung ist ebenfalls mit dem bereits beschriebenen Lichtschnittverfahren von FOITH (/20/) möglich. Entsprechende Erfahrungen liegen jedoch noch nicht vor. Einen Sonderfall stellt das System von CAMPBELL (/29/) dar: Mit Hilfe von Konstantanthermoelementen, welche beidseitig von der Schweißstelle die Werkstückoberfläche berühren, wird die Oberflächentemperatur des zu verschweißenden Materials gemessen. Diese dient als Regelgröße für die Schweißgeschwindigkeit. Auf diese Weise werden beim Aluminium-WIG-Schweißen konstante Durchschweißverhältnisse erzielt.

Mehrere Sensorsysteme beobachten zur Arbeitspunktregelung die Schweißstelle selbst. VROMAN (/30/) richtet eine Diodenzeilenkamera auf das noch glühende Metall unmittelbar hinter der Schweißstelle, jedoch so weit entfernt, daß der Lichtbogen nicht mehr stört. Gemessen wird die Breite des Schmelzbades und geregelt die Schweißgeschwindigkeit. Dabei soll das Füllvolumen der Naht konstant gehalten werden. Das Verfahren wurde beim WIG-Schweißen eingesetzt. Ebenfalls für dieses Schweißverfahren hat LÜBBERT (/31/) einen optischen Sensor entwickelt, der beim Wurzelschweißen verwendet wird: Eine Fernsehkamera beobachtet die an der Schmelzbadspitze entstehende Nahterweiterung, deren Schlüsselloch-Form durch das Aufschmelzen der Nahtflanken entsteht. Die Fläche dieser Öse wird als Regelgröße für den Drahtvorschub verwendet, um Wurzeln gleichmäßigen Durchhangs zu erreichen. Als Störgrößen werden Nahtflankenhöhenversatz, Spaltbreitenänderungen und Heftstellen ausgeregelt. BENETT (/32/) beobachtet beim WIG-Schweißen die Temperatur der Werkstückrückseite auf der Höhe der Schweißstelle. Diese Regelgröße wird konstant gehalten durch Pulslängenmodulation des Schweißstromes bei festeingestellter Schweißgeschwindigkeit. Das bereits beschriebene Verfahren von REPENNING (/27/, induzierte Lichtbogenablenkung) kann auch zur Vermessung der Fugenbreite eingesetzt werden, sofern sichergestellt ist, daß der Brenner in konstanter Höhe über dem Werkstück gefahren wird. EICHHORN und REPENNING (/56/) weisen im Versuch nach, daß variable Spaltbreiten ohne Nahtdurchfall oder mangelhaftes Durchschweißen überbrückt werden können, wenn die Pendelamplitude entsprechend der Fugenbreite nachgeführt wird. Das Verfahren wurde für das MIG-MAG-Sprühlichtbogenschweißen realisiert, wobei die Pendelbewegung durch die magnetische Ablenkung des Lichtbogens erreicht wurde.

Diese Auswahl einiger typischer Sensorsysteme zeigt auf, welche Aufgaben und Probleme Sensoren zu bewältigen haben. Angesichts der vielen Variationsmöglichkeiten der Schweißbedingung erscheint es nicht möglich, einen Universalsensor für alle Schweißfälle zu konzipieren. Dennoch bleibt es wünschenswert, ein Sensorsystem für ein möglichst vollständiges Regelungskonzept auszulegen.

2.2.3 Besondere Eigenschaften des eigenen Sensorsystems:

Der in den folgenden Kapiteln beschriebene Schweißsensor ist gekennzeichnet durch eine Reihe von Eigenschaften, welche das System von den bekannten Techniken unterscheidet:

a) Bei dem Verfahren wird die Schweißstelle selbst beobachtet. Diese Vorgehensweise bietet Vorteile gegenüber den Beobachtungseinrichtungen, die auf die Naht vor der Schweißstelle gerichtet sind. Prinzipiell ergibt sich bei diesen nämlich folgende Schwierigkeit: Die Information über den Verlauf der Naht und über das Nahtprofil ist zwar an der ungeschweißten Naht am leichtesten zu erfassen; jedoch findet der Schweißprozeß nicht an der Meßstelle statt. Bei einer starren Verbindung Beobachtungseinrichtung/Brennersystem sind daher nur Nähte geringer Krümmung verfolgbar. Daher wird bei allen Sensoren, welche vor der Schweißstelle messen, auf einen möglichst kleinen Abstand Meßeinrichtung/Brennersystem geachtet. Trennt man die Beobachtungseinrichtung vom Brennersystem, so müssen die Meßwerte verzögert werden, wobei die Schweißgeschwindigkeit eingeht. Außerdem muß dann zusätzlich zum Brenner noch der Sensor in seiner Lage geregelt werden, was einen beträchtlichen Aufwand bedeutet. Bei dem Verfahren, welches im folgenden vorgestellt wird, werden diese Schwierigkeiten durch die direkte Beobachtung der Schweißstelle vermieden.

b) Die Beobachtungseinrichtung arbeitet auf optischer Basis und greift nicht in das Schweißverfahren ein. Diese Eigenschaft ist deshalb wichtig, weil eine Abänderung des Schweißverfahrens, bedingt durch die Arbeitsweise des Sensors, das Anwendungsfeld des Systems wesentlich einschränken würde.

c) An der Schweißstelle erfaßt die Beobachtungseinrichtung das Schmelzbad. Der Vorteil dieser Vorgehensweise ist darin zu sehen, daß hierdurch der Prozeß unmittelbar zugänglich ist. Der Handschweißer geht in analoger Weise vor, wenn er "an dem Lichtbogen vorbei" die Schmelze betrachtet. Andere Sensorsysteme überwachen den Schweißablauf mittels der Einflußgrößen (Nahtgeometrie, elektrische Prozeßparameter oder Lichtbogenkegel). Gerade im Hinblick auf ein optimales Schweißergebnis liefert jedoch das Schmelzbadverhalten wichtige Informationen.

d) Das vorgeschlagene Sensorsystem ist sowohl für Nahtverfolgungsaufgaben (3-dimensional) als auch für Arbeitspunktregelungen einsetzbar. Wichtig ist dabei, daß die Beobachtung des Schweißablaufs mit nur einer Einrichtung (Fernsehkamera) durchgeführt wird. Die Extraktion der für die Aufgabenstellungen benötigten Regelgrößen wird durch Verarbeitung des Bildsignals durchgeführt. Als Gegenbeispiel sei das System von LVOV (/33/) für einen geregelten Prozeßablauf (3-dimensionale Nahtverfolgung und Durchschweißregelung) angeführt. Diese Anordnung sieht nicht weniger als 5 gleichzeitig betriebene Beobachtungseinrichtungen vor. Während der Ansatz, den Prozeß insgesamt regeln zu wollen, richtig erscheint, bestehen Zweifel an der Praktikabilität bei der Handhabung des Systems, da alle Sensoren positioniert werden müssen.

e) Die im folgenden beschriebene Erfassung von Regelgrößen über die Bildaufnahme des Schmelzbades ist für das MAG-Kurzlichtbogenschweißen entwickelt worden. Für dieses unter sehr unruhigen Bedingungen ablaufende Schweißverfahren sind die bisher bekannten Sensorsysteme nicht vorgesehen und meist auch nicht anwendbar. Wegen der zahlreichen Einsatzfälle werden jedoch gerade hier Sensoren benötigt.

f) Die Beschränkung auf das Kurzlichtbogenschweißen betrifft im wesentlichen die Bildaufnahmetechnik (vgl. Kap. 10). Die Bildverarbeitung ist durch den Aufbau eines programmierbaren Rechnersystems so flexibel gehalten, daß ähnliche Verfahren auch für andere Schweißprozesse implementiert werden können, sofern ein Bildsignal zur Verfügung steht, welches aus der Beobachtung des Schmelzbades gewonnen wird.

g) Die Beobachtung des Schmelzbades mit dem im folgenden beschriebenen Sensorsystem liefert qualitativ hochwertige Bilder, die für den Schweißer unmittelbar verwertbar sind: Durch Fernübertragung der Schmelzbadansichten kann ein geübter Schweißer in fast gewohnter Weise den Prozeß fernsteuern, sofern dies von der Schweißanlage her möglich ist. Der Schweißer übernimmt in diesem Fall die Rolle des Reglers, jedoch ohne am Ort des Geschehens anwesend sein zu müssen. Die traditionellen Belastungen des Arbeitsplatzes (Hitze, Lichteinwirkung, Lärm, Rauch etc.) werden hierdurch umgangen. Gleichzeitig sind die Schmelzbadansichten des Sensors aber auch durch elektronische Anordnungen auswertbar. Wird die Beobachtungseinrichtung durch ein Bildverarbeitungssystem und entsprechende Stelleinrichtungen ausgerüstet, so läßt sich eine selbstregelnde Schweißanlage realisieren. Der Schweißer hat in diesem Fall lediglich eine überwachende Funktion. Zwischen diesen beiden Konstellationen - Mensch als Regler bzw. maschinelles Regeln und Überwachung durch den Schweißer - sind Zwischenlösungen denkbar und sinnvoll. So läßt sich z.B. eine Arbeitsteilung vornehmen, die die Nahtverfolgung einem maschinellen Regler überläßt und dem Schweißer die Möglichkeit bietet, sich auf die Arbeitspunktüberwachung zu konzentrieren. Die Tätigkeit des Schweißers kann hierdurch spürbar entlastet werden. Das Prinzip des Sensors tendiert daher im Gegensatz zu anderen Schweißsensorsystemen nicht unbedingt zu einer rein maschinellen Ausführung des Schweißvorgangs, sondern erlaubt die Nutzung von Erfahrung und Fertigkeit des Schweißers, die bei der Regelung des Prozeßablaufs je nach Anforderung eingebracht werden können.

h) Die Aufzeichnung der Schmelzbadansichten mittels eines Videorecorders erlaubt die Verwendung der Beobachtungseinrichtung zu Dokumentationszwecken. Bisherige Verfahren (z.B. DILTHEY /34/) sehen lediglich die Aufzeichnung der einstellbaren Prozeßeingangsgrößen (vgl. Bild 2, S. 20) vor. Die Möglichkeit, den Schweißprozeß auch über längere Schweißdauern hinweg bildlich festzuhalten, stellt eine wertvolle Ergänzung der herkömmlichen Dokumentationsmethoden dar.

3. Beobachtung des Schmelzbades beim Kurzlichtbogenschweißen

3.1 Auswahl eines opto-elektrischen Wandlers

Die Aufgabe der Bildaufnahmeeinrichtung ist es, die zweidimensionale Helligkeitsverteilung der Schmelzbadansicht in ein weiterverarbeitbares Signal umzusetzen. Der opto-elektrische Wandler erfaßt im vorliegenden Fall keine Reflexionsstrahlung, sondern das Eigenlicht, das von der glühenden Schmelze emittiert wird. Obwohl die abgegebene Strahlung hauptsächlich im langwelligen Bereich liegt (Wärmestrahlung), ist auch ein sichtbarer Anteil enthalten (Wellenlängen: 4 bis $8 \cdot 10^{-5}$ cm). Diese Strahlung sieht das Auge des Schweißers, der das Schmelzbad betrachtet.

Bedingt durch die Einsatzbedingungen beim Schweißen sind an die Beobachtungseinrichtung folgende Anforderungen zu stellen:

- Den Abmessungen der Einrichtung sind Grenzen gesetzt, da in den üblichen Schweißanlagen oft nur wenig Platz vorhanden ist und an verwinkelten Teilen geschweißt wird.
- Die Anordnung muß den rauhen Betriebsbedingungen standhalten können. Belastungen sind gegeben durch Erschütterungen, Hitze, extreme Lichtverhältnisse, aggressive Atmosphäre und Metallspritzer.
- Die Einrichtung muß kostengünstig sein gemessen am Gesamtaufwand für die Schweißanlage und deren Betrieb. Beim MAG-Schweißen können diese Kosten gegenüber anderen Schweißverfahren im allgemeinen niedrig eingestuft werden. Der Einsatz des Sensorsystems darf das Verfahren nicht wesentlich verteuern.
- Das elektrische Ausgangssignal des Bildwandlers muß einfach zu verarbeiten sein. Insbesondere muß die Möglichkeit der Rückwandlung in ein Bild gegeben sein, um eine Fernübertragung der Schmelzbadansichten realisieren zu können.

Diese Anforderungen werden durch den Einsatz von Bildwandlerröhren erfüllt, wie sie standardmäßig in Fernsehkameras eingesetzt werden. Auf der lichtempfindlichen Schicht der Bildröhre wird die beobachtete Szene scharf abgebildet. Die Helligkeitsverteilung ruft ein entsprechendes Ladungsbild hervor, welches periodisch durch einen Elektronenstrahl abgetastet und in Spannungswerte umgewandelt wird. Die Zuordnung der Signalpegel zu den Bildpunkten ist durch die Abtastsequenz gegeben: Die Helligkeiten der Bildpunkte werden zeilenweise von oben nach unten ausgegeben. Zusätzlich werden sog. Synchronsignale eingemischt, um Bild- und Zeilenanfänge zu markieren. Die Zeitabstände zwischen den Synchronsignalen legt die Fernsehnorm fest (vgl. z.B. DILLENBURGER /35/). Das normgerechte Bildsignal kann unmittelbar von entsprechend aufgebauten Zusatzgeräten (Monitor, Videorecorder) verarbeitet werden.

Wegen der starken Verbreitung der Fernsehtechnik kann heute auf eine große Auswahl von Fernsehkameras verschiedenster Bauformen zurückgegriffen werden. Ihre Eigenschaften bezüglich der Bildwandlerfunktion (spektrale Empfindlichkeit, absolute Empfindlichkeit, Überbelichtungsverhalten, Schnelligkeit etc.) bestimmt die verwendete Bildröhre, die auch im wesentlichen die äußeren Abmaße der jeweiligen Kamera festlegen (vgl. WEIMER /36/). Faustgroße Anordnungen sind heute keine Ausnahme mehr. Zur Verkleinerung können bestimmte Teile der Elektronik (Netzteile, Taktzentrale, Ablenkverstärker) ausgelagert werden. Die kompakte Bauform und die langjährige Erfahrung mit Fernsehkameras haben diese Bildwandler zu sehr strapazierfähigen Anordnungen werden lassen.

In den letzten Jahren sind große Anstrengungen unternommen worden, röhrenlose Bildwandler zu entwickeln (WEIMER /36/, BARBE /37/). Sie bestehen aus lichtempfindlichen, matrixförmig angeordneten Zellen, die die Lichtenergie in Form von Ladungen speichern. Bei den CCD-Anordnungen (Charge Coupled Devices) sind die Zellen zeilenweise gekoppelt und werden als analoge Schieberegister betrieben: Die Ladungen werden durch Schiebebefehle jeweils an die benachbarte Zelle weitergegeben. Eine Zellenzeile kann daher nur sequentiell ausgelesen werden (SEQUIN /38/). Bei CID-Anordnungen (Charge Injection Devices) ist jede lichtempfindliche Zelle doppelt ausgelegt, jedes Paar individuell ansprechbar. Ausgelesen wird durch Ladungsverschiebung zwischen den beiden Hälften innerhalb einer Zelle. Ein zerstörungsfreier Auslesemodus ist möglich (BURKE /39/).

Sowohl Röhren- als auch Halbleiterkameras sind vom Prinzip her für den vorliegenden Anwendungsfall einsetzbar. Für die konventionelle Fernsehkamera spricht vor allem die ausgereifte Technik, die Normung des Ausgangssignals, der niedrige Preis und das breite Angebot. Die Halbleiterkameras sind den Röhrenbildwandlern bezüglich der Abmaße überlegen, was sie für die vorliegende Anwendung besonders interessant erscheinen läßt. Außerdem besitzen sie eine längere Lebensdauer. Die Auflösung ist inwzischen vergleichbar mit der konventioneller Fernsehkameras. Allerdings ist die Technik in mehreren Punkten noch nicht ausgereift: So gelingt es bisher noch nicht, die lichtempfindliche Zone völlig homogen herzustellen (einzelne Bildpunkte oder -zeilen fallen aus). Ferner ist der Auslesevorgang meist nicht einer Norm angepaßt. SEQUIN /38/ gibt einen Einblick in den Anpassungsaufwand der Signalausgabe an die Fernsehnorm. Speziell in diesem Punkt sind in naher Zukunft Fortschritte zu erwarten (Entwicklung spezieller integrierter Schaltkreise). Die bisher erwerbbaren Geräte liegen preislich noch weit über dem vergleichbarer Fernsehkameras. Im vorliegenden Anwendungsfall wurde für die Beobachtungseinrichtung ein Röhrenbildwandler eingesetzt. Ein Übergang zu Halbleiterbildwandlern ist jedoch ohne Abwandlung des Verfahrens möglich und in naher Zukunft auch sinnvoll.

3.2 Schwierigkeiten bei der Schmelzbadbeobachtung mittels Fernsehkamera

Versuche, mittels Fernsehkamera einen Schweißprozeß zu beobachten, sind bereits früh gemacht worden. Jedoch wurden auch bald die Schwierigkeiten erkannt, die aus den extremen Helligkeitsverhältnissen an der Schweißstelle erwachsen. BECKEN (/40/) hat für das Elektro- und das WIG-Schweißen Versuche zur direkten Beobachtung des Schmelzbades unternommen. Er wies experimentell nach, daß eine Beobachtung von Schmelzbad und Elektrode wegen des Helligkeitsunterschiedes zu dem Lichtbogen nicht möglich ist. Auch Versuche, in der Spektralverteilung des Lichtbogens Frequenzbereiche geringer Lichtbogenstrahlung ausfindig zu machen, scheiterten. Dadurch scheidet die Möglichkeit aus, durch Filterung der Szenenstrahlung die Lichtbogenwirkung zu eliminieren.

Folgende Helligkeitsanalyse der beobachteten Szene bestätigt diese experimentellen Ergebnisse. Das glühende Metall der Schmelze kann annäherungsweise als Wärmestrahler angenommen werden. Seine Temperatur liegt bei 1800 bis 2000°K. Über das Plancksche Strahlungsgesetz (vgl. z.B. GERTHSEN /41/) läßt sich die im Gleichgewicht abgestrahlte Energie bestimmen, wobei das relative Emissionsvermögen des flüssigen Metalls (nach ARDENNE /42/: $e_{St} = 0.29$ für Stahl) berücksichtigt werden muß. Der Lichtbogen als Energiequelle ist weit schwieriger zu berechnen, da die Plasmaverhältnisse sehr komplex sind. FINKELNBURG (zitiert nach ARDENNE /42/) gibt für das Plasma eines Kohleelektrodenlichtbogens im Temperaturgebiet 5000 bis 10000°K ein Emissionsvermögen von e_{LB} = 0.3 bis 0.5 relativ zu einem schwarzen Strahler im Planckschen Sinne an. (Lichtbogentemperatur im Schweißfall: 6000 - 12000°K je nach Schweißstrom, MUNSKE /43/). In Ermangelung einer genaueren Beschreibung der Lichtbogenverhältnisse wird dieser Ansatz, der nur näherungsweise auf den Schweißfall übertragen werden kann, für die Berechnung des Lichtintensitätsverhältnisses von Schmelzbad- und Lichtbogenstrahlung übernommen. Da der verwendete Bildwandler nur einen Ausschnitt des angebotenen Strahlungsspektrums gemäß seiner spektralen Empfindlichkeit erfaßt, muß bei der Integration des Planckschen Strahlungsgesetzes der Integrationsbereich entsprechend berücksichtigt und gewichtet werden:

$$I = \frac{e_{LB}}{e_{St}} \; \frac{\int_{\lambda 1}^{\lambda 2} g(\lambda)\cdot\lambda^{-5}\cdot\frac{1}{\exp(h\cdot c/k\cdot\lambda\cdot T_{LB})-1}}{\int_{\lambda 1}^{\lambda 2} g(\lambda)\cdot\lambda^{-5}\cdot\frac{1}{\exp(h\cdot c/k\cdot\lambda\cdot T_{St})-1}} \tag{3.1}$$

I : Intensitätsverhältnis der beiden Strahler (Lichtbogen / Schmelze)
$\lambda 1$, $\lambda 2$: Grenzwellenlängen des sichtbaren Bereichs
$g(\lambda)$: spektrale Empfindlichkeit der Bildröhre
h : Plancksches Wirkungsquantum
c : Lichtgeschwindigkeit
k : Boltzmannsche Konstante
T_{LB} : Temperatur des Lichtbogens
T_{St} : Temperatur der Schmelze
e_{LB} : relatives Emissionsvermögen des Lichtbogens
e_{St} : relatives Emissionsvermögen der Schmelze

Die numerische Integration dieses nicht geschlossen lösbaren Integralausdrucks mit den oben angegebenen Materialkonstanten liefert Intensitätsverhältnisse von 10^3 bis 10^4. Bild 3 zeigt die Ergebnisse für verschiedene Schmelzbad- und Lichtbogentemperaturen. Durch Berechnung der entsprechenden Werte für $g(\lambda) \neq 1$ innerhalb λ_1, λ_2 zeigt sich, daß der Einfluß der spektralen Empfindlichkeit des verwendeten Bildwandlers relativ gering ist.

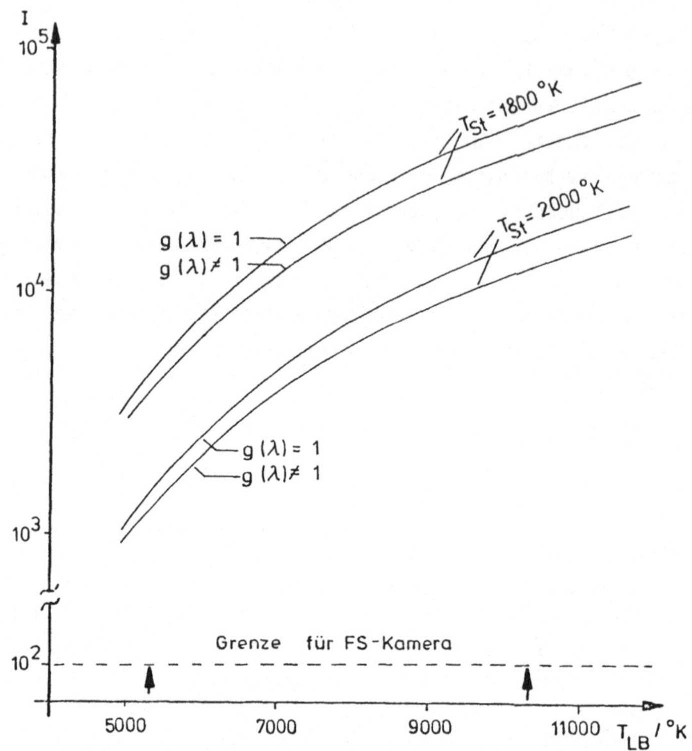

Bild 3: Strahlungsintensitätsverhältnis I von Lichtbogen zu Schmelze in Abhängigkeit von der Lichtbogentemperatur für den sichtbaren Wellenbereich ($\lambda 1 = 4 \cdot 10^{-7}$, $\lambda 2 = 8 \cdot 10^{-7}$ m)

$g(\lambda)=1$: gleichverteilte Sensorempfindlichkeit über $\lambda 1, \lambda 2$
$g(\lambda) \neq 1$: Berücksichtigung der spektralen Empfindlichkeit der Bildröhre XQ 1274

Die Lichtintensitätsunterschiede überschreiten die Möglichkeiten der Fernsehkamera, die nur Intensitätsunterschiede bis zu ca. 10^2 verarbeiten kann. Das menschliche Auge dagegen kann die Helligkeitsunterschiede der Schweißszene verarbeiten: Der Schweißer kann neben dem Lichtbogen auch Einzelheiten des Schmelzbades erkennen. Die Fernsehkamera wird jedoch überbelichtet (und ggf. durch Einbrennen sogar zerstört), sofern ihr Helligkeitsbereich auf die Strahlungsintensität des Schmelzbades eingestellt ist. Dunkelt man dagegen durch neutrale Filterung die Strahlung ab, so wird zwar eine Überbelichtung verhindert, aber die der Helligkeit der Schmelze entsprechenden Signalpegel gehen im Rauschen des Bildsignals unter.

Sofern bisher Fernsehkameras in der Schweißtechnik eingesetzt wurden, hat man das Blickfeld so ausgerichtet, daß der Lichtbogen nicht erfaßt wird (WALL /14/), so daß nur ein Teil des Schmelzbades beobachtbar ist. Andere Schweißsensoren verzichten auf den Anblick der Schmelze und betrachten den Lichtbogen (ARATA /23/).

Eine Ausnahme bildet das Verfahren von LÜBBERT (/31/), der das Schmelzbad selbst beobachtet. Die Lichtbogenwirkung wird dadurch beseitigt, daß beim WIG-Schweißen der Schweißstrom für eine kurze Zeitdauer abgesenkt wird. Diese Strompause wird zur Belichtung der Bildröhre verwendet, da die Lichtwirkung des Lichtbogens zu diesem Zeitpunkt stark herabgesetzt ist und nicht mehr stört.

Beim MAG-Schweißen läßt sich die Lichtbogenhelligkeitsreduzierung durch Stromabsenkung nicht durchführen, da die Stromstärke nicht unabhängig vorgegeben werden kann. Der Schweißstrom stellt sich über den vorgewählten Drahtvorschub der abschmelzenden Elektrode ein.

3.3 Bildaufnahmetechnik

3.3.1 Der Arbeitspunktzyklus beim Kurzlichtbogenschweißen

Zur Erläuterung der Verhältnisse beim Kurzlichtbogenschweißen seien die Arbeitspunkteinstellungen beim Schweißen mit abschmelzender Elektrode kurz zusammengefaßt (vgl. MUNSKE /43/, AICHELE /44/):

Der Arbeitspunkt im Spannungs-/Stromdiagramm ist in Bild 4 erläutert. Beim MIG-MAG Schweißen werden Stromquellen mit Konstantspannungscharakteristik eingesetzt. Die Quelle ist daher im Diagramm durch eine Schar schwach fallender statischer Kennlinien beschrieben, die den einstellbaren Spannungsstufen entsprechen. Für den Lichtbogen als Quellenbelastung ergibt sich gemäß der beim MIG-MAG üblichen Stromdichten eine Schar von statischen Kennlinien, die leicht ansteigen. Jede Lichtbogenkennlinie entspricht einer Lichtbogenlänge. Der Schweißarbeitspunkt liegt im Schnittpunkt einer Quellenmit einer Lichtbogenkennlinie. Während die Quellenkennlinie durch die gewählte Schweißspannung festliegt, resultiert die Lichtbogenkennlinie aus der durch den Drahtvorschub sich einstellenden Lichtbogenlänge. Damit liegt auch der Schweißstrom fest.

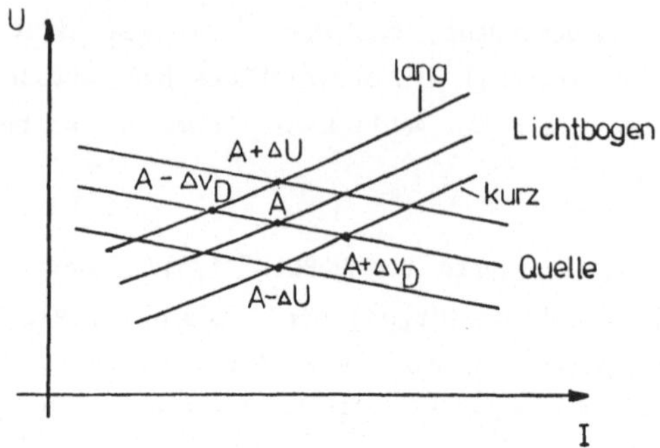

Bild 4: Statischer Arbeitspunkt beim MIG-MAG-Schweißen

Bei konstanter Schweißspannung und konstantem Drahtvorschub wird der in der Schweißtechnik bekannte Mechanismus der "inneren" Regelung wirksam (Bild 5). Änderungen der Lichtbogenlänge, wie sie durch Unebenheiten des Werkstücks entstehen können, bewirken ein momentanes Abwandern des Arbeitspunktes entlang der dynamischen Quellenkennlinien, da sie einer momentanen Vorschubänderung entsprechen. Wird z.B. der Lichtbogen länger, so folgt ein Absinken des Stromes. Da sich hierdurch die Abschmelzleistung erniedrigt, schiebt sich die Drahtspitze bei konstantem äußerem Drahtvorschub so lange zum Werkstück vor, bis die ursprüngliche Lichtbogenlänge wieder erreicht wird. Allerdings stellt sich der Ausgangsarbeitspunkt nicht exakt wieder

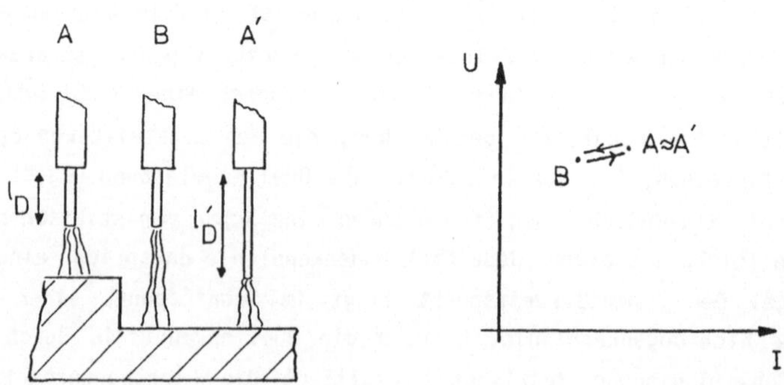

Bild 5: Mechanismus der "inneren" Regelung (schematisch) (l_D : freie Drahtlänge zwischen Stromdüse und Lichtbogenansatz)

ein, weil die freie Drahtlänge, d.h. der Abstand Stromdüse/Lichtbogenansatz, widerstandsbehaftet ist und sich bei der Rückkehr zur ursprünglichen Lichtbogenlänge verlängert. Die Ansprechzeiten für die innere Regelung werden bei HERMANN (/45/) mit ca. 3 ms angegeben.

Spannungsänderungen (in Bild 4: Arbeitspunkt A $\pm \Delta U$) bewirken im statischen Fall eine Lichtbogenlängenänderung, kombiniert mit einem Wechsel der Quellenkennlinie. Der Arbeitspunkt wandert bei nahezu konstantem Strom zu höheren bzw. niedrigeren Spannungswerten, sofern man von dem Einfluß der freien Drahtlänge absieht.

Änderungen des Drahtvorschubs veranlassen eine Verschiebung des Arbeitspunktes auf der Quellenkennlinie. Anschaulicherweise ist damit auch eine Änderung der Lichtbogenlänge verbunden (vgl. Bild 4: A $\pm \Delta v_D$). Je flacher die Quellenkennlinien verlaufen, um so empfindlicher läßt sich der Strom über den Drahtvorschub einstellen.

Die Grenzen der Arbeitspunktverschiebungen sind durch das Lichtbogenkennlinienfeld gegeben. Ein Überschreiten der Grenzen bedeutet, daß der Lichtbogen nicht mehr stabil ist. Ein zu langer Lichtbogen reißt ab, eine Verkürzung des Lichtbogens bedeutet im Grenzfall, daß der Draht das Schmelzbad berührt.

Beim Sprühlichtbogenschweißen läuft der Schweißprozeß kurzschlußfrei ab; der untere Grenzfall wird nicht erreicht. Beim Kurzlichtbogenschweißen spielt er dagegen eine wesentliche Rolle. Der Drahtvorschub wird so hoch gewählt, daß sich der Lichtbogen bis zum Kurzschluß verkürzt (Bild 6a: Stationen 1-2). Im Kurzschluß (Stationen 2-3) erlischt der Lichtbogen. Die Stromquelle wird jetzt allein durch die Drahtbrücke zwischen Stromdüse und Schmelzbad belastet. Wegen deren geringen Widerstand steigt der Strom stark an (Stationen 3-4), so daß die Drahtbrücke schmilzt. Durch Einschnürung reißt die Verbindung ab und der Lichtbogen zündet erneut (Stationen 4-1). Dabei geht vom Draht abgeschmolzenes Material grobtropfig in das Schmelzbad über.

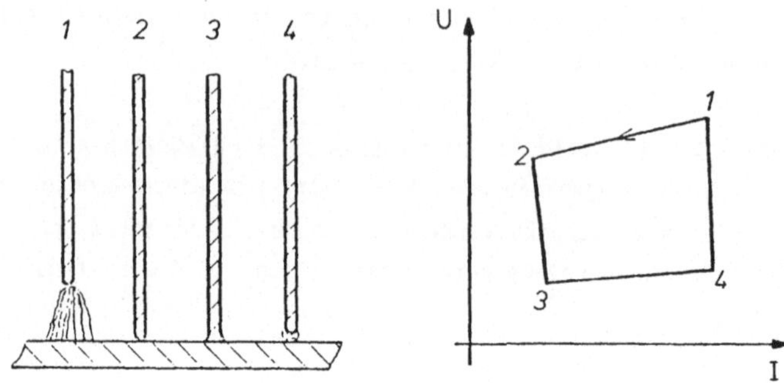

Bild 6a: Arbeitspunktzyklus beim Kurzlichtbogenschweißen (schematisch)

Dieser Arbeitspunktzyklus läuft im Idealfall periodisch ab, da das System Schmelzbad/Stromquelle (incl. Zuleitungen) schwingungsfähig ist. Die Kurzschlußfrequenz wird durch viele Einflußfaktoren beeinflußt (Schweißparameter, Elektrodenmaterial, Schutzgas, dynamische Quelleneigenschaften etc.). In der Realität ist die Periodizität der Schwingung mehr oder weniger gestört. Bild 6b zeigt den Ablauf eines Arbeitspunktzyklusses, wie er an der Versuchsanlage zur Sensorerprobung gemessen wurde. Einen typischen Verlauf von Schweißstrom und -spannung zeigt Bild 7.

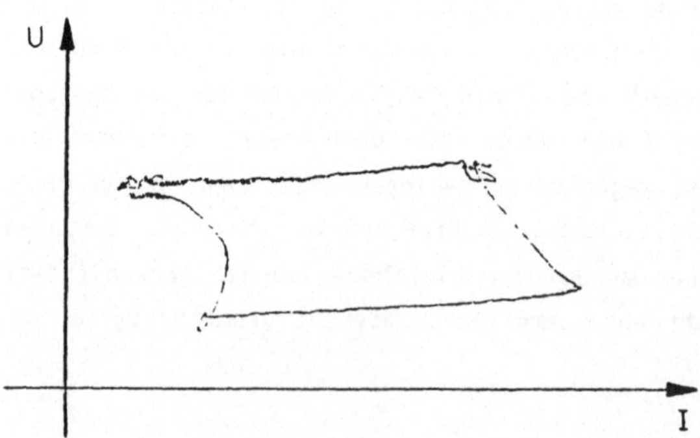

Bild 6b: Verlauf eines realen Arbeitspunktzyklus beim Kurzlichtbogenschweißen

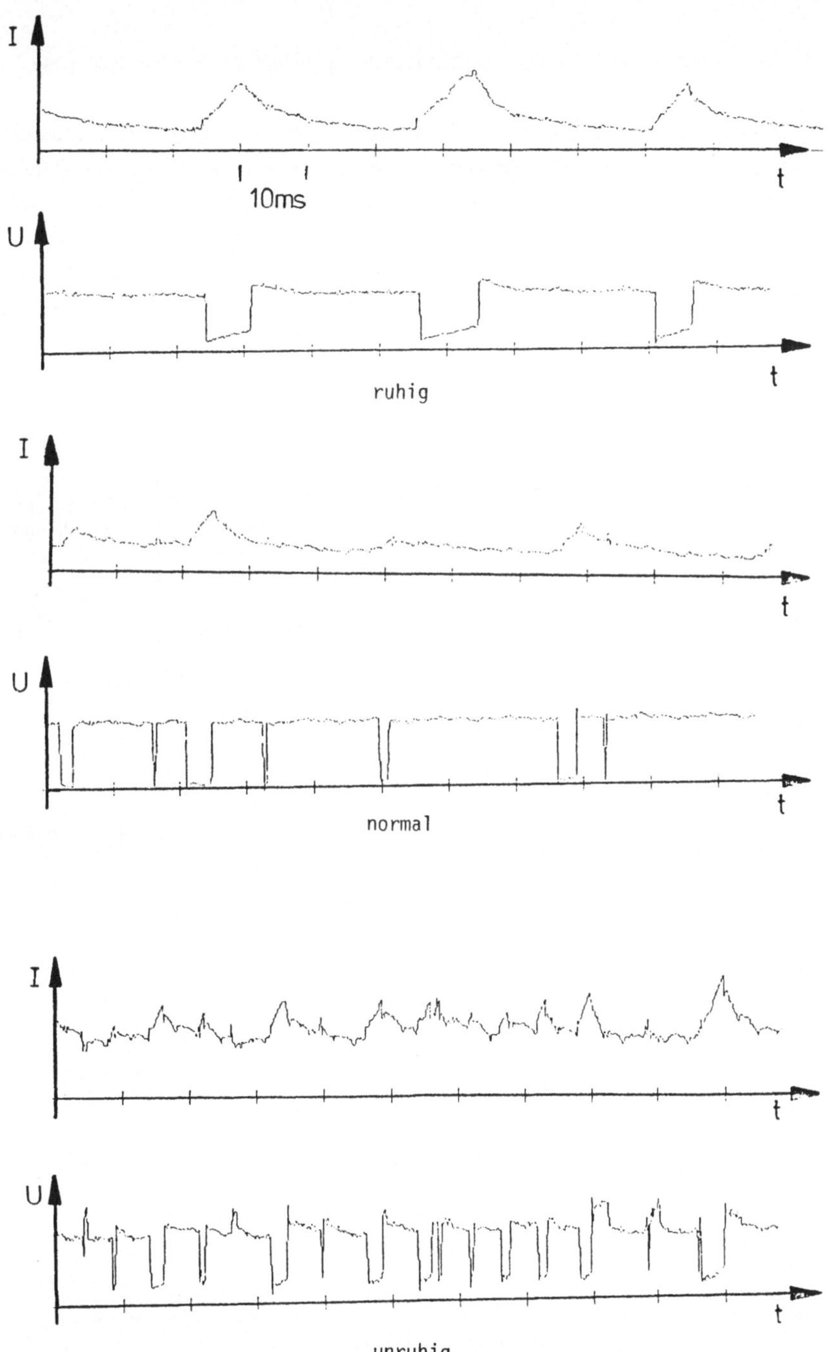

Bild 7: Typisch. Verläufe von Strom und Spannung

3.3.2 Die Technik der Fernsehkamerabelichtung während der Kurzschlußphase

Während LÜBBERT (/31/) für das WIG-Schweißen erzwungene Lichtbogenpausen für die Belichtung des Bildwandlers vorsieht, schlägt er für das Kurzlichtbogenschweißen vor, die natürlichen Kurzschlußphasen zur Bildaufnahme auszunutzen (/46/). Bei der Entwicklung einer geeigneten Bildaufnahmetechnik auf dieser Basis wurde daher der Kurzlichtbogenprozeß näher untersucht. Es wurde zunächst gemessen, wie lange die Kurzschlußphasen andauern und wie oft sie auftreten.

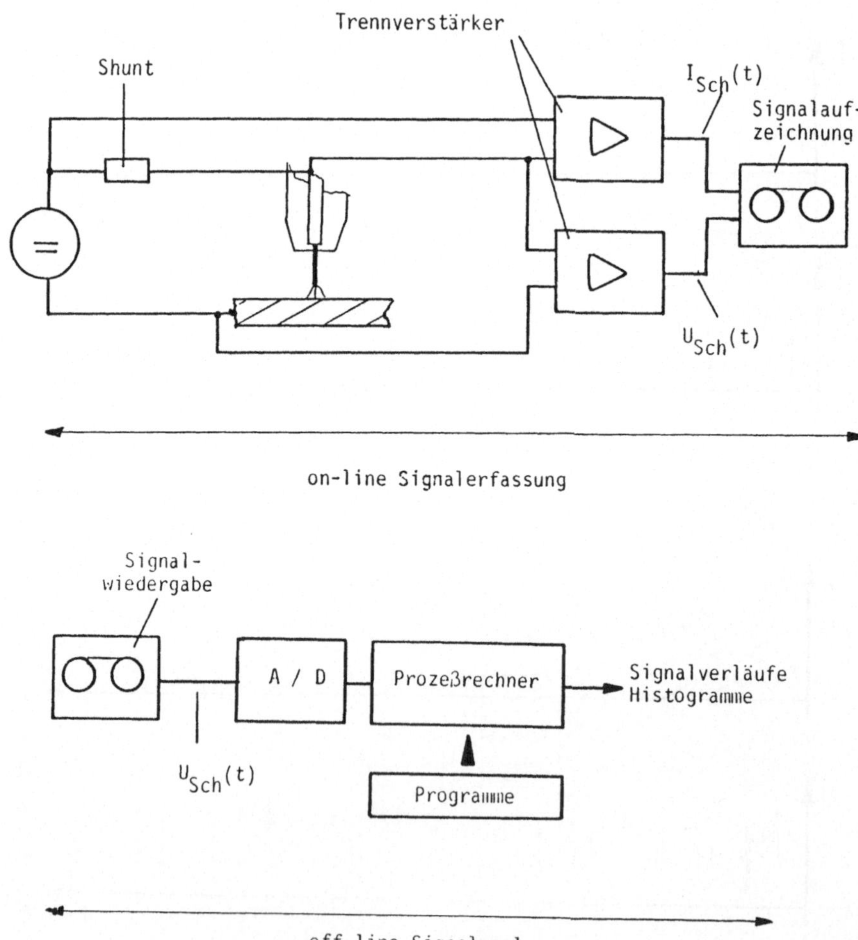

Bild 8: Meßanordnung zur Schweißsignalanalyse

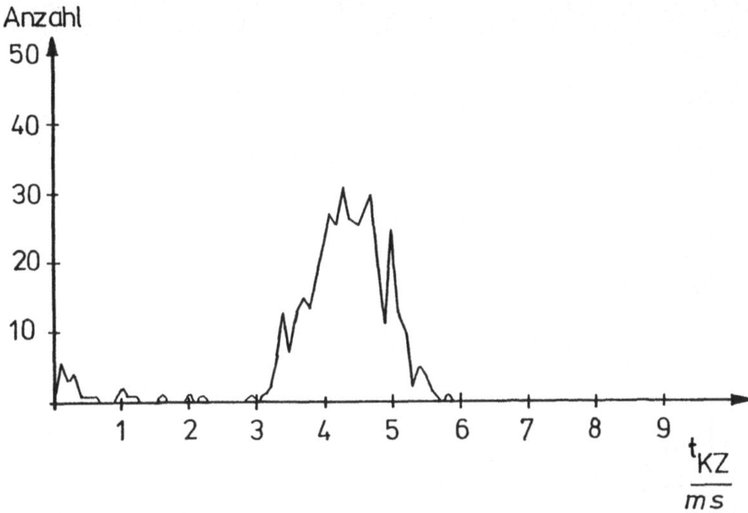

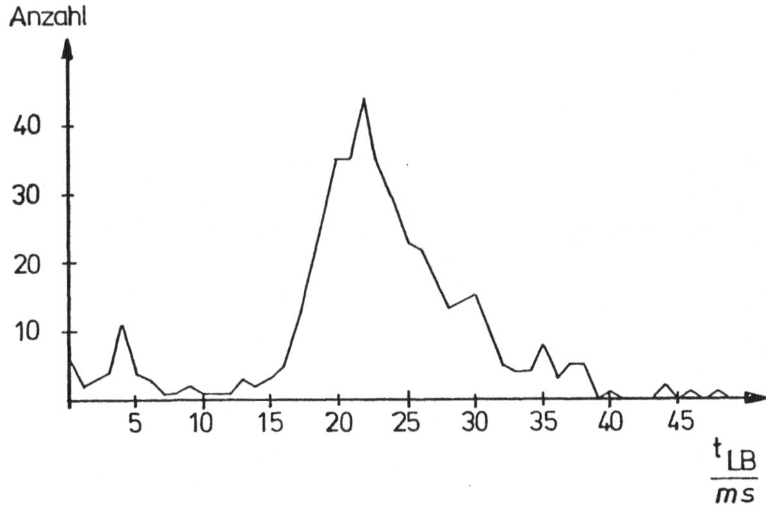

Bild 9: Wahrscheinlichkeitsdichtefunktionen für die Kurzschlußdauer t_{KZ} und die Lichtbogenbrenndauer t_{LB} (Kurzlichtbogenarbeitspunkt)

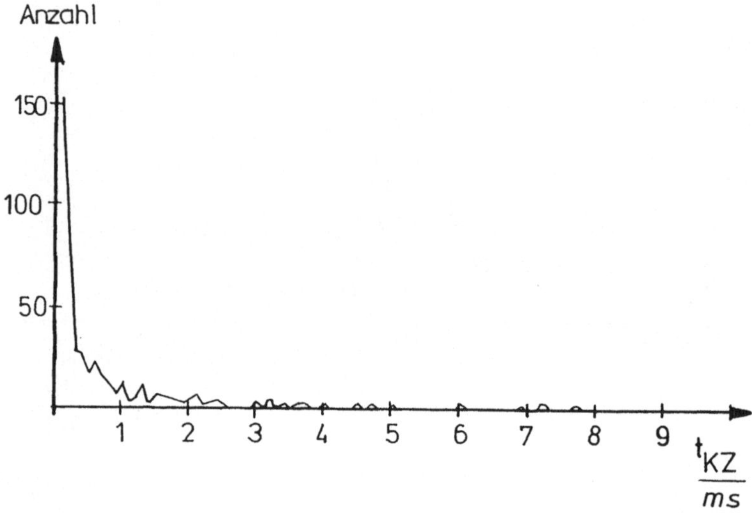

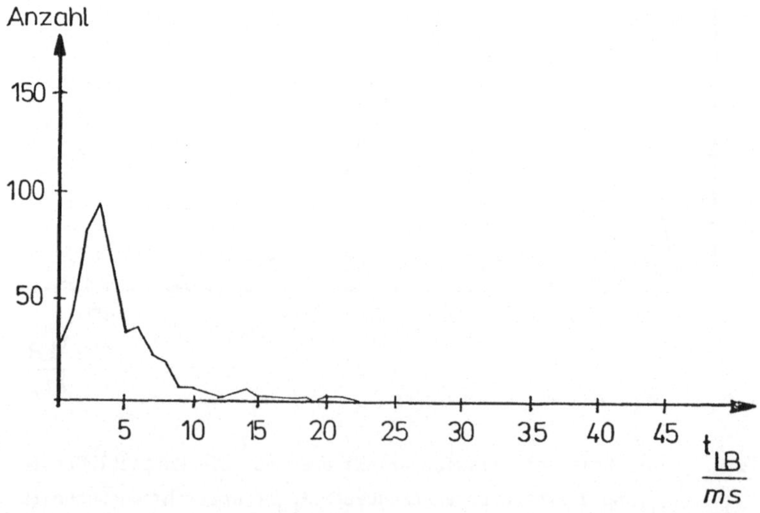

Bild 10: Wahrscheinlichkeitsdichtefunktionen für die Kurzschlußdauer t_{KZ} und die Lichtbogenbrenndauer t_{LB} (Langlichtbogenarbeitspunkt)

Hierzu wurde während der Schweißung der zeitliche Verlauf des Lichtbogenspannungssignals mittels Bandgerät aufgezeichnet. Die verwendete Versuchsanordnung zeigt Bild 8. Bei der anschließenden Analyse übernimmt ein Prozeßrechner das Signal mit 10 kHz Abtastrate. Die eingelesenen Werte werden einer Schwelle unterworfen, so daß ein logisches Signal erzeugt wird, dessen Zustand Lichtbogenbrennphase und Kurzschlußphase kennzeichnet. Eine Klassifikation der durch Abzählen der Zustandswerte gemessenen Phasenzeitdauern wird per Programm erstellt und als Histogramm ausgegeben.

Bild 9 zeigt die Ergebnisse für einen ruhig ablaufenden Kurzlichtbogenprozeß: ca. 94 % aller Kurzschlüsse dauern zwischen 3 und 6 ms an. Die Kurzschlußhäufigkeit steigt für Kurzschlüsse der Dauer $t_{KZ} < 1$ ms an und bildet ein Nebenmaximum. Ähnliche Ergebnisse sind von SPAHN (/47) und MOSER (/48/) bekannt. Die Tendenz zur Periodizität der Kurzschlußfolge ist durch das ausgeprägte Maximum des Histogramms für die Lichtbogenbrenndauer erkennbar.

In Bild 10 sind die entsprechenden Analyseergebnisse für einen Prozeß dargestellt, dessen Arbeitspunkt im Grenzbereich des Kurzlichtbogens zum Sprühlichtbogen liegt. In diesem Fall läuft der Prozeß unruhig ab. Aus Histogramm und Spannungsverlauf ist zu erkennen, daß die Zahl kurzer Spannungseinbrüche stark angestiegen ist gemessen am Fall von Bild 9. Ein derartiger Arbeitspunkt, bei dem der Prozeß nicht kurzschlußfrei abläuft und der Materialübergang feintropfig (kurze Kurzschlüsse) vor sich geht, wird als Langlichtbogenarbeitspunkt bezeichnet.

Anhand verschiedener Versuche mit anschließender Signalanalyse, die auch den Bereich zwischen den beiden dargestellten Fällen (Bild 9 und 10) abdeckten, konnte festgestellt werden, daß sich beim Verlassen des Kurzlichtbogenbereichs im Grenzgebiet zum Sprühlichtbogenbereich die Breite t_{KZ} der Kurzschlüsse nicht allmählich verringert, sondern daß die Zahl der Kurzschlüsse mit $t_{KZ} < 1$ ms ziemlich plötzlich ansteigt und längere Kurzschlüsse seltener werden.

Für die Technik der Bildaufnahme haben die Prozeßanalyseergebnisse folgende Konsequenzen:

Zur Bildaufnahme muß die Fernsehkamera mit einem optischen Verschluß ausgerüstet werden, der nach Erlöschen des Lichtbogens das Blickfeld der Kamera kurzzeitig freigibt. Die Belichtung muß vor Kurzschlußende abgeschlossen sein. Zur Belichtung bieten sich entsprechend den obigen Analyseergebnissen beim Kurzlichtbogenschweißen daher die Kurzschlüsse der Klasse t_{KZ} = 3-6 ms an; Kurzschlüsse unter 1 ms sind dagegen wegen der für die Belichtung zur Verfügung stehenden zu kurzen Zeitspanne problematisch.

3.4 Adaption der Fernsehkamera an die Bedingungen des Schweißprozesses

3.4.1 Realisierung eines optischen Kameraverschlusses

Da die Belichtung der Fernsehkamera an den Ablauf des Schweißprozesses gekoppelt ist, wird ein frei ansteuerbarer optischer Verschluß für Belichtungszeiten bis minimal 1 ms benötigt.

Mechanische Verschlüsse, wie sie aus der Fototechnik bekannt sind und die Belichtungszeiten dieser Größenordnung zulassen (Lamellen-, Vorhangverschluß), sind nicht verwendbar, da sie nicht verzögerungsfrei arbeiten und vor jeder Betätigung gespannt werden müssen. Verschlußtechniken von Filmkameras lassen sich ebenfalls nicht einsetzen, da sie nur für periodische Belichtungen konzipiert sind.

Nichtmechanische Verschlüsse (vgl. Tabelle 3) stellen eine weitere Alternative dar. Hierbei werden Effekte ausgenutzt, bei denen durch Einwirkung eines elektrischen Feldes auf ein Medium die Polarisationsebene einer durchstrahlenden Wellenfront gedreht wird (VOLLRATH /49/). Wird das Medium durch zwei gekreuzte Polarisatoren ergänzt, so hat die Anordnung je nach Feld unterschiedliche Durchlässigkeit. Das erreichbare Abdunklungsverhältnis hängt wesentlich von der Güte der Polarisatoren ab, deren Wirkungsweise jedoch frequenzabhängig ist. Um die erforderlichen Abdunklungsverhältnisse zu erzielen, die sich aus dem Intensitätsunterschied zwischen Lichtbogen und Schmelze (vgl. Kap. 3.2) ergeben, muß daher die Bandbreite der Strahlung durch Filterung auf den Arbeitsbereich der Polarisatoren begrenzt werden. Hinsichtlich der Geschwindigkeit sind die nichtmechanischen Verschlüsse mit Ausnahme der Flüssigkeitskristalle mechanischen Anordnungen weit überlegen. Während sich mit einer Kerr-Zelle bei vertretbarem apparativem Aufwand jedoch nur Strahlengänge geringen Durchmessers verschließen lassen, sind die PLZT Keramiken (vgl. BECKER /50/) auch für größere Flächen geeignet.

	Prinzip	Ansteuerung	Abdunklungsverhältnis	Geschw.	Abbildungsqualität	Anwendung als opt. Verschl. für Sensor
Kerrzelle (/49/)	Doppelbrechung (in Verbindung mit Polarisatoren als Verschluß benutzbar)	Spg.: 20 - 40 kV	10^{-3} - 10^{-6}	theor.: 10^{-10} s erreichbar 10^{-9} s	problematisch wegen Absorption der Zellenflüssigkeit	möglich; unbequem zu handhaben, teuer.
Flüssigkeitskristall	Doppelbrechung (in Verbindung mit Polarisatoren als Verschluß benutzbar)	Wechselspg. variabler Frequenz (z.B. 25 Hz/ 80 kHz)	10^{-3} - 10^{-4}	10^{-2} s erreichbar	gut	nicht verwendbar, da zu langsam
Optokeramik (/50/)	Doppelbrechung (in Verbindung mit Polarisatoren als Verschluß benutzbar)	Spannung ca 0.5 kV	erreicht: 10^{-4}	gemessen bei 10 x 10 mm Verschluß: ca 100 µs	problematisch wegen Gitterstruktur der Ansteuerungselektrode	möglich
mech. Verschluß	Unterbrechung des opt. Strahlenganges mittels bewegter Teile	Galvanometerantrieb: geregelte Stromanst.	annähernd: 1/∞	erreicht: ca 1 ms	gut	möglich, Schnelligkeit gerade ausreichend

Tabelle 3: Übersicht und Vergleich von Verschlußtechniken

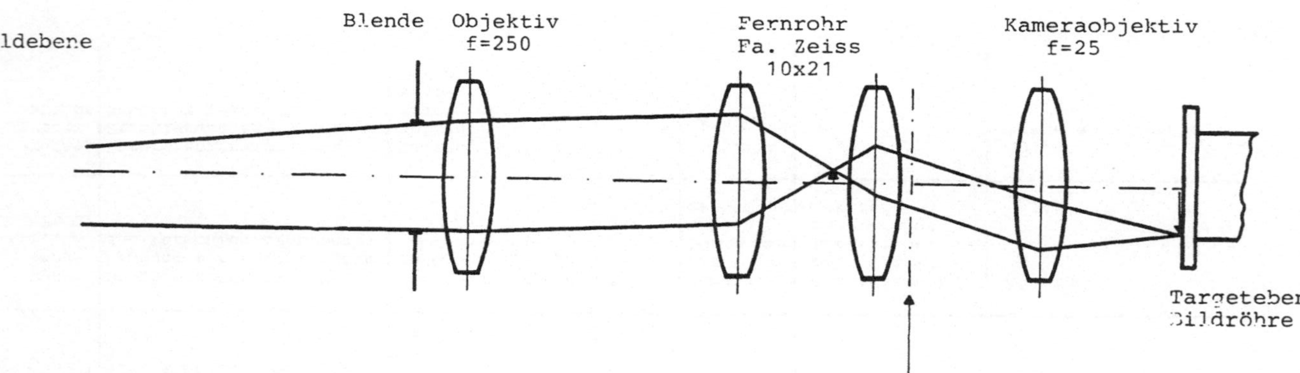

<u>Bild 11:</u> Schematischer Aufbau der Kameraoptik mit optischem Verschluß

Eigene Versuche ergaben für eine PLZT-Keramik von ca. 10 x 10 mm eine Schaltzeit von ca. 100 µs. Die Schaltzeit gibt im wesentlichen die für den Feldaufbau erforderliche Zeitspanne wieder. Allerdings konnte mit einfachen Polarisatoren nicht das erforderliche Abdunklungsverhältnis erzielt werden. Auf eine Kettenanordnung von mehreren Zellen wurde aus Aufwandsgründen verzichtet.

Angesichts dieser Schwierigkeiten wurde im vorliegenden Fall eine mechanische Lösung entwickelt. Um kleine Verschlußzeiten erreichen zu können, muß der Weg der bewegten Teile möglichst klein gehalten werden. Durch den Linsenaufbau von Bild 11 ergibt sich je nach Blendenstellung ein Strahlbündeldurchmesser in der Pupillenebene von maximal 4 mm. In dieser Ebene wird der Verschluß angeordnet, der aus einem drehbaren, zylinderförmigen Rohr besteht. Ist dieses Teil in Richtung der optischen Achse gestellt, so läuft das Strahlenbündel ungehindert durch das Rohr. Bei einer Verdrehung wird der Strahlengang unterbrochen.

Für die Verstellung des Zylinders wird ein schneller Winkelmotor eingesetzt. Als brauchbar erweisen sich Galvanometeranordnungen, wie sie aus der Lasertechnik - ausgerüstet mit einem Spiegel zur gesteuerten Positionierung eines reflektierten Laserstrahls - bekannt sind. Durch entsprechende Konstruktion (geringe Masse des Rotors, der spulenlos aufgebaut ist; besondere Rotorstützlager) lassen sich sehr geringe Reaktionszeiten erreichen. Sofern der Winkelmotor mit einem Positionsgeber versehen ist, lassen sich die Winkelauslenkungen geregelt durchführen. Durch geeignete Dimensionierung der Schleifenverstärkung in Abhängigkeit von der Motorlast können auch bei Rechteckansteuerung überschwingungsfreie Bewegungen erzielt werden.

Der verwendete Winkelmotor des Typs G100PD (General Scanning Inc.) erlaubt eine maximale Winkelauslenkung von 20° (± 10° um die Ruhelage). Bei einem Pupillendurchmesser von maximal d = 4 mm und einem Drehwinkel von $\gamma = 20°$ muß der Zylinder eine Länge von $l = d \cdot (\text{ctg}\, \gamma) = 11$ mm haben. Eine dünnwandige Ausführung aus Aluminium führt zu einem Drehmoment, welches um ca. 1 Größenordnung unter dem des Motorrotors liegt. Der Winkelmotor wird daher nur unwesentlich belastet. Eine typische Antwort auf eine Rechteckansteuerung zeigt Bild 12. Es lassen sich minimale Verschlußzeiten von ca. 1 ms erreichen, wobei die Anordnung mit einer Verzögerungszeit von ca. 0,5 ms reagiert.

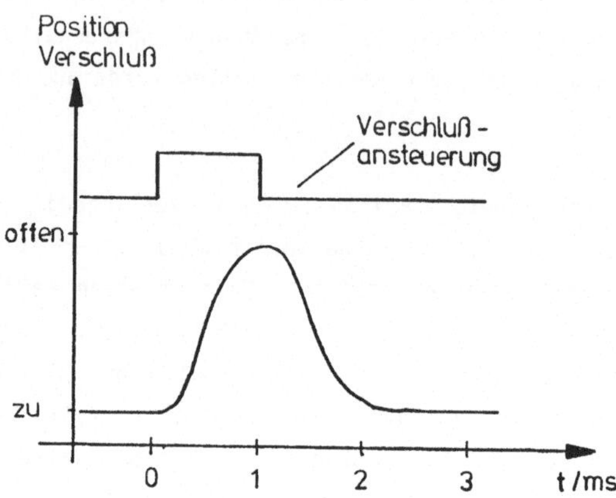

Bild 12: Antwort des optischen Verschlusses auf eine Rechteckansteuerung

3.4.2 Verschlußansteuerung

Der Verschluß wird durch einen Belichtungsimpuls getriggert, dessen einstellbare Länge die Belichtungszeit t_{Bel} festlegt. Zur Detektion der Belichtungszeitpunkte (Kurzschlußphase) bieten sich 3 Möglichkeiten an: Überwachung der Lichtintensität der von der Schweißstelle ausgehenden Strahlung, Überwachung des Schweißstromes oder Überwachung der Schweißspannung.

Die Lichtintensität der Schweißstelle läßt sich über einen analogen Photodetektor messen. Bild 13 zeigt einen typischen Verlauf des Detektorausgangssignals zusammen mit dem Verlauf des Schweißstromes. Die Kurzschlußphasen können durch einen Schwellentscheid aus dem Lichtsignal detektiert werden. Die Schwelle muß so eingestellt werden, daß das schwankende Signal außerhalb der Kurzschlußphasen den Wert nicht unterschreitet. In Versuchen zeigte sich, daß diese Vorgehensweise prinzipiell durchführbar ist, jedoch die Schwelle beim Wechsel des Arbeitspunktes oder bei einer Änderung des Abstandes Lichtdetektor/Schweißstelle neu eingestellt werden muß.

Wie aus Bild 13 ersichtlich, eignet sich das Stromsignal nur schlecht zur Detektion der Kurzschlußphasen. Bedingt durch die Induktivität der Stromquelle und der Zuleitungen ist der Gradient des Stromes nur gering und von Kurzschluß zu Kurzschluß schwankend. Über eine Überwachung des Stromgradienten lassen sich daher Lichtbogenphase und Kurzschlußphase nur schlecht trennen.

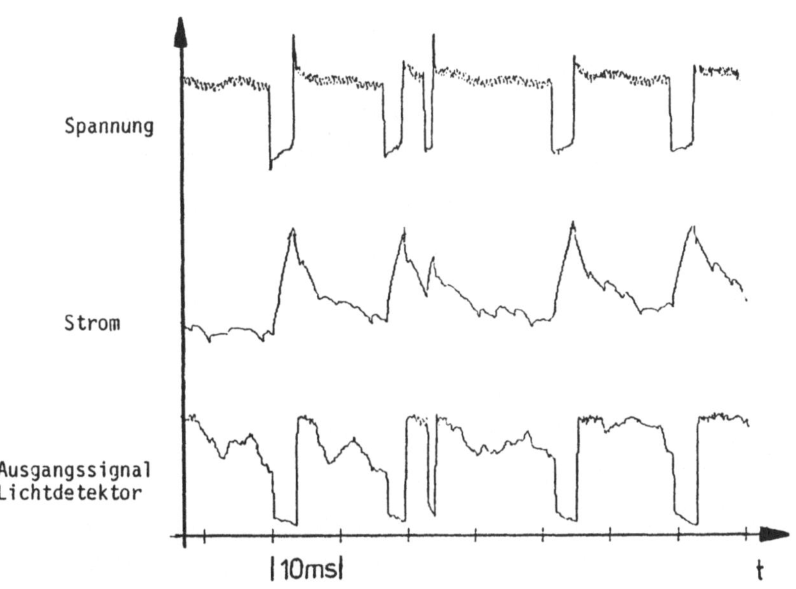

Bild 13: Spannungs-, Strom- und Lichtintensitätssignalablauf beim Kurzlichtbogenschweißen

Das Schweißspannungssignal (gemessen zwischen Stromdüse und Werkstück (vgl. Bild 8) ist in der Kurzschlußphase durch deutliche Einbrüche gekennzeichnet. Wegen der Konstantspannungscharakteristik der Stromquelle variiert die Spannung zwischen den Kurzschlüssen nur wenig. Im Kurzschluß dagegen fällt sie auf sehr niedrige Werte (einige Volt) ab. Durch Schwellwertentscheid läßt sich aus dem Schweißspannungssignal ein logisches Signal erzeugen, dessen Zustand eindeutig die Arbeitspunktphasen wiedergibt. Die Schwelle wird so gewählt, daß sie knapp über der Kurzschlußspannung liegt. Dadurch wird die Kurzschlußdetekion nahezu unabhängig vom gewählten Arbeitspunkt.

Eine Belichtung kann frühestens nach dem Erlöschen des Lichtbogens vorgenommen werden und muß abgeschlossen sein, wenn der Lichtbogen wieder zündet. Wählt man eine Belichtungszeit von t_{Bel} = 1.5 ms aus, dann ist gemäß den Ergebnissen der Signalanalyse nicht auszuschließen, daß die Kamera überbelichtet wird, da die Kurzschlußdauer $t_{KZ} < t_{Bel}$ werden kann. Der Lichtbogen zündet dann, während der optische Verschluß das Blickfeld noch freigibt. Durch Ausnutzung der Kurzschlußstatistik läßt sich jedoch erreichen, daß die Zahl der Fehlbelichtung erheblich reduziert wird. Dazu wird die Auslösung einer Belichtung nach Kurzschlußbeginn um Δt verzögert und nur dann ausgeführt, wenn $t_{KZ} > \Delta t$ ist. Da nur wenige Kurzschlüsse in die Klassen 1-3 ms fallen, wird Δt = 1.5 ms gewählt. Δt enthält die Reaktionsverzögerung des mechanischen Verschlusses (vgl. Bild 12). Für die Abwicklung einer Belichtung werden $\Delta t + t_{Bel}$ = 3ms $< t_{KZmin}$ der Klasse 3-6 ms benötigt

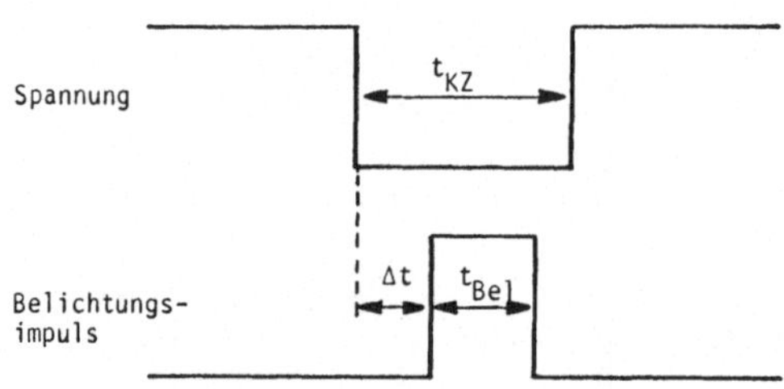

Fall a: Normale Belichtung

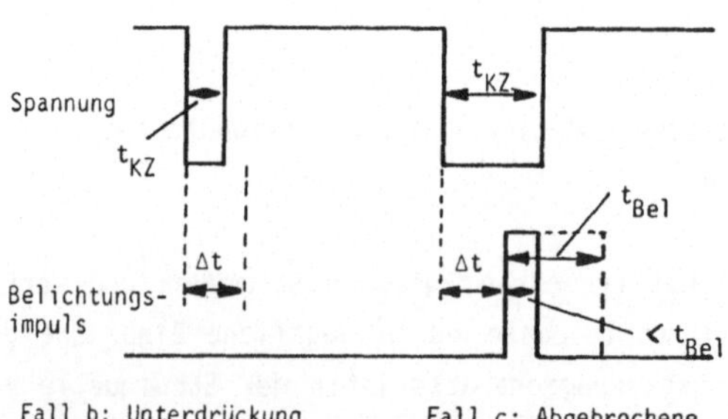

Fall b: Unterdrückung eines Kurzschlusses

Fall c: Abgebrochene Belichtung

Bild 14: Ableitung des Belichtungsimpulses aus dem Spannungsverlauf

(Bild 14a). Fehlbelichtungen können nur durch Kurzschlüsse mit 1.5 ms$<t_{KZ}<$ 3 ms ausgelöst werden, die jedoch nur selten auftreten. Um die Fernsehkamera in diesem Fall zu schützen, wird eine Belichtung abgebrochen, wenn der Kurzschluß vor Ablauf der Belichtungszeit endet (Bild 14c). Allerdings läßt sich eine Überbelichtung der Kamera nicht völlig verhindern, da der mechanische Verschluß aufgrund seiner Trägheit langsamer schließt als der Lichtbogen braucht, um sich auszubilden. Der Zündvorgang (Übergang von Station 4 nach Station 1 in Bild 6a, S. 40) läuft innerhalb weniger µs ab.

Da die Belichtungsimpulse völlig asynchron zur Fernsehnorm erzeugt werden, kann der Fall eintreten, daß mehrere Belichtungen während einer Fernsehnormbilddauer (40 ms) vorgenommen werden. Im Bild entstehen dann durch Teilbildüberlagerung Streifen unterschiedlicher Helligkeit und Schärfe. Der Effekt läßt sich dadurch unterbinden, daß nach jeder Belichtung die Erzeugung neuer Belichtungsimpulse für eine Zeitdauer von 40 ms unterbunden wird ("Bildsperre").

Bild 15 zeigt ein Funktionsblockschaltbild des Aufbaus zur Belichtungsimpulserzeugung. Ergänzend ist eine Schaltung beigefügt, mit der sich die Kurzschlußfrequenz messen läßt. Die Wirkungsweise der Schaltung von Bild 15 wurde in Schweißversuchen erprobt. Die Kurzschlußselektion zeigte gute Ergebnisse. Bild 16 gibt die während einer Schweißung gemessenen Signalabläufe wieder und zeigt die Belichtungszeitpunkte während des laufenden Schweißprozesses.

3.4.3 Wahl einer für die Belichtungstechnik geeigneten Bildröhre

Aus der beschriebenen Vorgehensweise zur Belichtungsabwicklung lassen sich Forderungen an die Bildaufnahmeröhre der Fernsehkamera herleiten. Da momentane Überbelichtungen nicht ausgeschlossen werden können, muß die Fernsehkamera einbrennsicher sein. Diese Eigenschaft ist beim Siliziumdiodenvidikon (GROSCH /51/) gegeben. Im Gegensatz zu anderen Röhrentypen wird bei zu starkem Lichteinfall die Targets.hicht nicht zerstört. Statt dessen werden die im Normalbetrieb gesperrten Bildpunktdioden leitend, so daß überschüssige Ladung durch Rekombination abgebaut werden kann. Allerdings wird im Fall einer punktförmigen Überbelichtung die unmittelbare Umgebung des betroffenen Bildelementes beeinflußt. Dieser als Blooming bekannte Effekt läßt überbelichtete Bildpunkte zu strukturlosen, weißen Flächen verlaufen. Im vorlie-

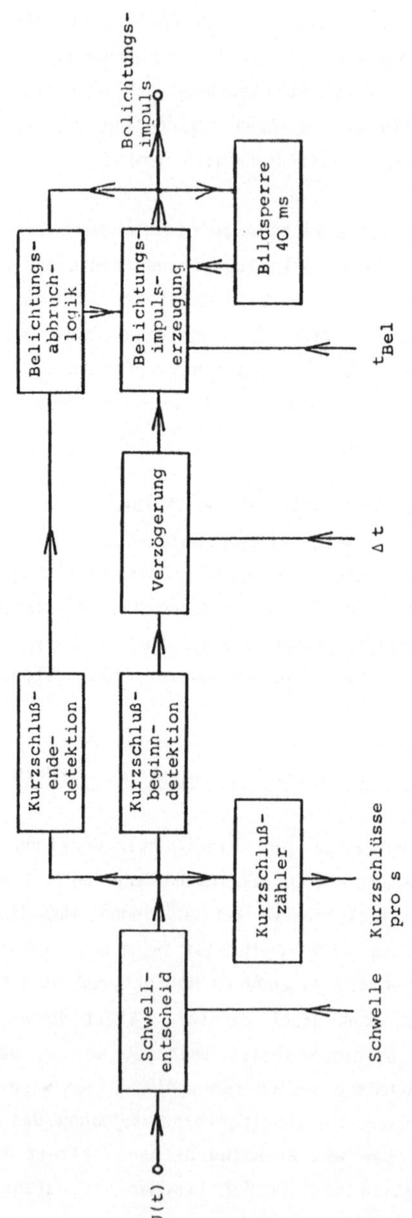

Bild 15: Funktionsblockschaltbild der Verschlußansteuerung

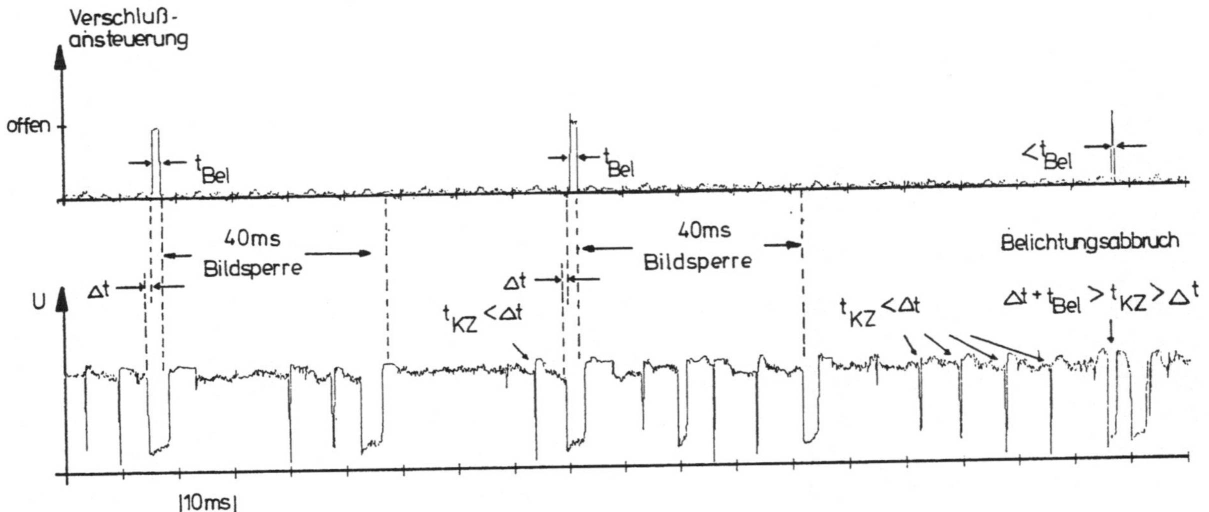

Bild 16: Erzeugung der Belichtungsimpulse aus dem Schweißspannungssignal

genden Anwendungsfall sind Überbelichtungssituationen nicht auszuschließen, so daß für die Bildaufnahme eine Newicon-Bildröhre verwendet wurde, die vom Prinzip her ein nur geringes Blooming aufweist. Trotz der gegenüber dem Siliziumdiodenvidikon größeren Einbrennempfindlichkeit dieses Röhrentyps erwies sich das Newicon als einsetzbar: Die Zusammensetzung der lichtempfindlichen Schicht (Cadmium-Zink-Telluride) verhindert weitgehend die bei Einbrennen normalerweise ausgelösten chemischen Reaktionen, die zu einer Schichtzerstörung führen würden. Im Gegensatz zum Siliziumdiodenvidikon spricht die Newiconröhre im Infrarotbereich nicht mehr an. Ihre spektrale Empfindlichkeitskurve verläuft glockenförmig über den sichtbaren spektralen Bereich. Im Betrieb zeigte sich, daß durch Überbelichtungen aufgebaute Ladungen schnell genug abgebaut werden, so daß zwischen zwei Belichtungen das Ladungsbild sicher gelöscht wird. Die Bildinformationen der einzelnen Belichtungen sind daher unabhängig von einander.

4. Integration des Fernsehsensors in eine Schweißanlage

4.1 Mechanisierung des Kurzlichtbogenschweißens

Zur Durchführung von Versuchsschweißungen und zur Sensorerprobung wurde ein Laboraufbau realisiert, der die Bedingungen einer mechanisierten Schweißanlage simuliert. Der Aufbau ist für Längsschweißungen in waagrechter Lage konzipiert. Ein Probenwagen fährt mit der einstellbaren Geschwindigkeit v_{Sch} in die Richtung $-y_T$ und bewegt das aufliegende Werkstück unter einem fest montierten Brenner hinweg (Bild 17). Der in der Praxis oft gewählte Weg des bewegten Brenners (Geschwindigkeit: v_{Sch} in Richtung y_T) bei ruhendem Werkstück ist hierzu äquivalent. Der Probenwagen ist mit einem Tisch ausgerüstet, der das Werkstück trägt und in der Richtung x_T (senkrecht zur Schweißrichtung y_T) motorgetrieben innerhalb eines Bereiches von ca. 200 mm verstellt werden kann. Durch diese Anordnung sind gekrümmte Bahnen in der waagerechten x_T/y_T-Ebene fahrbar: Der durch die Probenwagenbewegung vorgegebenen Werkstückbewegung in Richtung y_T können Bewegungen in Richtung x_T über die Probentischverschiebung überlagert werden.

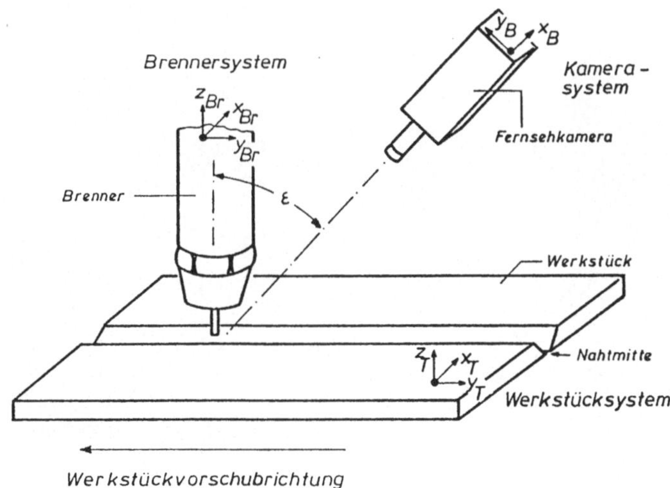

Bild 17: Anordnung von Werkstück, Brenner und Fernsehsensor (schematisch)
x_B, y_B : Koordinaten des Sensorbildes ($x_B \| x_T$)
x_T, y_T : Koordinaten des Probentisches; die Werkstückoberfläche liegt in der x_T, y_T-Ebene

Es wurde eine herkömmliche Thyristorstromquelle eingesetzt, deren Spannung in Stufen wählbar ist. Trotz neuerer Entwicklungen (Transistorstromquelle mit stufenloser Einstellung der Kennlinie) ist dieser Quellentyp heute noch stark verbreitet. In der Regel besitzen herkömmliche Quellen einen gewissen Grad an Automatisierung bei der Steuerung des Funktionsablaufs zum Schweißbeginn und Schweißende. Im vorliegenden Versuchsaufbau gilt dies für die Funktionen Gas ein/aus, Zünden mit Drahtanschleichen, Probenvorschub ein nach Zünden, Probenvorschub aus und Freibrennen des Drahtes bei Schweißende.

(1: Fernsehsensor; 2: optischer Verschluß; 3: Kameraoptik; 4: Stromquelle; 5: Probenwagen; 6: Werkstück; 7: Probentisch; 8: Brenner)

Bild 18: Ansicht des Versuchsstandes

Der eingesetzte Brenner ist für das maschinelle Schweißen vorgesehen und für große Leistungen ausgelegt. Durch die eingebaute Wasserkühlung sind die Abmaße groß verglichen mit anderen Brennertypen, die insbesondere beim Roboterschweißen eingesetzt werden. Hierdurch wird die Zugänglichkeit der Schweißstelle für den Sensor eingeschränkt. Der verwendete Brenner entspricht jedoch den oft üblichen Gegebenheiten am Einsatzort. Er ist in x_T-Richtung (quer zur Vorschubrichtung) manuell justierbar. Außerdem kann er per Handrad in der Richtung seiner Längsachse verschoben werden (Einstellung der freien Drahtlänge), die auch gegenüber x_T oder y_T geneigt werden kann. Hierdurch können die wichtigsten Schweißbrennerführungen simuliert werden (stechendes, schleppendes Schweißen, waagerechtes Schweißen mit geneigtem Brenner bei Kehlnähten).

Eine Ansicht des Versuchstandes zeigt Bild 18.

4.2 Beobachtungsgeometrie

Unter der Annahme, daß der Schweißer durch die visuelle Beobachtung des Schmelzbades den Prozeßablauf ausreichend genau überwachen kann, bietet seine Vorgehensweise einen Anhaltspunkt dafür, wie die Fernsehkamera relativ zum Schweißgeschehen positioniert werden muß. Je mehr die fernübertragende Schmelzbadansicht mit dem dem Schweißer vertrauten Anblick übereinstimmt, umso einfacher wird das Schweißen "nach Monitorbild".

Der Schweißer betrachtet das Schmelzbad in der Regel, indem er von der Seite der ungeschweißten Naht aus auf die vordere Front des Schmelzbades blickt. Seine Blickrichtung liegt jedoch meist nicht in der Achse der ungeschweißten Naht, da er aus bewegungsphysiologischen Gründen den Brenner eher von links nach rechts oder umgekehrt als auf sich zu oder von sich weg führt. Er beobachtet die Szene aus einer seitlichen schrägen Richtung. Dabei ist er mehr oder weniger über das Werkstück gebeugt. Durch Neigung (z.B. beim stechenden Schweißen) oder Heben des Brenners hat er die Möglichkeit, das Blickfeld auf das Schmelzbad freizugeben, was jedoch nicht ohne Einfluß auf das Schweißergebnis ist (Einbrand- und Raupenformänderung). Bei tiefen Nahtprofilen (z.B. steilflankigen V-Nähten) ist er gezwungen, sich über das Werkstück, möglichst in Nahtrichtung, zu plazieren. Er hat die Möglichkeit, seine Beobachtungsposition während der Schweißung zu variieren, wenn dies durch eine Änderung der Nahtverlaufsrichtung erforderlich wird.

Die Vorgehensweise des Schweißers läßt sich nur näherungsweise durch eine entsprechende Plazierung des Fernsehsensors nachvollziehen. Bei einer starren Kopplung Sensor/Brenner wird sichergestellt, daß die Fernsehkamera bei bewegtem Brenner und festem Werkstück (oder beim umgekehrten Fall) das Schmelzbad erfaßt. Die günstigste Position der Beobachtungseinrichtung ist dann die, bei der die Projektion der optischen Achse der Kamera in der Nahtrichtung liegt und die Badfront von der Seite der ungeschweißten Naht abgebildet wird (vgl. Bild 17). Auch bei tiefen Nahtprofilen kann dann das Schmelzbad nicht durch die Nahtflanken verdeckt werden. Abhängig von den Nahtprofilabmaßen kann eine gewisse Verdrehung der optischen Achse gegen den Nahtverlauf zugelassen werden. Die maximal zulässige Verdrehung, bei der das Schmelzbad gerade noch sichtbar ist, bestimmt, wie stark die Nahtlinie gekrümmt sein darf. Diese Beschränkung fällt weg, wenn die auf das Schmelzbad weisende optische Achse des Sensors drehbar um die Längsachse des Brenners gemacht wird und die Position der Beobachtungseinrichtung entsprechend dem Nahtverlauf korrigiert wird. Allerdings ist die Adaption der Kameraplazierung in Abhängigkeit von der beobachteten Szene mit einem erheblichen Aufwand an Bildverarbeitungskapazität und Regelungstechnik verbunden, so daß im ersten Ansatz auf diese Möglichkeit verzichtet wurde. Die Neigung der Kameraachse gegenüber der Brennerlängsachse bestimmt, unter welchem Winkel das Schweißgeschehen beobachtet wird. Wegen der Platzgegebenheiten ist nur ein Winkelbereich von 20 - 60° praktisch ausnutzbar. Ein optimaler Winkel wird im Zusammenhang mit der Bildanalyse in Kap. 6 diskutiert. Zweckmäßigerweise dreht man die Fernsehkamera um ihre optische Achse, so daß die Zeilenrichtung des Fernsehbildes parallel zu x_T liegt.

Der Abstand des Fernsehsensors von der Schweißstelle wird vom Aufbau der Kameraoptik (vgl. Bild 11) bestimmt. Der Abbildungsmaßstab läßt sich durch Verändern des Abstandes Objektivlinse/Fernrohr variieren. Ein Blickfeld von 10 x 10 mm entspricht den Größenverhältnissen an der Schweißstelle: Das Schmelzbad wird dann möglichst groß abgebildet, füllt jedoch nicht die Bildfläche maximal aus. Hierdurch wird die Justage der Kamera relativ zum Brenner erleichtert. Der Abstand der Objektivlinse vom Schmelzbad beträgt bei dieser Einstellung ca. 40 cm. Da beim MAG-Schweißen, insbesondere im Kurzlichtbogenbereich, verstärkt Spritzer aus der Badzone herausgeschleudert werden, müssen Kamera, Optik und Verschluß durch eine mechanische Kapselung geschützt werden. Die Sichtöffnung an der der Schweißstelle zugewandten Seite kann dabei durch eine leicht auswechselbare Glasscheibe (Diaglas) verschlossen werden. Im Laufe der Zeit setzt sich diese Schutzscheibe mit haftenden Metallteilchen zu. Da diese Ebene jedoch nicht scharf abgebildet wird, wirkt sich die zunehmende Verschmutzung lediglich in einer allmählichen Verdunklung der Szene aus.

4.3 Ergänzende Meßeinrichtungen

Wie in Kap. 3.4 dargelegt, wird zur Betätigung des optischen Verschlusses in der Kurzschlußphase des Schweißprozesses das Schweißspannungssignal ausgewertet. In Bild 8 (Seite 42) ist dargestellt, wie das Signal abgegriffen wird. Es empfiehlt sich, eine galvanische Trennung zwischen Schweißstromkreis und Meß- bzw. Sensorelektronik vorzunehmen, um die Störeinflüsse zu reduzieren, die durch den großen Schweißstrom und die steilen Schweißspannungsflanken entstehen. Im vorliegenden Fall wurde ein 2-Kanal-Opto-Trennverstärker eingesetzt, der neben dem Spannungssignal auch das Stromsignal verarbeitet. Beide Zeitsignale werden zwei integrierten Effektivwertwandlern zugeführt, deren Ausgangssignale angezeigt werden können. Auf diese Weise läßt sich der mittlere Arbeitspunkt präziser erfassen als es die Anzeigeninstrumente an der Stromquelle erlauben.

Die Drahtvorschubgeschwindigkeit beeinflußt direkt den Arbeitspunkt (vgl. Kap. 3.2) und ist daher ein aufschlußreicher Prozeßparameter. Die Einstellung erfolgt durch Steuerung der Geschwindigkeit des Vorschubmotors. Der Drahtantrieb befindet sich jedoch gewöhnlich nicht unmittelbar an der Schweißstelle. Meist wird der Draht von einer Vorratsrolle abgewickelt und in eine flexible Seele geschoben, die den Draht zum Brenner führt. Die Drahtgeschwindigkeit an der Stelle des Antriebes am Schlauchbeginn entspricht nicht unbedingt der an der Schweißstelle, weil sich der Draht in der Seele abwechselnd staut und entspannt. Der Effekt ist umso stärker zu beobachten, je länger das Schlauchpaket zwischen Quelle mit Drahtvorratsrolle und Brenner ist und kann den Schweißprozeß nachhaltig stören. Zur Überwachung der tatsächlichen Drahtgeschwindigkeit wurde daher unmittelbar vor dem Einlauf des Drahtes in den Brenner ein Tachometer angebracht, das über ein Reibrad vom Draht angetrieben wird, ohne die Drahtbewegung zu hemmen. Das Ausgangssignal des Tachometers wird in ein analoges, geschwindigkeitsproportionales Signal umgewandelt und angezeigt. Wenn man davon ausgeht, daß das Drahtende zwischen der Meßstelle und dem Schmelzbad (ca. 15 cm) im wesentlichen starr ist, lassen sich auch kurzzeitige Drahtstockungen erkennen.

Die Schweißgeschwindigkeit läßt sich an der Steuerspannung des Antriebmotors des Probenwagens ablesen. Wegen der Trägheit der bewegten Massen kann davon ausgegangen werden, daß eine einmal eingestellte Geschwindigkeit während einer Schweißung annähernd konstant ist.

Während die Erfassung des Schweißspannungssignals für die Funktion des Sensors unverzichtbar ist, stellt die Effektivwertmessung von Strom und Spannung und die Geschwindigkeitsmessung von Draht und Probe eine nicht zwingend vorgeschriebene Erweiterung dar. Allerdings sind diese Werte, die einen Teil des Satzes der einstellbaren Prozeßeingangsparameter bilden (vgl. Bild 2, Seite 20), für den Schweißer sehr aufschlußreich. Durch entsprechende elektronische Vorrichtungen lassen sich die Werte als Zifferneinblendung in ein Fernsehbild einmischen. Dadurch wird eine simultane Darstellung der Schweißparameter und des Anblicks der Schweißstelle an einem Fernbedienungspult möglich.

Der Schweißversuchsstand von Bild 18 (Seite 58) wird ergänzt durch verschiedene Positionsgeber. Es können die absolute Position x_T des Probentisches, die Brennerhöhenstellung z_{Br} und die Brennerseitenstellung x_{Br} gemessen werden. Die Meßfühler sind durch Schiebepotentiometer realisiert. Die gemessenen Werte werden zur definierten Einstellung von Schweißbedingungen (freie Drahtlänge) sowie für die Funktionsüberwachung der Nahtverfolgung (vgl. Kap. 9.2) benötigt.

5. Analyse des über den Fernsehsensor gewonnenen Bildmaterials

Bild 19 zeigt eine typische Schmelzbadansicht. Diese und die folgenden Schmelzbadaufnahmen wurden gewonnen, indem eine Schweißung auf Videoband aufgezeichnet wurde und einzelne Belichtungen als Videostandbild abphotographiert wurden. Entsprechend der in Bild 19a schematisch dargestellten Anordnung lassen sich die einzelnen Bildelemente identifizieren.

Dunkel (weil relativ zur Schmelze kalt) hebt sich der Brennerdüsenrand ab, der noch gerade die Blickfeldgrenze überragt. Die unregelmäßig ausgeleuchtete graue Fläche entspricht dem Schmelzbad. Der als schwarzer Balken wiedergegebene Schweißdraht hebt sich deutlich von der Badfläche ab. Da die Drahtelektrode laufend abschmilzt und "kalter" Draht nachgeführt wird, besitzt der Draht zur Düse hin eine sehr viel niedrigere Temperatur als das flüssige Metall im Schmelzbad und gibt näherungsweise kein sichtbares Licht ab. Am Drahtende dagegen ist eine starke Aufhellung zu beobachten. An dieser Stelle taucht der Draht in das Schmelzbad ein. Diese Übergangsstelle bildet den größten Widerstand im Schweißstromkreis. Die hohe Temperatur der Drahtspitze, die über der des Schmelzbades liegt, bewirkt, daß sich der flüssige Metalltropfen im Moment des Übergangs in das Schmelzbad hell gegenüber der Badfläche abhebt.

Neben Bad, Draht und flüssigem Metalltropfen als wesentliche Bildelemente gibt der Bildsensor einige weitere Details wieder (Bild 20). So werden z.B. Spritzer erfaßt, sofern ihre Temperatur hoch genug ist. Bei den teilweise sehr großen Geschwindigkeiten, mit denen die Spritzer die Badzone verlassen, kommt es trotz der kurzen Belichtungszeit zu einer Bewegungsunschärfe, so daß die Flugbahnen der Spritzer als helle Striche im Bild erscheinen. Spritzer, die auf die Düse auftreffen und haften bleiben, sind als gezacktes Randprofil der Brennerdüse zu erkennen. Fast immer ist eine "ausgefranste" Badkonturlinie zu beobachten. Dies ist auf Verunreinigungen an der Werkstückoberfläche zurückzuführen, die beim Kontakt mit der Schmelze hell aufglühen oder eine gleichmäßige Ausbreitung des Schmelzbades durch Wärmeentzug verhindern (dunkle Kontureinbrüche). Es ist auffallend, daß die Helligkeitsverteilung innerhalb der Badfläche mehr oder weniger inhomogen ist, selbst wenn man die Tropfenübergangszone ausnimmt. Hierfür sind offensichtlich mehrere Effekte verantwortlich. Es ist möglich, daß sich die Badzone nicht gleichmäßig aufheizt. Einflußreicher scheinen jedoch Schmelzbad-

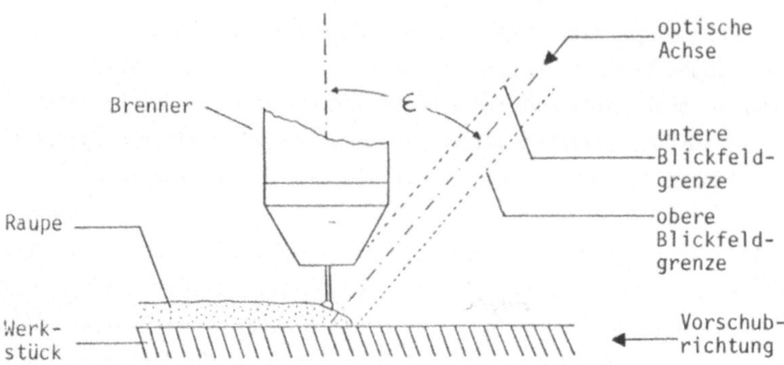

Bild 19a: Anordnung der optischen Sensorachse relativ zur Schweißstelle

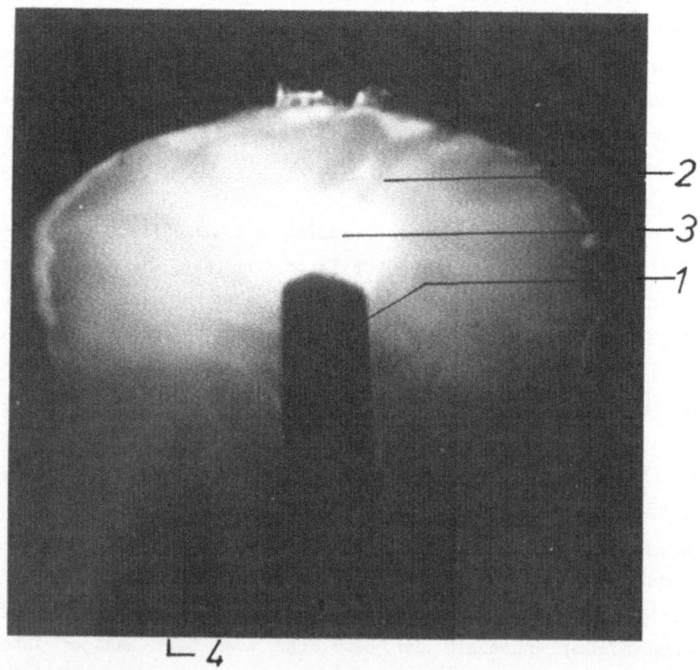

(1: Drahtelektrode; 2: Schmelzbad; 3: flüssiger Metalltropfen; 4: Brennerdüsenrand)

Bild 19b: Typisches Sensorbild der Schweißstelle (Auftragsschweißung)

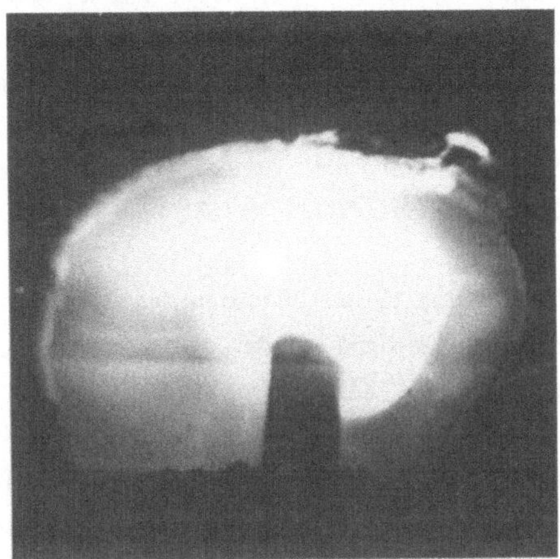

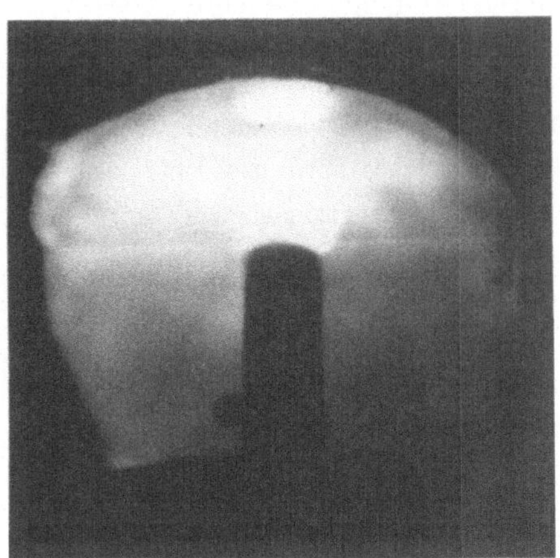

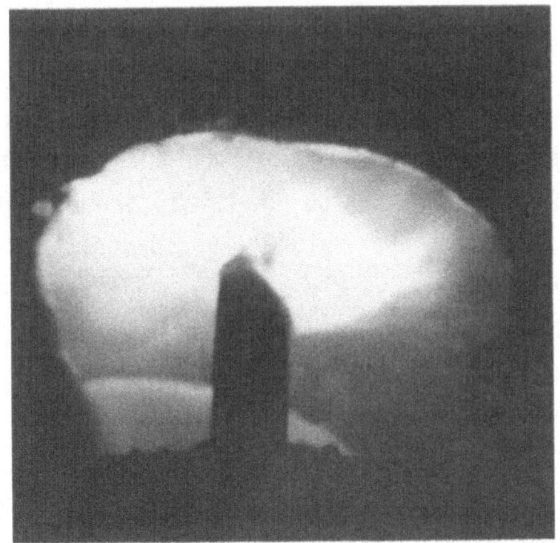

Bild 20: Bilddetails der Schmelzbadansichten

a (oben links): frei fliegender Spritzer; b (oben rechts): Unregelmäßigkeiten der Schmelzbadkontur; c (unten links): Spiegelung des Metalltropfens auf der Badoberfläche; an der Drahtelektrode haftender Spritzer; d (unten rechts): Schlackefleck auf der Badoberfläche; am Gasdüsenrand haftende Metallspritzer.

bewegungen zu sein: Die unregelmäßige Neigung der Schmelzbadoberfläche kann dazu führen, daß das helle Licht des Metalltropfens in Richtung der optischen Sensorachse reflektiert wird. Die Spiegelung bewirkt dann eine Aufhellung der entsprechenden Zone des Schmelzbades. Schließlich können Ausgasungsvorgänge dazu führen, daß sich Teilflächen des Schmelzbades aufhellen: So wird der dem Schweißer vertraute "tanzende" Schlackefleck auf der Schmelzbadoberfläche erfaßt und als helle Zone wiedergegeben.

Die Bilder 19 und 20 geben das vom Sensor erfaßte Bild im Falle einer Blindraupenschweißung wieder. Geschweißt wurde auf 10 mm starkem Blech (Werkstofftyp: St 37).

Untersucht man die in der Praxis üblichen Verbindungsschweißungen, so ergibt sich eine Abhängigkeit der erfaßten Schmelzbadform vom Profil der Nahtvorbereitung, die im folgenden qualitativ beschrieben wird. Eine Berechnung der Schmelzbadbegrenzung wird in Kap. 6 diskutiert.

Für den Fall der V-Naht sieht die Fernsehkamera das Schmelzbad wie in Bild 21 dargestellt. Die bei der Auftragsschweißung runde Badkonturlinie spitzt sich in diesem Fall zu. Die Form läßt sich erklären durch die Anpassung des Schmelzbades an die begrenzten Nahtflankenflächen. Es wurden Nahtöffnungswinkel von $\alpha = 60^\circ$ und 90° untersucht. Der Fall $\alpha = 90^\circ$ entspricht einer Kehlnahtschweißung in Wannenlage, wenn die Fugendimensionen gegenüber den Raupenabmaßen groß sind. Das Schmelzbad wird dann voll von den Nahtflanken eingefaßt. Der Winkel der Badspitze öffnet sich mit zunehmendem Nahtöffnungswinkel α. Wie entsprechende Versuche zeigten, läßt sich der Fall der V-Naht auf Y- oder Tulpenprofile übertragen. Im Unterschied zur reinen V-Naht ändert sich dabei der Verlauf der Badkonturlinie zur Badspitze hin. In beiden Fällen bildet sich jedoch ein deutlicher Winkel an der Badspitze aus. Bild 22 zeigt den Fall einer Tulpennaht, wobei der Arbeitspunkt der Schweißung so gewählt wurde, daß das Profil mit einer Lage gefüllt wird und sich die geforderte Nahtüberhöhung ausbildet. Entsprechend fließt die Schmelze über die seitliche Nahtbegrenzung hinaus, was den gebrochenen Verlauf der Badkontur zur Badspitze hin erklärt. Sofern V-Nähte oder ähnliche Profile mit Spalt geschweißt werden, kann die Badspitze je nach Spaltbreite und Schmelzenviskosität mehr oder weniger abstumpfen.

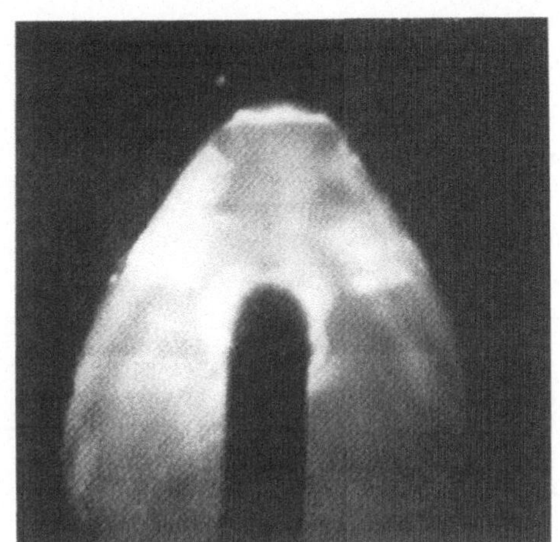

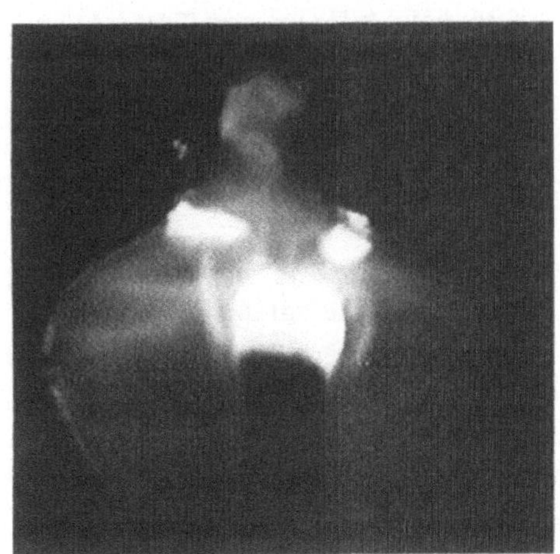

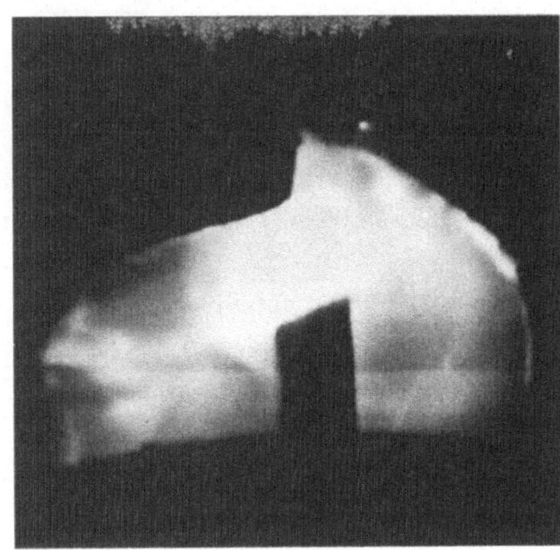

Bilder 21 - 24: Schmelzbadformen in Abhängigkeit vom Nahtprofil

Bild 21 (oben links): V-Nahtansicht
Bild 22 (oben rechts): Tulpennahtansicht
Bild 23 (unten links): I-Nahtansicht
Bild 24 (unten rechts): Überlappnahtansicht

Die Untersuchung von I-Nähten ergibt Schmelzbadansichten wie in Bild 23 dargestellt. Die Versuche wurden wieder an 10 mm starkem Blech durchgeführt; die Spaltbreiten lagen im Bereich um 2 mm. Ein Durchschweißen der Proben konnte und sollte nicht erreicht werden; durch die Überdimensionierung der Blechstärke konnten im Versuch jedoch Probleme des Nahtdurchfalls vermieden werden. Sieht man bei einer Probe mit I-Nahtprofil vom Spalt zunächst ab, so entspricht die Schweißung dem Fall der Auftragschweißung. Daher ergeben sich ähnliche, gleichmäßig abgerundete Badkonturlinien. Durch die schräge Lage der Fernsehkamera, deren optische Achse in Nahtrichtung liegt, blickt der Sensor jedoch beim I-Nahtschweißen zusätzlich in den Spalt hinein und erfaßt somit die sich in Richtung z_T (senkrecht zur Werkstückoberfläche) ausbreitende Schmelze im Spalt. Je nach Spaltbreite dringt das Metall mehr oder weniger in die Fuge ein. Abweichend von der Auftragsschweißung ändert sich daher beim I-Nahtschweißen die Badkontur im Sensorbild dahingehend, daß sich ein Schmelzbadfortsatz ausbildet, der aus der ansonsten abgerundeten Konturlinie ausbricht. Der Fall einer Überlappnaht läßt sich auf den I-Nahtfall zurückführen: Denkt man sich die I-Naht spaltfrei und die beiden Teile in der Richtung z_T gegeneinander versetzt, so ergibt sich das Überlappnahtprofil. Die Badkonturlinie ist dann aus zwei Teillinien zusammengesetzt, die jede für sich der Konturlinienform beim Auftragsschweißen entsprechen. Durch die Stufe an der Nahtlinie ergibt sich eine Unstetigkeitsstelle bei der Zusammensetzung der beiden Teillinien. Der Höhenunterschied der beiden Werkstückoberflächen wird im Idealfall von der Kamera als senkrechter Nahtverlauf wiedergegeben, ähnlich wie der Badfortsatz beim I-Nahtschweißen beidseitig gerade begrenzt ist (vgl. Bild 24).

Durch die unterschiedliche Zeitdauer t_{KZ} der Kurzschlüsse bei fester Vorgabe von $\Delta t + t_{Bel}$ (Belichtungsablaufdauer) ist nicht sichergestellt, daß der Sensor stets zum gleichen Zeitpunkt innerhalb eines Kurzschlusses belichtet wird. Der Metalltropfen am Drahtende ist daher unterschiedlich erhitzt und der Abschnürungs- und Übergangsablauf verschieden weit fortgeschritten. Da durch den Lichtbogendruck, den Berührungsverlauf des Drahtes und die Kräfte beim Wiederzünden des Lichtbogens das Schmelzbad in Wallung gerät, wandert der Drahtabschmelzpunkt von Belichtung zu Belichtung im Sensorbild in senkrechter Richtung. Die Bewegung erscheint in der Bildfolge ruckartig und unkontrolliert entsprechend der unregelmäßigen Bewegung der Schmelzbadoberfläche, die zu stochastischen Zeitpunkten beobachtet wird. Dagegen ändert sich bei einem ungestörten Schweißprozeß und gleichbleibender Nahtgeometrie die

Form und die Lage der Badkontur nur geringfügig und ist auf die kleinen, oben beschriebenen Störungen beschränkt. Dies gilt allerdings nur für einen konstanten Arbeitspunkt und einen ruhigen Schweißprozeß.

Durch die Belichtung der Fernsehkamera in den Kurzschlußphasen kann der Schweißvorgang auf einem Fernsehmonitor verfolgt werden. Die Folge der Einzelbilder, die jeweils die Kurzschlußsituation wiedergeben, läßt den Ablauf des Prozesses kontinuierlich erscheinen und eliminiert den Lichtbogen aus der Szene. Um eine Bewegung mittels Einzelbilder für das menschliche Auge geschlossen wiederzugeben, wird im allgemeinen eine Mindestbildfrequenz $f_B = 16$ Hz vorausgesetzt. Die Fernsehnorm setzt $f_{BFS} = 25$ Hz fest. Die Zahl der Belichtungen wird durch die Kurzschlußfrequenz $f_{KZ} = 1 / (t_{LB} + t_{KZ})$ bestimmt, wobei die Bildsperre von 40 ms (vgl. Kap. 3.4.3) beachtet werden muß. Bild 25 zeigt, daß für die Belichtungsfrequenz f_{Bel}

$$(5.1) \qquad f_{Bel} = f_{KZ} / n \quad ; \quad n = ENT\left(\frac{1/f_{BFS}}{1/f_{KZ}}\right) \quad ; \; ENT = Aufrundung$$

angesetzt werden kann. Die mittlere Kurzschlußfrequenz f_{KZ} hängt vom Arbeitspunkt und von der Stromquellendynamik ab und liegt zwischen 30 und 200 Hz (MUNSKE /43/). Als Mindestfrequenz der Belichtungen ergibt sich daher

$$(5.2) \qquad f_{Bel\,min} = 30 / 2 = 15 \text{ Hz}$$

Damit wird der geforderte Wert von 16 Hz im ungünstigsten Fall knapp erreicht. Niedrige Belichtungsfrequenzen können allerdings dann auftreten, wenn durch die Selektion der Kurzschlüsse über die Kurzschlußzeit t_{KZ} die Anzahl der für eine Belichtung brauchbaren Kurzschlüsse unter 30 Hz sinkt. Für den Betrachter der Bildfolge bedeutet dies, daß im Übergangsbereich des Kurzlichtbogens zum Sprühlichtbogen die Bildfolge in zunehmendem Maße "flakkert". Wegen der großen Helligkeitsunterschiede des Fernsehbildes bei offenem bzw. geschlossenem Verschluß kann man die Wirkung vergleichen mit der eines zu langsam laufenden Films, obwohl die Fernsehbildfrequenz unverändert bei f_{BFS} = 25 Hz liegt.

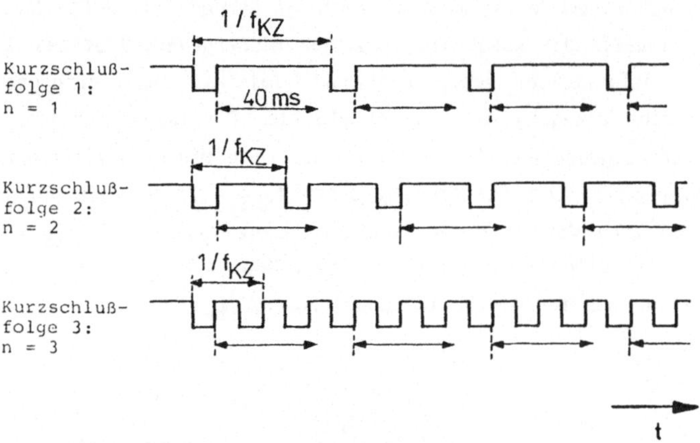

Bild 25: Zur Bestimmung der Belichtungsfrequenz

6. Charakteristische Bildmerkmale für Steuer- und Regelaufgaben

6.1 Nahtverfolgung

Nahtverfolgung beim Schweißen bedeutet Positionierung der Wärmequelle relativ zur Naht, deren Verlauf nicht bekannt ist und vom Sensor erfaßt wird. Die Position der Wärmequelle wird insgesamt durch 5 Koordinaten beschrieben: 3 translatorische Koordinaten geben die Position des vereinfachend punktförmigen angesetzten Lichtbogens wieder, 2 Winkelangaben legen die Lage der Brennerachse fest, die stets auf den Lichtbogen zeigt. Eine Rotation der Brennerachse um sich selbst braucht wegen seines rotationssymmetrischen Aufbaus nicht eingeführt zu werden (Bild 26).

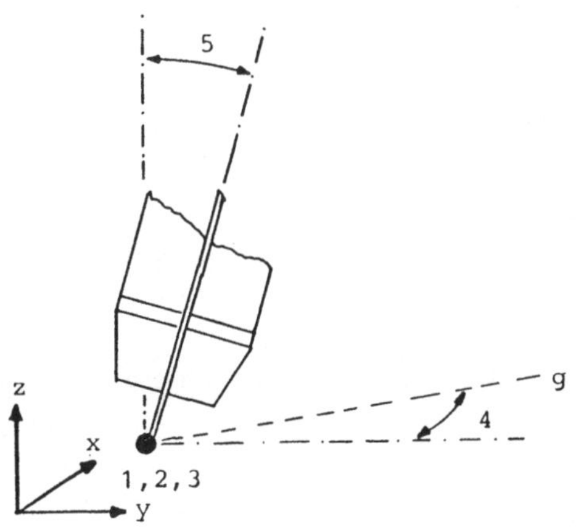

Bild 26: Positionsdefinition des Brenners im Raum
- 1,2,3: kartesische Raumkoordinaten des punktförmig angesetzten Lichtbogens
- 4,5: Winkelkoordinaten der auf den Lichtbogen weisenden Brennerachse
- g: Projektion der Brennerachse auf die x,y-Ebene

Bei der Berücksichtigung von 5 Koordinaten wird der allgemeinste Fall beschrieben. Eine Nahtverfolgung in 5 Achsen stellt jedoch eine sehr schwierige Aufgabe dar. Durch die Einführung der beim Schweißen üblichen Randbedingungen lassen sich je nach Komplexität der Schweißaufgabe einige Koordinaten aus der Problemstellung ausklammern.

Häufig werden Schweißungen in einer Ebene vorgenommen, wobei die Werkstückoberfläche die Ebene definiert. Es wird mit einer festen Winkellage der Brennerachse geschweißt; eine typische Anordnung besteht in einer waagerechten Werkstückoberflächenanordnung bei senkrechter Brennerstellung. Eine Nahtverfolgung reduziert sich dann auf die Regelung der Brennerposition in den 2 die Werkstückebene beschreibenden Koordinaten. Gibt man ferner eine Nahtvorzugsrichtung vor, die parallel zu der einen Koordinatenrichtung liegt, dann muß lediglich die Position der Wärmequelle in der anderen Koordinate, nämlich senkrecht zum Nahtverlauf, überwacht und ggf. korrigiert werden. Dieser Fall, der im folgenden mit Seitenregelung bezeichnet wird, ist z.B. dann relevant, wenn es darum geht, Abweichungen von einem an sich geraden Nahtverlauf, verursacht durch mangelhafte Werkstückeinspannung oder Nahtvorbereitung, auszuregeln. Ein ähnlicher Fall ist gegeben bei gekrümmten Bahnen, deren Sollverlauf vorprogrammiert ist.

In der Praxis ist die Werkstückoberfläche oft nicht eben (gekrümmte Formgebung des Werkstücks, Oberflächenstufen oder Wärmeverzug). In diesem Fall muß die Lichtbogenposition zusätzlich in der Höhe geregelt werden, d.h. der Brenner in seinen 3 translatorischen Koordinaten überwacht und geführt werden, wobei eine Koordinate durch den Schweißvorschub berücksichtigt wird.

Sofern sich die Werkstückoberfläche während der Schweißung auf Grund der Form des Schweißobjektes systematisch in der Höhenlage ändert, also größere Flächenneigungen vorhanden sind, ist es erforderlich, eine Korrektur der Winkellage des Brenners relativ zum Werkstück vorzunehmen. Es genügt jedoch nicht, die für den ebenen Fall vorgesehene Winkellage nachzuführen, weil sich Raupenform und Einbrand bedingt durch die Schwerkraft ändern. Der Schweißer korrigiert seine Brennerhaltung beim Zwangslagenschweißen, indem er auf empirisch gewonnene Erfahrungswerte zurückgreift. Diese Erkenntnisse müssen bei einer Winkellagenregelung berücksichtigt werden.

6.1.1 Regelung der seitlichen Position des Brenners relativ zur Nahtmitte

Für die Seitenregelung muß aus der Schmelzbadansicht, wie sie der Fernsehsensor erfaßt, die Lage der Wärmequelle (Lichtbogen) und der Nahtmitte extrahiert werden. Beim Schweißen mit abschmelzender Elektrode sind die Koordinaten des Lichtbogens nicht fest mit den Brennerkoordinaten verkoppelt. Der Schweißdraht, an dessen Ende der Lichtbogen ansetzt, wird hinter der

Stromdüse nicht mehr mechanisch geführt und kann durch unregelmäßige Eigenkrümmung ausscheren. Bei einer starren Kopplung der Fernsehkamera an den Brenner (vgl. Kap. 4) genügt daher die Vermessung der Nahtmitte alleine nicht. Zusätzlich muß die Lage des Drahtendes (Mittelpunkt des Drahtendes in Zeilenrichtung) vermessen werden.

Die seitliche Position der Nahtmitte läßt sich aus der Form der Schmelzbadkontur ermitteln. Wie sich aus der Bildanalyse von Kap. 5 ergibt, spiegelt die Badspitze (V-Naht) bzw. der Badfortsatz (I-Naht) die Nahtmittenlage wieder. Die Bestimmung der seitlichen Position der Badspitze im Sensorbild entspricht daher der Vermessung der Nahtmittenposition. Wie sich die Badkonturlinie im Falle eines Nahtversatzes darstellt, läßt sich wie folgt herleiten.

Für den Fall einer I-Naht wird von einer Auftragsschweißung (Spaltbreite = 0) ausgegangen. Nach RYKALIN /52/ lassen sich die Isotherme eines Werkstücks berechnen, über dessen Oberfläche eine punktförmige Wärmequelle geradlinig mit konstanter Geschwindigkeit bewegt wird. Ein Beobachter am Ort der Wärmequelle sieht ein quasistationäres Temperaturfeld im Werkstück, das CHRISTENSEN /53/ in einer für den Schweißfall geeigneten allgemeinen Form wiedergibt:

$$\frac{T'}{K} = \frac{1}{R'} \exp(-R' - y') \qquad \text{mit} \tag{6.1}$$

$$T' := \frac{T - T_0}{T_R - T_0}$$

$$K := (v_{Sch} \cdot q) \,/\, (4\pi \cdot a' \cdot g \cdot \gamma' \, (T_R - T_0))$$

$$q := \eta \cdot U_{Sch} \cdot I_{Sch} \cdot 0.239$$

$$R := \sqrt{x^2 + y^2 + z^2}$$

$$(x', y', z', R') := (v_{Sch}/2a') \cdot (x, y, z, R)$$

(T: Isothermentemperatur; T_0: Anfangstemperatur des Werkstücks; T_R: Referenztemperatur; x,y,z: kartes. Koordinaten (x,y = Werkstückoberfläche, y = Schweißrichtung); U_{Sch}: Schweißspannung; I_{Sch}: Schweißstrom; v_{Sch}: Schweißgeschwindigkeit; η: Lichtbogenwirkungsgrad; a': Temperaturleitzahl; g: spez. Gewicht; γ': spez. Wärme)

Die Wärmequelle befindet sich im Koordinatenursprung. Setzt man z'=0 (Werkstückoberfläche) und $T = T_R$ = Schmelztemperatur des Werkstücks (folglich $T' = 1$), so erhält man die Schmelzbadkonturlinie. Der Vorteil der Darstellung von Gl. 6.1 liegt darin, daß sich der Einfluß der Schweißgrößen direkt ablesen läßt. Bild 27 zeigt den Verlauf der Badkontur für U_{Sch} = 22.5 V und I_{Sch} = 200 A bei verschiedenen Schweißgeschwindigkeiten. Dargestellt ist nä-

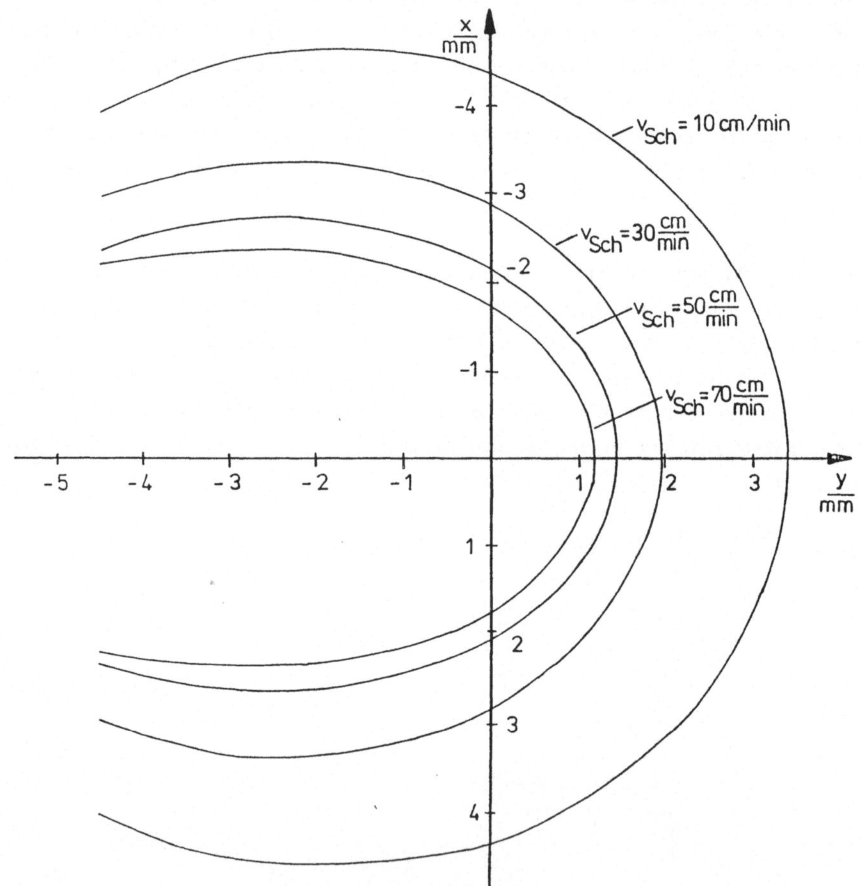

Bild 27: Schmelzbadkonturen bei einer Auftragsschweißung in Abhängigkeit von der Schweißgeschwindigkeit
U_{Sch} = 22.5 V; I_{Sch} = 200 A; η = 75 %;

herungsweise der vom Sensor erfaßte Teil des Schmelzbades. Das zugrunde gelegte Wärmemodell stellt lediglich eine grobe Näherung der tatsächlichen Verhältnisse dar. Es wird vernachlässigt, daß der Aufschmelzvorgang des Werkstücks Wärme verbraucht, die beim Erstarren der Schmelze wieder frei wird. Ferner werden die Einflüsse der Wärmestrahlung nicht berücksichtigt. Schließlich stellt die Annahme einer punktförmigen Wärmequelle eine Abweichung gegenüber den realen Gegebenheiten dar. Die Kurven von Bild 27 können daher lediglich einen Anhaltspunkt für die zu erwartenden Schmelzbadformen geben.

Für die I-Naht gelten näherungsweise die errechneten Verläufe, sofern der Bereich außerhalb der Spaltzonen betrachtet wird. Im Spalt dringt das Metall unter die Werkstückoberfläche ein. Der Durchgang ist abhängig vom Temperaturfeld in z-Richtung, welches Gleichung 6.1 wiedergibt, aber auch von der Viskosität der Schmelze und der Kapillarwirkung des Spaltes, sowie der Schwerkraft. Die Form des Schmelzbades im Spalt läßt sich nur qualitativ abschätzen. Bild 28a zeigt schematisch ein Schnittbild durch eine Schweißraupe. Im Spalt dringt die Schmelzzone weiter in z-Richtung vor als im Werkstück. Der Schmelzbadfortsatz im Sensorbild entspricht daher der Schrägansicht des Schmelzbaddurchhangs. Er bildet sich im Sensorbild umso stärker aus, je größer der Winkel ε zwischen Brennerachse und optischer Achse gewählt wird. In den Versuchen wurde der maximal erreichbare Winkel von ca. 60° eingestellt. Da die Badkontur außerhalb des Spaltes unter einem schrägen Winkel betrachtet wird, erscheinen die y-Ausdehnungen im Sensorbild systematisch verkürzt. Bild 29a zeigt I-Naht Schmelzbadansichten bei Versatz des Lichtbogens gegenüber der Nahtmitte, der sich durch die asymmetrische Lage des Schmelzbadfortsatzes äußert. Die Vermessung der Koordinate x_S der Fortsatzmitte im Sensorbild gibt die Lage der Spaltmitte (= Nahtmitte) relativ zur Beobachtungseinrichtung wieder.

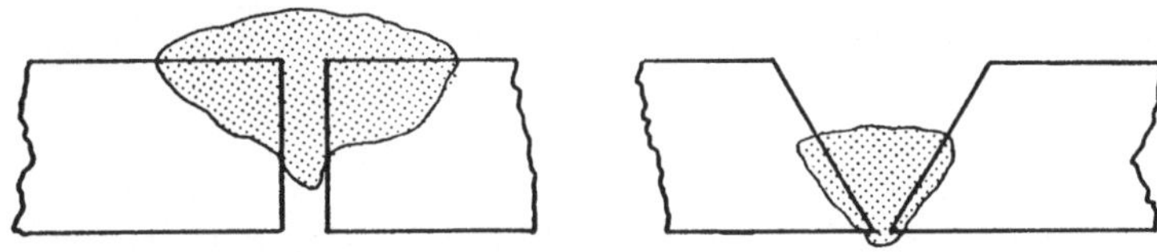

Bild 28: Querschnitte der Schmelzzonen beim I- und V-Nahtprofil

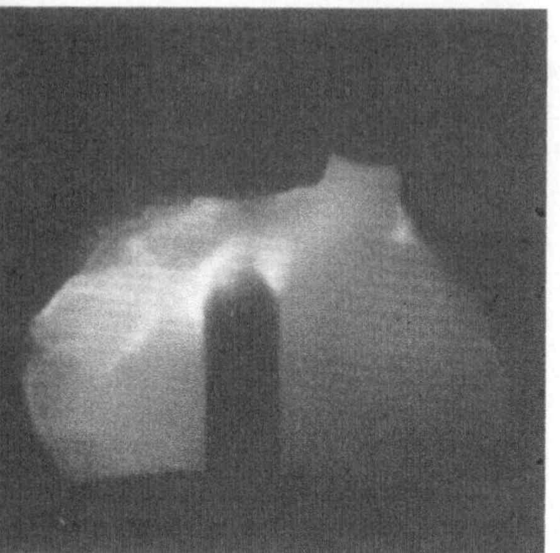

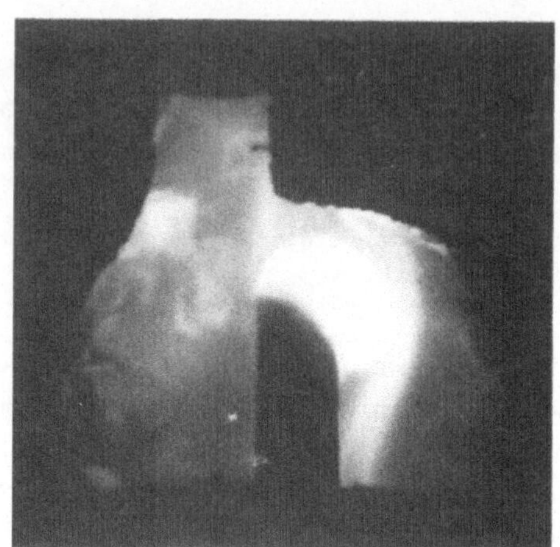

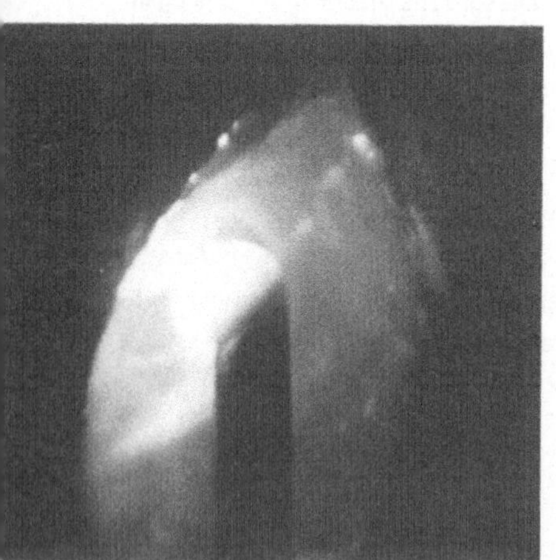

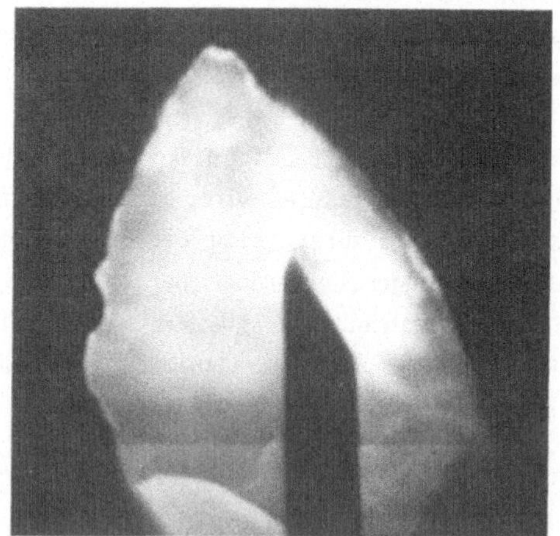

Bild 29: Auswirkungen eines Nahtversatzes bei I- und V-Nahtprofilen
oben: I-Naht mit Nahtversatz nach rechts und nach links
unten: V-Naht mit Nahtversatz nach rechts und nach links

Da bei V-Nahtprofilen die Badkontur durch die Werkstückflanken geformt wird (vgl. Bild 28), läßt sich Gl. 6.1 nicht unmittelbar bei dieser Nahtformkonfiguration verwenden. Folgende Modellrechnung führte zu Ergebnissen, welche die vom Sensor erfaßten Badkonturlinien erklären:

Wie aus Bild 28b ersichtlich, wird die Raupe überwiegend durch Zusatzmaterial gebildet. Zur Berechnung der Schmelzbadkontur wird als Modell angenommen, daß die Schmelze auf einer V-Naht mit dem Öffnungswinkel = 180°, d.h. auf einem ebenen Werkstück, die räumliche Form eines Ellipsoids

$$(6.2) \qquad \frac{x^2}{a^2} + \frac{y^2}{b^2} + \frac{z^2}{c^2} = 1 \; ; \quad \begin{array}{l} y > 0 \\ a,b,c = \text{Ellipsoidhalbachsen} \end{array}$$

annimmt. Diese Annahme erlaubt eine Anknüpfung an Gl. 6.1: Für z=0 beschreibt 6.2 in sehr guter Näherung den Verlauf von Gleichung 6.1, wenn der Ellipsenmittelpunkt auf die Höhe der maximalen Schmelzbadbreite (Bild 27) verschoben wird, die Halbachsen a und b von Gleichung 6.2 den Werten von 6.1 angepaßt werden und lediglich die Schmelzbadfront betrachtet wird. Zur Vereinfachung wird im folgenden $a|_{6.2} \approx b|_{6.2} \approx x_{max}|_{6.1}$ gesetzt. Durch den Lichtbogendruck auf das Schmelzbad (RYKALIN /52/, HANNAPEL /54/) wird ferner eine Drehung des Ellipsoidkoordinatensystems um die x-Achse gegenüber dem Werkstückkoordinatensystem um den Winkel β eingeführt. Für Nahtöffnungswinkel $\alpha < 180°$, d.h. für reale V-Nähte, kann man sich die flüssige Schmelze von den Nahtflanken "eingefaßt" denken. Die Form der resultierenden Bandkonturlinie läßt sich abschätzen, indem das Ellipsoid von Gleichung 6.2 mit den Nahtflankenflächen

$$(6.3) \qquad z = \begin{cases} (x-\Delta x)\cdot \mathrm{tg}\,\alpha' + y\cdot \mathrm{tg}\,\beta & \text{für } x-\Delta x > 0 \\ -(x-\Delta x)\cdot \mathrm{tg}\,\alpha' + y\cdot \mathrm{tg}\,\beta & \text{für } x-\Delta x < 0 \end{cases}$$

Δx : Nahtversatz
$\alpha' = 180 - \alpha$ mit α : Nahtöffnungswinkel

geschnitten wird. Bild 30a,b zeigt schematisch den Vorgang.

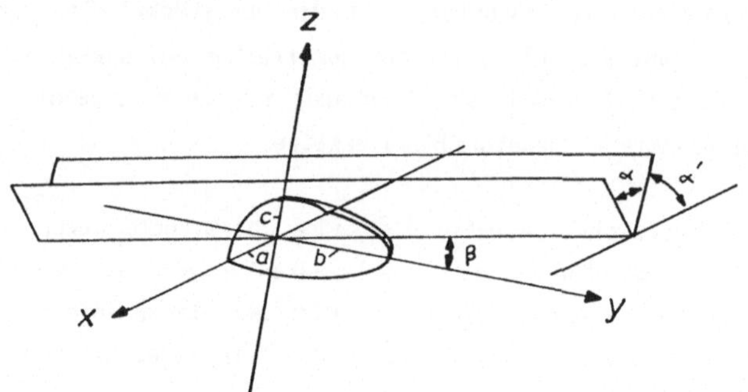

Bild 30a: Raupenende als geneigtes Ellipsoid angesetzt, durch die Flanken des V-Nahtprofils geschnitten

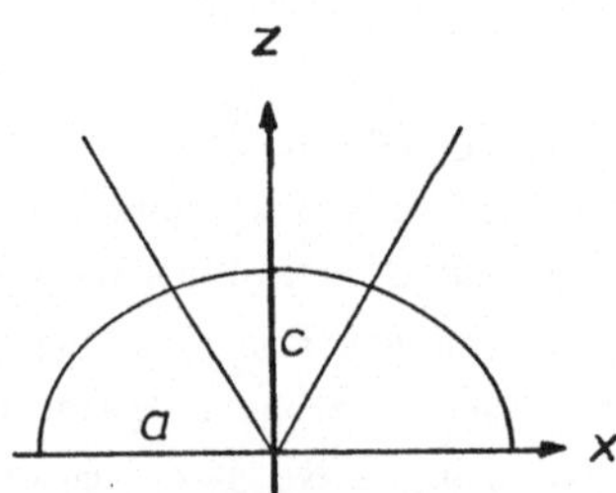

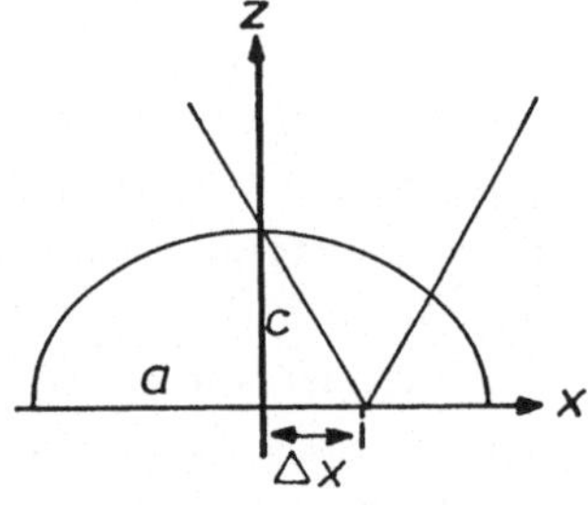

Bild 30b: Ellipsoidschnitt ohne Nahtversatz

Ellipsoidschnitt mit Nahtversatz

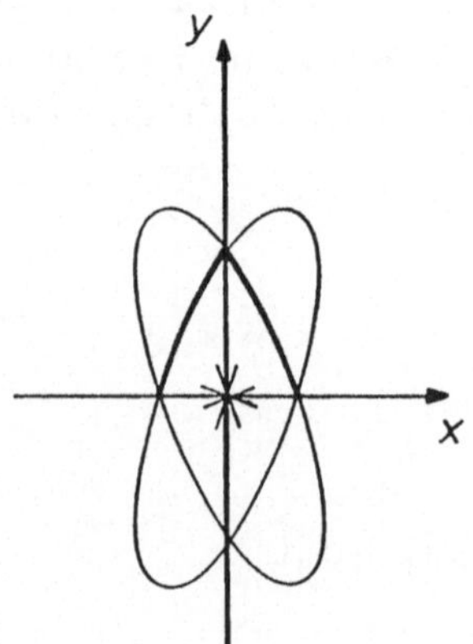

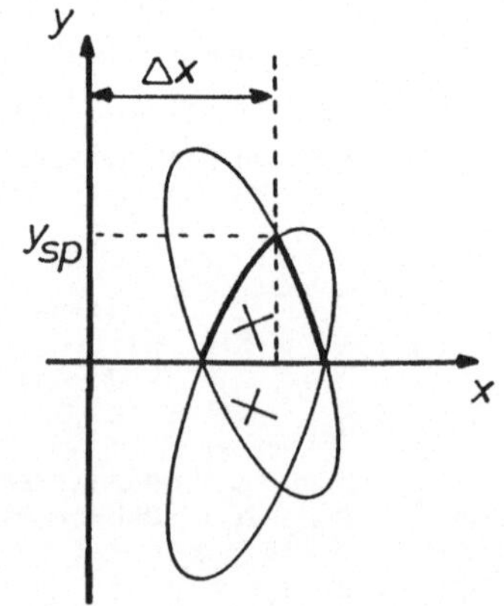

Bild 30c: Badkontur Nahtversatz

Badkontur mit Nahtversatz

Bild 30: Zur Entstehung der V-Naht-Badkonturform

Für die beiden Gleichungen 6.3 ergeben sich zwei Schnittkurven. Es handelt sich um zwei in entgegengesetzter Richtung gedrehte (Winkelbetrag const.$|_{\Delta x}$) Ellipsen mit gleichen Halbachsen. Ihre Mittelpunkte sind um den gleichen Wert $x_0 \sim \Delta x$ verschoben. In y-Richtung sind ihre Mittelpunkte um den gleichen Betrag $y_0 \sim \Delta x$ versetzt, jedoch für jede Ellipse in unterschiedlicher Richtung. Bild 30c zeigt die resultierende Badkontur, die sich aus der Zusammensetzung der jeweiligen Ellipsenteilabschnitte ergibt. Mit zunehmendem Versatz Δx wird die Form immer stärker asymmetrisch. Die Badspitze hat im Ellipsensystem die Koordinate

(6.4) $$x_S = \Delta x$$ (6.5) $$y_s = \sqrt{\frac{a^2 \cdot c^2}{c^2 + a^2 tg^2 \beta} \cdot (1 - \frac{\Delta x^2}{a^2})}$$

Bei einem Nahtversatz Δx beschreibt die Koordinate x_S, die im Bild des Sensors gemessen wird, die Verschiebung der Nahtmitte demnach linear. Bild 29b zeigt die durch die Beobachtungseinrichtung erfaßte Schmelzbadkonfiguration im Fall einer V-Nahtschweißung mit Nahtversatz.

Da die Badspitze wegen möglicher Spalte der V-Naht im Bild des Sensors abgestumpft wiedergegeben werden kann, wird zweckmäßigerweise für die Messung ein Punkt der Badmittellinie unterhalb der Badspitze herangezogen. Seine x-Koordinate ist allerdings nicht mehr linear mit Δx verknüpft. Eine ausführliche Rechnung ergibt, daß die Abweichung vom linearen Zusammenhang sehr gering ist und im folgenden vernachlässigt werden kann für kleine Δx.

Gl. 6.5 zeigt, daß sich die y-Koordinate der Badspitze mit wachsendem Nahtversatz Δx verschiebt. Diese Abhängigkeit muß bei der Realisierung des Meßverfahrens (vgl. Kap. 9.1) beachtet werden.

Wegen des schrägen Blickwinkels der Fernsehkamera gegenüber der Werkstückoberfläche und dem Ellipsenkoordinatensystem erscheinen im Sensorbild die y-Abmessungen verkürzt; die x-Koordinaten werden dagegen unverändert abgebildet, weil die Zeilenrichtung des Sensorbildes parallel zur x-Koordinate des Ellipsensystems liegt. Für die Regelung der Seitenposition des Lichtbogens wird die Mittenposition x_S der Badspitze oder des Badfortsatzes mit der Mittenkoordinate des Drahtendes x_D gemäß

(6.6) $$x_S - x_D = \Delta x$$

verrechnet. Δx beschreibt quantitativ den Nahtversatz und kann als Regelgröße zur Brennerpositionierung verwendet werden. Sofern Draht und Schmelzbadspitze im Blickfeld des Sensors liegen, ist die Regelgröße Δx unabhängig von der Sensorposition relativ zum Brenner oder zum Werkstück.

Alternativ zu der Erfassung der Nahtmittenlage aus der Schmelzbadkontur kann ein Brennerversatz bei Flankennahtprofilen (V-Naht und verwandte Konfigurationen) an der Lage des flüssigen Metalltropfens am Drahtende abgelesen werden. Da sich der Lichtbogen in der Regel entlang der kürzesten Verbindung Elektrode/Werkstück ausbildet, bei einem Nahtversatz demnach von der einen oder anderen Flanke "angezogen" wird, folgt der Tropfen vorzugsweise der Lichtbogenausrichtung, so daß ein seitlicher Materialübergang beobachtet werden kann (vgl. Bild 29b). Durch Vermessung der Tropfenlage relativ zum Drahtende, beispielsweise über die Lage des Tropfenschwerpunktes, läßt sich daher erkennen, zu welcher Seite ein Versatz der Wärmequelle gegenüber der Nahtmitte vorliegt. Der Versatz kann jedoch nicht quantitativ bestimmt werden. Da außerdem schweißprozeßbedingt der Tropfenübergang sehr unregelmäßig erfolgt, läßt sich diese Möglichkeit nur schwer für Regelungszwecke einsetzen und wurde nicht näher verfolgt.

6.1.2 Regelung der Höhenposition des Brenners über dem Werkstück

Die Höhenregelung der Brennerposition soll gewährleisten, daß während des Schweißablaufs ein vorgegebener Abstand des Brenners von der Werkstückoberfläche beibehalten wird. Bei Höhenänderungen des Nahtverlaufs wird durch die Führung des Brenners parallel zur Werkstückoberfläche vermieden, daß der Brenner auf das Werkstück aufsetzt oder daß durch einen zu großen Brennerabstand der Schutzgasmantel instabil wird, was eine mangelhafte Schweißverbindung zur Folge hätte (Porengefahr).

Zur Vermessung des Abstandes Brenner/Werkstück wird davon ausgegangen, daß durch mechanische Kopplung eine feste Zuordnung der Fernsehkamera zum Brenner realisiert ist (vgl. Kap. 4). Da das Schmelzbad im Kurzschlußmoment beobachtet wird, berührt der Draht zum Belichtungszeitpunkt gerade die Schmelzbadoberfläche. Bei Änderungen des Abstandes Brenner/Werkstück schiebt sich der Draht mehr oder weniger vor. In der Sensorbildfolge "fühlt" das Drahtende laufend die Schmelzbadoberfläche ab. Die Position des

Drahtendes im Sensorbild schwankt mit der Höhenlage der Schmelzbadoberfläche, wobei die resultierende Bewegung senkrecht zu der Zeilenrichtung des Bildes liegt (vgl. Bild 18, Seite 58: Zeilenrichtung $x_B \parallel$ zur Koordinate x_T). Über die Winkellage der optischen Achse der Fernsehkamera gegenüber der Brennerachse, die die Drahtvorschubrichtung festlegt, ergibt sich für die senkrechte Bildkoordinate y_D des Drahtendes:

(6.7) $y_D = \Delta l \cdot \sin \varepsilon$

ε : Winkel Sensor/Brenner
Δl : Abstand Werkstückoberfläche/Stromdüsenende
y_D : Drahtendenkoordinate y im Sensorbildfeld

Für eine Regelung der Brennerhöhe kann daher y_D im Sensorbild vermessen und als Regelgröße verwendet werden. Die Vorgabe der Sollhöhe des Brenners über dem Werkstück wird durch die Definition einer Sollkoordinate für y_D im Bildfeld erreicht. Der maximal erfaßbare Änderungsbereich für Δl ist durch die Größe des Bildfensters festgelegt, das wiederum durch den Abbildungsmaßstab der Kameraoptik bestimmt wird. Dieser Bereich kann jedoch insgesamt durch eine entsprechende Änderung der Kameraposition relativ zum Brenner verschoben werden. Der Meßbereich für Δl hängt außerdem vom Winkel ε ab. Bei einem zu kleinen Winkel stört jedoch die Gasdüse, die dann das Schmelzbad verdeckt (vgl. Bild 19a, Seite 64). Im Hinblick auf eine optimale Erfassung der Regelgröße für die Seitenpositionierung (vgl. Kap. 6.1.1) sollte zudem ein möglichst großer Winkel ε gewählt werden. Bei $\varepsilon = 60°$ und einer Bildfensterhöhe von 10 mm sind Höhenschwankungen von ca. ± 4 mm erfaßbar. Da jedoch die y-Bildkoordinaten der Schmelzbadkontur sich bei einer Höhenänderung ebenfalls verändern (vgl. Gl. 6.5), ist dieser Bereich nicht voll ausnutzbar, da evtl. die Schmelzbadkontur außerhalb des Blickfeldes gerät. Eine Messung von y_D wäre in diesem Fall zwar noch möglich, die Koordinate x_S, die für die Seitenregelung benötigt wird, jedoch nicht mehr erfaßbar.

Bei V-Nähten und den hierzu verwandten Profilen muß beachtet werden, daß ein Nahtversatz stets mit einer Änderung des Elektrodenabstandes von der Werkstückoberfläche verbunden ist. In diesem Fall ist eine Höhenregelung nur in Verbindung mit einer Seitenregelung möglich, da durch die alleinige Erfassung der Koordinate y_D ein Höhenversatz nicht von einem Seitenversatz unterschieden werden kann.

6.2 Arbeitspunktregelung

Beim Kurzlichtbogenschweißen werden üblicherweise während des laufenden Schweißprozesses nur zwei Arbeitspunktparameter überwacht und verstellt: die Schweißgeschwindigkeit und der Drahtvorschub, welcher den Schweißstrom festlegt. Andere Einflußgrößen sind entweder nicht beeinflußbar (z.B. Drahtstärke, Schutzgaszusammensetzung), oder ihre Verstellung bereitet technische Schwierigkeiten. Eine Korrektur der Schweißspannung während des Schweißens ist wegen der z.Z. noch gängigen Stromquellenbauart nur in Stufen möglich, verursacht eine momentane Prozeßstörung und wird daher während einer Schweißung nicht vorgenommen.

Die Schweißgeschwindigkeit und der Schweißstrom beeinflussen das Schweißergebnis in entscheidendem Maße. Sie bestimmen die Geometrie der Schmelzzone, sowohl was die Ober- als was die Unterraupe angeht (vgl. HAAS /55/, MUNSKE/43/). Dabei spielt der Einbrand, der die Unterraupe als verbindendes Element zwischen den Werkstückteilen beschreibt, naturgemäß für die Haltbarkeit der Schweißung die wichtigste Rolle. Da sich kein einfacher Zusammenhang zwischen dem Schweißergebnis und den Einflußgrößen angeben läßt, werden meist optimale Werte für Schweißgeschwindigkeit und Drahtvorschub durch Versuche ermittelt und eingestellt. Die Wirkung der beiden Einflußgrößen ist jedoch nicht entkoppelt.

Das verfolgte Konzept zur Arbeitspunktregelung sieht daher vor, die beiden Größen in ihrer Wirkung zu trennen: Während der Schweißstrom extern durch die Wahl des Drahtvorschubs vorgegeben wird - alle weiteren den Strom beeinflussenden Effekte müssen eliminiert werden -, soll durch eine on-line Einstellung der Schweißgeschwindigkeit die Schmelzbadgeometrie konstant gehalten werden, wobei auch hier sichergestellt werden muß, daß andere Einflüsse auf die Badgeometrie kompensiert werden.

6.2.1 Stromarbeitspunktstabilisierung bei konstantem Drahtvorschub

Geht man davon aus, daß durch eine geeignete Drahtvorschubeinrichtung eine konstante Drahtgeschwindigkeit sichergestellt werden kann, dann können dennoch Stromarbeitspunktschwankungen auftreten, die durch eine Änderung der Brennerhöhe über dem Werkstück verursacht werden. Zwar strebt aufgrund der inneren Regelung der Arbeitspunkt bei einer Verstellung von Δl stets zu sei-

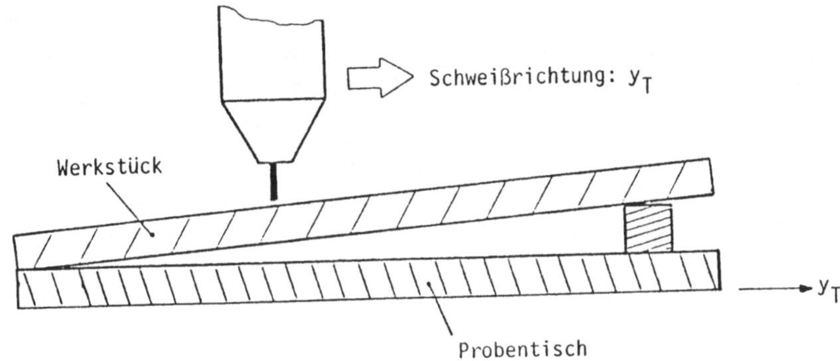

Bild 31: Versuchsanordnung zur Bestimmung des Einflusses der freien Drahtlänge auf den Schweißstrom

nem ursprünglichen Wert zurück (vgl. Kap. 3.3.1). Jedoch ergeben sich bei verschiedenen Werten von Δl nicht gleiche Arbeitspunkte, bedingt durch den Einfluß des widerstandbehafteten Drahtstücks zwischen Stromdüse und Schmelzbad. Während der Lichtbogenbrennzeit ist der Widerstand des Drahtendes in Serie mit dem Lichtbogen geschaltet. Im Kurzschluß belastet die Drahtbrücke der Länge Δl alleine die Stromquelle. Der Einfluß einer Änderung von Δl auf den effektiven Schweißstrom wurde anhand Versuchsschweißungen geneigter Werkstücke gemessen (Bild 31). Bei einer Änderung von Δl um 12 mm ergab sich für die Versuchsanordnung von Kap. 4 eine Stromänderung von ca. 16 % des Anfangswertes. Ähnliche Ergebnisse sind von REPENNING /27/ bekannt.

Die in Kap. 6.1.2 vorgeschlagene Vermessung der Drahtspitze y_D im Sensorbild und deren Verwendung für eine Regelung auf einen konstanten Wert Δl (Brennerhöhenregelung) stabilisiert daher gleichzeitig den Stromarbeitspunkt. Die Stromstärke ist somit auch bei nicht ebenen Werkstückoberflächen allein vom gewählten Drahtvorschub abhängig.

6.2.2 Regelung der Schmelzbadbreite

Sofern man Gleichung 6.1 zur näherungsweisen Berechnung der Schmelzbadform zuläßt, läßt sich feststellen, daß der Verlauf der Badkontur bei konstantem Strom- und Spannungsarbeitspunkt noch von der Schweißgeschwindigkeit v_{Sch} abhängt. Aus Gleichung 6.1 läßt sich die Abhängigkeit der Schmelzbadbreite x_{Bd} auf der Höhe der Wärmequelle von v_{Sch} berechnen, wenn $y = z = 0$ gesetzt wird. Bild 32 gibt den nichtlinearen funktionalen Zusammenhang wieder, der allerdings für die Schweißpraxis nur beschränkte Aussagekraft besitzt: So stellen sich offensichtlich bei sehr kleinen Schweißgeschwindigkeiten nicht extrem breite Schmelzbäder ein, und der Fall eines unendlich schmalen Schmelzbades wird bei sehr hohen Werten von v_{Sch} nicht erreicht. Erkennbar ist jedoch eine prinzipielle Abhängigkeit der Schmelzbadbreite von der Schweißgeschwindigkeit für in der Praxis übliche Arbeitspunkte.

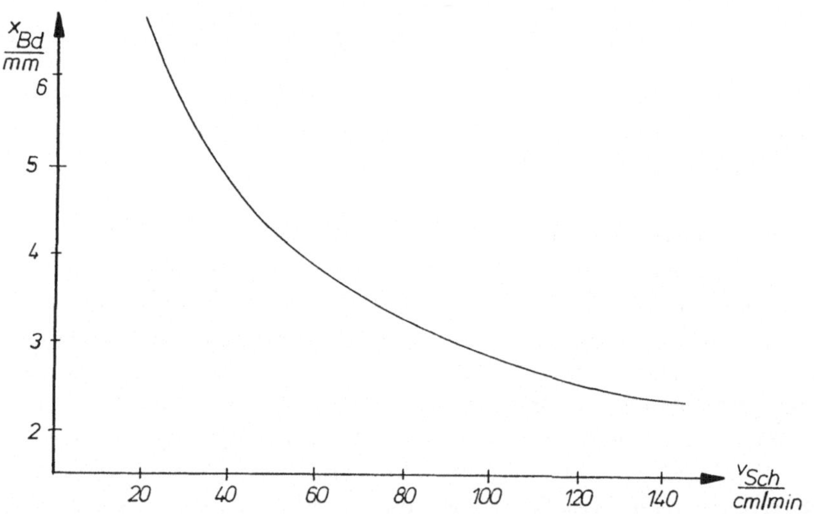

Bild 32: Theoretische Abhängigkeit der Schmelzbadbreite x_{Bd} auf der Höhe des Lichtbogens von der Schweißgeschwindigkeit v_{Sch}

Streng genommen gilt Gl. 6.1 nur für die Auftragsschweißung und läßt sich daher näherungsweise auf die I-Naht übertragen. Die bei V-Nähten ebenfalls vorhandene Abhängigkeit der Badbreite von der Schweißgeschwindigkeit ist schwieriger zu erfassen. Wegen des nur mit Einschränkungen gültigen Vorstellungsmodells, mit dessen Hilfe in Kap. 6.1.1 die Kontur des Schmelzbades qualitativ abgeschätzt wurde, wird auf eine explizite Berechnung der Badbreitenabhängigkeit von v_{sch} für V-Nähte verzichtet. Es läßt sich jedoch feststellen, daß im Gegensatz zur I-Naht die V-Nahtbadbreite auf der Höhe des Lichtbogens nicht allein von v_{sch}, sondern auch vom Nahtversatz Δx abhängt (vgl. Bild 30). Eine Messung der Badbreite ist daher bei V-Nähten nur sinnvoll, wenn der Versatz Δx durch die Implementierung einer Seitenregelung klein gehalten werden kann.

Bei einem gewählten elektrischen Schweißarbeitspunkt läßt sich die Schweißgeschwindigkeit so einstellen, daß eine konstante vorgegebene Schmelzbadbreite vorliegt. Hierdurch soll nicht nur eine konstante Raupenbreite erzielt werden, sondern die Geometrie der Schmelzzone insgesamt während der Schweißung auf definierte Abmaße gehalten werden. Dabei wird vorausgesetzt, daß bei gegebenem elektrischem Schweißarbeitspunkt der Zusammenhang von Schweißgeschwindigkeit und Einbrandtiefe bekannt ist. Mangels einer exakten Modellvorstellung für die Wärmeverhältnisse beim Schweißen muß diese Abhängigkeit empirisch gewonnen werden. So stellt z.B. HAAS (/55/) anhand vergleichender Versuchsschweißungen fest, daß bei einer kontinuierlichen Abnahme von v_{sch}, ausgehend von hohen Geschwindigkeiten, ein Maximum für die Einbrandtiefe erreicht wird. Bei zu schnellem Schweißen reicht die Streckenenergie nicht aus, um in der Tiefe zu schweißen; bei zu langsamen Schweißvorschüben geht der Einbrand wegen eines stark vorlaufenden Schmelzbades ebenfalls zurück. Sofern diese Zusammenhänge bekannt sind, kann daher eine Konstanthaltung des Einbrandes über die Vorgabe einer einzuhaltenden Schweißbadbreite angestrebt werden, die während der Schweißung durch die entsprechende Korrektur der Schweißgeschwindigkeit auf dem Sollwert gehalten wird.

Die oben angeführte Abhängigkeit des Einbrands vom vorlaufenden Schmelzbad wird in der Praxis oft genutzt, indem der "Vorlauf", d.h. die Schmelzbadfläche F_{Bd} vor dem Lichtbogen, als Kriterium für die richtige Einstellung des Arbeitspunktes verwendet wird. Diese Fläche läßt sich aus der vom Schweißsensor erfaßten Schmelzbadansicht quantitativ bestimmen, wobei die Badkontur und die Lage des Elektrodendrahtendes zur Definition der Fläche verwendet werden können. Der Zusammenhang zwischen Schmelzbadvorlauf und Geometrie der Schmelzzone ist jedoch nicht explizit bekannt. Auch hier muß auf empirisch gewonnene Erfahrungswerte zurückgegriffen werden.

6.2.3 Korrektur der Brennerneigung in Abhängigkeit von der Werkstückoberflächenneigung

Sofern Schmelzbadbreite x_{Bd} oder Vorlauffläche F_{Bd} zu Regelungszwecken verwendet werden sollen, muß der Einfluß der Brennerneigung, der bei gekrümmten Werkstückoberflächen und fester Brennerachse die Schmelzbadgeometrie während der Schweißung verändern kann (vgl. HAAS /55/), kompensiert werden.

Bei systematischen Höhenänderungen der Werkstückoberfläche während des Schweißablaufs ergibt sich die Möglichkeit, die Neigung des Werkstücks gegenüber der Schweißrichtung zu erkennen. Ist bei feststehendem Brenner der Höhenverlauf der Nahtlinie gegeben durch

(6.8) $\Delta l(y_T) = f(y_T) \qquad \text{mit } y_T(t) = v_{Sch}' \cdot t$

Δl : Abstand Werkstückoberfläche/Stromdüse

$y_T(t)$: Koordinate des Lichtbogens zum Zeitpunkt t

v_{Sch}' : Schweißgeschwindigkeit in Richtung y_T (zeitlich konstant)

dann ergibt sich

(6.9) $$\frac{d\Delta l}{dt} = \frac{df(y_T)}{dy_T} \cdot \frac{dy_T}{dt} = \frac{df(y_T)}{dy_T} \cdot v_{Sch}'$$

(Pfeil auf $\frac{df(y_T)}{dy_T}$:) Werkstückneigung in $y_T(t)$

Wegen Gleichung 6.7 ist die zeitliche Ableitung $y_D' = dy_D/dt \sim d\Delta l/dt$ also proportional zur Werkstückoberflächenneigung, sofern die Schweißgeschwindigkeit konstant angesetzt werden kann. y_D läßt sich aus der Folge der aus den Sensorbildern bestimmbaren Werte y_D gewinnen und kann dazu verwendet werden, eine Korrektur der Brennerneigung vorzunehmen, wobei die in Kap. 6.1 angeführten schweißtechnischen Aspekte berücksichtigt werden müssen.

6.2.4 Berücksichtigung des Nahtspaltes

Bei der I-Naht erfordert eine Änderung der Spaltbreite während des Schweißablaufs eine Korrektur des Arbeitspunktes, um die gewünschte Schweißraupengeometrie einhalten zu können. Im Extremfall kann so z.B. eine Spaltverbreiterung zum "Durchfallen" der Naht führen und die Schweißverbindung unbrauchbar machen, wenn nicht die Wirkung der Spaltverbreiterung kompensiert wird. In der Praxis gibt es unterschiedliche Möglichkeiten, einer Variation der Spaltbreite Rechnung zu tragen. Gute Ergebnisse liefert die Adaption der

Brennerpendelbewegung an die Spaltverhältnisse (vgl. REPENNING/EICHHORN /56/). Ähnlich geht der Handschweißer vor, der zur Überbrückung breiter Spalte seine Pendelamplitude vergrößert. In anderen Fällen wird der Schweißstrom der Spaltbreite angepaßt (SCHMIDT /28/).

Das beim I-Nahtschweißen wiedergegebene Sensorbild erlaubt eine Erfassung der Spaltbreite. Hierzu muß die Breite x_F des Schmelzbadfortsatzes bestimmt werden. Diese Größe kann zur Steuerung des gewünschten Schweißparameters verwendet werden.

Bei V-Nähten ist die Vermessung der Spaltbreite aus der Schmelzbadansicht schwieriger, da die Schmelzbadspitze durch schräg zulaufende Konturlinien gebildet wird. Bei vorhandenem Spalt ist die Badspitze mehr oder weniger ab-

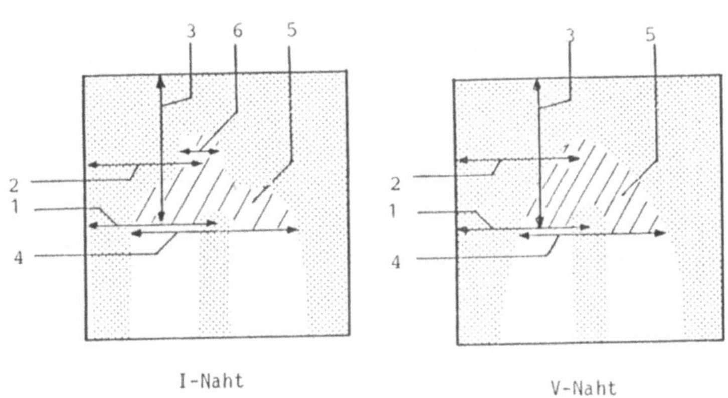

1: x_D x-Position des Drahtendes im Bildfeld

2: x_S x-Position der Badspitze im Bildfeld (Nahtmitte)

3: y_D y-Position des Drahtendes im Bildfeld

4: x_{Bd} Breite des Schmelzbades auf der Höhe des Lichtbogens (bzw. des Drahtelektrodenendes)

5: F_{Bd} "Vorlauf"-Fläche: Fläche des Schmelzbades vor dem Lichtbogen

6: x_F Breite des Schmelzbadfortsatzes (Spaltbreite)

Bild 33: Übersicht der betrachteten Schmelzbadmerkmale

geflacht und unregelmäßig ausgebildet. Die Spaltbreite läßt sich daher nur unterhalb der Spitze über die Bestimmungen der Badbreite herleiten, wobei allerdings der Nahtöffnungswinkel und der Abstand der Meßstelle von der Badspitze eingeht.

Bild 33 zeigt zusammenfassend die für Regel- und Steueraufgaben aus den Schmelzbadansichten zu bestimmenden Größen. Sie decken sich mit denen, die auch ein Schweißer unbewußt bei der Beobachtung des Schweißgeschehens überwacht. Über die bildliche Erfassung der Schmelzbadansicht werden sie jedoch durch Verarbeitung des Sensorbildsignals (Kap. 7) meßbar gemacht, so daß durch die Implementierung der Regelungen reproduzierbare Schweißungen ermöglicht werden.

7. Bildverarbeitung zur Merkmalsextraktion und -vermessung

7.1 Anforderungen an das Bildverarbeitungssystem

Das Bildverarbeitungssystem verwertet das von der Bildaufnahmeeinrichtung erstellte Bildsignal. Gemäß den Überlegungen von Kap. 6 enthält das Bild eine Reihe von Merkmalen, die zur Erstellung von Regelgrößen verwendet werden können, welche für die Schweißung signifikant sind. Die Bildverarbeitungsaufgabe zerfällt in drei Teile:

a) Merkmalsextraktion: Aus dem Gesamtbild müssen die einzelnen Bildteile erkannt und separiert werden.
b) Merkmalsvermessung: Die extrahierten Bildteile müssen vermessen werden, entweder in ihrer jeweiligen Lage im Blickfeld oder in ihren Abmessungen.
c) Regelgrößenerstellung: Die Meßergebnisse müssen entweder einzeln oder nach gegenseitiger Verrechnung (vgl. Gl. 6.6) in geeigneter Form ausgegeben werden.

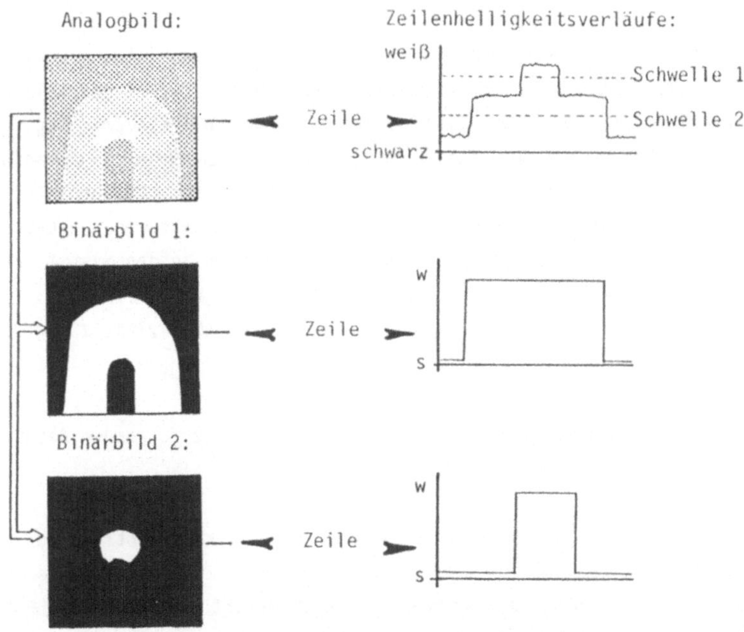

Bild 34: Binarisierung der Schmelzbadansicht (schematisch)

Das Grauwertbildsignal der Fernsehkamera läßt sich zur einfacheren Verarbeitung per Schwellentscheid in ein Binärsignal umwandeln. Das entsprechende Binärbild enthält nur noch schwarze oder weiße Bildpunkte gemäß dem durch die Schwelle vorgegebenen Vergleichsgrauwert. Angesichts des relativ großen Helligkeitsunterschiedes zwischen Schmelzbad und Draht im Sensorbild ist eine Binarisierung durchführbar. Das vereinfachte resultierende Bild enthält die für die durchzuführenden Meßaufgaben erforderliche Information: Die Schmelzbadzone wird als weiße Fläche wiedergegeben, der Schweißdraht als schwarze Struktur innerhalb des Schmelzbades. Soll aus dem ursprünglichen Sensorbild auch der Metalltropfen am Drahtende erfaßt werden (vgl. Kap. 6.1.1), so kann ein zweites Binärsignal erzeugt werden über eine der Tropfenhelligkeit entsprechende Schwelle (Bild 34).

Bei der Konzeption des Bildverarbeitungssystems sind über die Aufgabenstellung hinaus einige Randbedingungen zu beachten, die sich aus den besonderen Einsatzbedingungen im vorliegenden Fall ergeben. Die Anforderungen sowie Lösungsansätze lassen sich wie folgt schwerpunktmäßig darstellen:

Forderung 1: Flexibilität

Das Bildverarbeitungssystem muß flexibel sein, da bei wechselnden Schweißbedingungen oder unterschiedlichen Anforderungen bzgl. des Automatisierungsgrades die Funktionsweise des Systems angepaßt werden muß. Gemäß Kap. 6 ergeben sich z.B. bei verschiedenen Nahtprofilen unterschiedliche Badformen und dadurch zwangsläufig entsprechend ausgerichtete Verarbeitungsalgorithmen. Geht man auf andere Schweißverfahren über, so ist mit einer abgewandelten Szenenstruktur zu rechnen, die neue Anforderungen an das System stellt. Die geforderte Flexibilität bezieht sich aber auch auf die Ausbaumöglichkeit des Systems, da der Aufwand an Bildverarbeitungskapazität zwangsläufig mit der Anzahl der extrahierten Merkmale steigt.

Bei der Realisierung des Bildverarbeitungssystems wurde folgender Ansatz berücksichtigt:

Die Untersuchung der gemeinsamen Strukturen aller voraussichtlich zu verarbeitenden Szenen (Kap. 6) führt zu einem Gesamtumfang von primären Verarbeitungsaufgaben, die in Grundmodulen so implementiert werden, daß jede der primären Aufgaben nach entsprechender Programmierung ausgeführt werden kann. Die Funktion eines Grundmoduls wird daher letztlich erst durch die Auswahl (= Programmierung) der auszuführenden Aufgabe festgelegt. Hierdurch kann eine erforderliche Abwandlung des Verarbeitungsalgorithmus problemlos durch einen Wechsel der Grundmodulfunktion (Umprogrammierung) erreicht werden (Bild 35). Die Integration mehrerer Grundmodule gleicher Bauart in ein entsprechend aufgebautes Gesamtsystem erlaubt eine Erweiterung in dem Maße, wie es die Szenenverarbeitung vorschreibt.

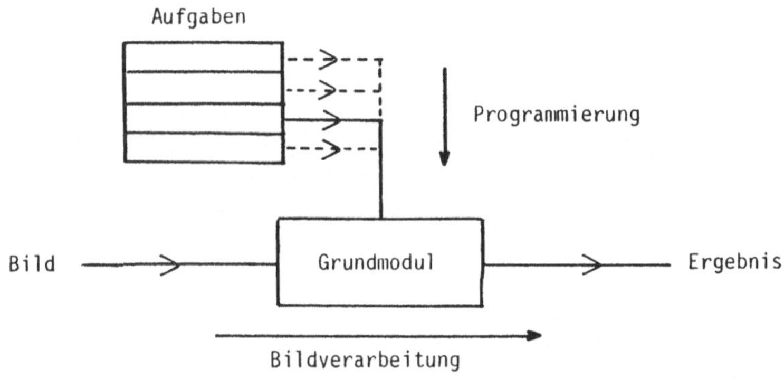

Bild 35: Programmierbare Bildverarbeitung

Die Vielseitigkeit eines so aufgebauten Systems wird entscheidend vom Umfang der in einem Grundmodul zu realisierenden primären Aufgaben bestimmt, der allerdings auch den Aufwand des Systems (vgl. Forderung 4) beeinflußt. Da jedes Grundmodul im Einsatz letztlich nur eine Aufgabe gleichzeitig ausführt, sind bei einer erfolgten Modulprogrammierung auf eine Funktion die übrigen ebenfalls implementierten redundant, weil nicht verwendet. Deshalb ist eine zu hohe Integration von primären Aufgaben in einem einzigen Grundmodultypus ungünstig. Es ist vielmehr sinnvoll, den Gesamtumfang der anfallenden Aufgaben auf mehrere Modultypen zu verteilen. Jedem Modul fällt dann nur ein Aufgabensatz als Teil des Gesamtumfangs zu. Ein solcher Aufgabensatz sollte nur eng verwandte primäre Aufgaben zusammenfassen, die sich mit geringem Aufwand gemeinsam zu einem Modul implementieren lassen. Da die Merkmalsextraktion, die Merkmalsvermessung und die Regelgrößenerstellung grundsätzlich verschiedene Aufgabenkomplexe berühren, liegt es nahe, auch verschiedene Grundmodule für diese drei Bereiche zu entwerfen. Die jeweiligen Sätze primärer Aufgaben werden in Kap. 7.3 diskutiert.

Für die Programmierung der Module und die Koordination des Verarbeitungsablaufs, insbesondere bei mehreren beteiligten Modulen, wird ein Mikrorechner (auf Mikroprozessorbasis arbeitend) eingesetzt. Über ein entsprechendes Betriebsprogramm läßt sich die Modulprogrammierung übersichtlich durchführen; ferner ergibt sich die Möglichkeit, Programmierschemata abzuspeichern und bei Bedarf aufzurufen, die für stets wiederkehrende Anwendungen benötigt werden.

Forderung 2: Schnelligkeit

Die Bildverarbeitungsaufgabe muß während des Schweißablaufs in Echtzeit abgewickelt werden. Geht man davon aus, daß für Regel- und Steueraufgaben des Schweißprozesses die Bildmerkmale möglichst kontinuierlich verfolgt werden müssen, dann muß jede durch eine Sensorbelichtung erfaßte Szene verarbeitet werden. Die maximale Zeit, die für die Verarbeitung eines Bildes zur Verfügung steht, wird durch die Belichtungsfrequenz f_{Bel} vorgegeben, die gemäß Kap. 5 maximal 25 Hz betragen kann. Im ungünstigsten Fall muß daher eine Schmelzbadansicht innerhalb 40 ms analysiert werden. In dieser Zeit werden gemäß der Fernsehnorm (/35/) zwei ineinander geschachtelte Halbbilder von der Fernsehkamera ausgelesen, wobei jedes Halbbild die gesamte Bildfläche im halben Zeilenraster wiedergibt. Für den vorliegenden Anwendungsfall reicht schon die Auflösung eines Halbbildes aus, um die Szenenmerkmale hinreichend genau erfassen zu können.

Bei den heutigen, flexibel aufgebauten Bildverarbeitungssystemen für industrielle Verwendungen, werden die Verarbeitungsalgorithmen in der Regel softwaremäßig realisiert. Allerdings hat sich gezeigt, daß Bildanalysen in Echtzeit softwaremäßig oft nicht schnell genug durchzuführen sind. Eine neue Generation von Systemen (LÜBBERT /57/,FOITH /58/, KARG /59/) geht daher den Weg, die rechnergestützte Bildanalyse durch speziell konzipierte Hardwareschaltungen so zu ergänzen, daß das Rechnersystem entlastet wird und die Bildverarbeitung beschleunigt werden kann: Die aufgeführten Systeme sind mit Bildspeichern ausgerüstet, in die das Bild eingelesen wird und auf die der Rechner beliebig zugreifen kann. Während des Einlesevorgangs werden bereits elementare Merkmale (Flächen, Schwerpunkte) rechnerextern durch entsprechende Schaltungen bestimmt, wodurch die Bildverarbeitungsaufgabe des Rechners vereinfacht wird (Bild 36a).

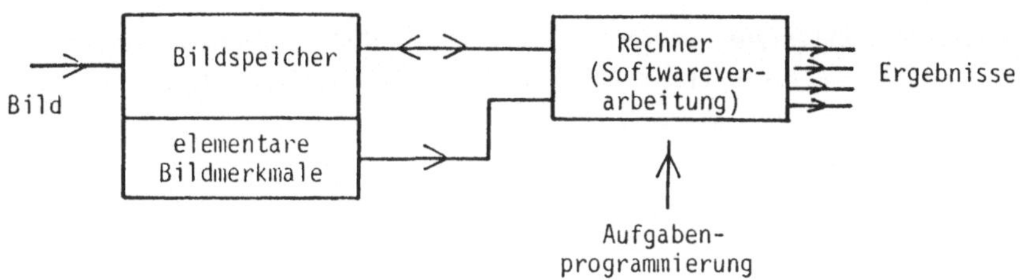

Bild 36a: Bildverarbeitung (Schwerpunkt: Software)

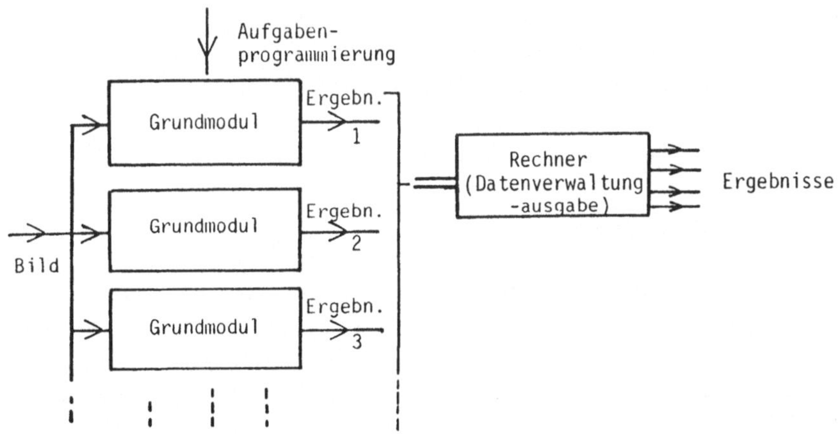

Bild 36b: Bildverarbeitung (rechnergestützte Hardware)

Im vorliegenden Fall würde der Einlesevorgang eines Bildspeichers eine Halbbildperiode, d.h. 20 ms dauern. Für die Bildverarbeitung stünden dann noch maximal 20 ms zur Verfügung. Angesichts der Datenmenge wäre für die Erfassung mehrerer Merkmale ein sehr schnelles Rechnersystem erforderlich. Da im vorliegenden Fall die zu erfassenden Merkmale sehr einfacher Art sind, wird bei der Realisierung des Bildverarbeitungssystems auf die Verwendung eines Bildspeichers verzichtet. Stattdessen werden spezielle Grundmodule für Merkmalsextraktion und -vermessung rein hardwaremäßig realisiert und so ausgelegt, daß das sequentielle Bildsignal direkt verarbeitet werden kann: Alle benötigten Bildmerkmale werden synchron zum Ablauf des ersten Halbbildes nach einer Belichtung erfaßt und stehen danach als Datensatz geringen Umfangs dem Rechner zur Weiterverarbeitung zur Verfügung. Beim Einsatz mehrerer Hardwaremodule ist eine parallele Arbeitsweise möglich, da alle Module vom gleichen Bildsignal versorgt werden und unabhängig voneinander arbeiten (Bild 36b). Bei einer Erweiterung der Bildverarbeitungsaufgabe, die durch Einsatz zusätzlicher Grundmodule ermöglicht wird, erhöht sich daher der Zeitaufwand für die Merkmalsextraktion und -vermessung in erster Näherung nicht. Der Rechnerteil wird durch Auslagerung der Bildsignalanalyse entlastet; abgesehen von der Modulprogrammierung und der Meßablaufsteuerung übernimmt er lediglich die Regelgrößenerstellung, die im wesentlichen in der Ausführung einfacher Rechenoperationen besteht.

Das vorgeschlagene Konzept ist an anderer Stelle mit Erfolg eingesetzt worden (z.B. GEISSELMANN /60/, LANDZETTEL /61/). Im Unterschied zu bisherigen Ansätzen wurde jedoch im vorliegenden Fall der Versuch unternommen, durch die Programmierbarkeit der unterstützenden Hardwaremodule (auch während einer laufenden Echtzeitbildanalyse, vgl. Kap. 7.3.7) das System nicht auf nur einen Anwendungsfall zu beschränken (vgl. Forderung 1).

Forderung 3: Störsicherheit

Die in Kap. 6 diskutierten Meßverfahren gehen von einem Modell der Schmelzbadansichten aus, welches in der Praxis mehr oder weniger gestört sein kann. Diese Bildstörungen können verschiedene Ursachen haben. Durch wechselnde Helligkeitsverhältnisse sind zum einen die Kontrastverhältnisse der Szene schwankend, so daß bei der Binarisierung des Bildsignals die Begrenzungslinien der Bildelemente verrauscht sind, ggf. sogar die Form der binären Bildelemente verfälscht werden kann. Zum anderen kann die Struktur der Szene durch Ereignisse in der Schmelzbadzone bedingt vom Schmelzbadmodell erheblich abweichen. Schließlich ist das vom Sensor erfaßte Bild dann nicht verwertbar, wenn Fehlbelichtungen auftreten (vgl. Kap. 3.4). Der helle Lichtbogen überstrahlt in diesem Fall alle bei ungestörten Belichtungen erfaßbaren Bildelemente. Eine Übersicht der Bildstörungen und deren Folgeerscheinungen im Sensorbild gibt Tabelle 4.

Die Bildstörungen beeinträchtigen in erster Linie die Merkmalsextraktion. Ein falsch identifizierter Bildteil führt zu einer Fehlmessung und zur Erstellung einer gestörten Regelgröße. Bei einem geschlossenen Regelkreis resultiert daraus ein Fehlverhalten der Schweißanlage; die Schweißung wird ge-

Störungsursache	Analogbild	Binärbild	Abhilfe über Signalvorverarb.	Abhilfe über Bildverarbeitung
Fehlbelichtung $\Delta t < t_{KZ} < \Delta t + t_{Bel}$	Szene stark überstrahlt; Bildsignal in Sättigung	keine Bildelemente des erwarteten Szenenmodells erkennbar	-	Über Extraktionsbedingungen: Erkennen der Störsituation und Abbruch des Meßzyklusses
Spritzer	helle Bildflecke oder Streifen außerhalb oder am Rand des Schmelzbades	Badkontur, Drahtzone gestört; zusätzliche weiße Strukturen	-	Über Extraktionsbedingungen: Elimination unerwünschter Bildelemente, kein Abbruch des Meßzyklusses
Spiegelungen auf der Badoberfläche, Schlackebildung	starke Inhomogeneitäten der Schmelzbadhelligkeit	Schmelzbadzone nicht geschlossen "weiß"	Korrektur der Binarisierungsschwelle (adaptive Einstellung)	Über Extraktionsbedingungen: Elimination unerwünschter Elemente in der Schmelzbadzone
Temperaturschwankungen der Schmelze durch Arbeitspunktverstellung	schwankender Bildkontrast	verrauschte Konturen der Bildelemente, ggf. Formverfälschung	Filterung des binären Bildsignals, Korrektur der Binarisierungsschwelle (adaptiv)	Bei starken Störungen: Erkennen der Störsituation und Abbruch des Meßzyklusses
Unregelmäßiger Vorfluß der Schmelze, unregelmäßiger Drahtabbrand	schwankende Schmelzbadform und Drahtendenausbildung	Erwartetes Szenenmodell erkennbar, aber leicht gestört	-	Elimination von Fehlinterpretationen der Szene durch Vergleich mit vorangegangen Ergebnissen (Kontinuität von Merkmalen)

Tabelle 4: Szenenstörungen

fährdet. Es muß daher sichergestellt werden, daß das Bildverarbeitungssystem Bildstörungssituationen bereits bei der Merkmalsextraktion erkennt. Sofern sich Bildstörungssituationen nicht auf einfache Weise bei der Merkmalsextraktion detektieren lassen, was nur bei groben Abweichungen vom Schmelzbadmodell möglich ist, können mit Hilfe zeitlich vorangegangener Meßergebnisse zusätzliche Entscheidungskriterien eingeführt werden, wobei die Kontinuität der Meßergebnisse vorausgesetzt wird. Aufwendige Verfahren zur Elimination von Bildstörungen (Bildbereinigung) bereiten aus Aufwands- und Schnelligkeitsgründen Schwierigkeiten. Hierin unterscheidet sich das vorliegende Systemkonzept bewußt von komplexeren Ansätzen. Szenenstörungen geringen Umfangs lassen sich durch die Implementierung einer entsprechenden Merkmalsextraktionsstrategie bereinigen. Da eine Bildbereinigung in gewissen Fällen (vgl. Tabelle 4) nicht vorgenommen werden kann, muß das System in diesen Situationen eine Weiterverarbeitung des Meßergebnisses verhindern. Die Regelgröße am Systemausgang wird dann auf dem letzten gültigen Wert gehalten und somit das Durchgreifen von Fehlmessungen verhindert.

Forderung 4: Geringer Systemaufwand

Im Hinblick auf den Anwendungsfall muß der Aufwand des Sensorsystems beschränkt bleiben. Es muß berücksichtigt werden, daß das Sensorsystem bei der Integration in eine Schweißanlage letztlich eine Hilfseinrichtung darstellt, deren Kosten nicht übermäßig ins Gewicht fallen dürfen. Die Forderung nach einem geringen Aufwand steht im Gegensatz zu der angestrebten Schnelligkeit und Flexibilität des Systems. Mit Hilfe der inzwischen sehr fortgeschrittenen Mikroprozessortechnologie erscheint es jedoch realistisch, die aufgestellten Anforderungen bei vertretbarem Aufwand zu berücksichtigen.

7.2 Synchronisation der Bildausgabe durch Zwischenspeichern der Information in der Kamerabildröhre

Die Vermessung der Lage von Bildmerkmalen im Bildfeld des Sensors setzt bei der Verarbeitung des sequentiellen Bildsignals voraus, daß die Lage der Bildfeldgrenzen bekannt ist. In der zeitlichen Folge des Bildsignals markieren die Zeilensynchronsignale (H-Impulse) die seitlichen Begrenzungen des Bildes. In senkrechter Richtung liefern die Bildwechselimpulse (V-Impulse) die zeitliche Referenz für die erste und die letzte Zeile im Bild.

Das gesamte Bildfeld wird gerastert: In senkrechter Richtung wird es aufgelöst durch die Fernsehzeilen; durch die Vorgabe eines Zeilenauflösungstaktes wird jede Zeile in eine gleiche Anzahl von Punkten aufgeteilt. Die Lage eines Bildpunktes ist daher durch die Angabe von Zeilen- und Punktnummer festgelegt.

Lagevermessungen von Bildpunkten reduzieren sich auf Zeitmessungen (= Abzählen von Takten) relativ zu den Referenzimpulsen, die das Fernsehnormsignal vorgibt. Der Ablauf der Verarbeitung einer Schmelzbadansicht ist an die Normfolge gekoppelt.

Durch die Bindung der Belichtungszeitpunkte an den Ablauf der schweißprozeßgebundenen Kurzschlußfolge ergeben sich momentane Bildaufnahmen in nicht periodischen Zeitabständen. Unabhängig davon liest der Strahlstrom der Bildaufnahmeröhre die als Ladungsbild am Target gebildete Information aus. Daher wird die Bildinformation, sofern eine Belichtung während des Abtastens eines Halbbildes (nach Definition der Fernsehnorm) vorgenommen wird, in 2 Teilabschnitten pro Halbbild ausgegeben, und zwar zunächst der untere Teil des Blickfeldes, anschließend der obere. Bild 37a zeigt schematisch den zeitlichen Ablauf. Der Beginn der Szeneninformationsausgabe ist in der Normfolge nicht zeitlich festgelegt. Bei der üblichen Fernsehnorm, bei der 2 Halbbilder ineinander geschachtelt sind (1. Halbbild: 1.,3.,5...Zeile; 2. Halbbild: 2.,4.,6...Zeile) kommt als Effekt hinzu, daß wegen des nicht ideal punktförmigen Strahlstroms beim Auslesen von 2 Zeilen die dazwischen gelegene teilweise zerstört wird. Im Ergebnis wird daher diese Zeile (und in analoger Weise alle weiteren des folgenden Halbbildes) ein schwaches Bildsignal abgeben. Die Abschwächung des 2. Halbbildes ist bei stochastischer Belichtungsweise so stark, daß das Bildsignal nicht mehr weiterverarbeitet werden kann. Für die Bildmerkmalsextraktion wird alleine das 1. auf eine Belichtung folgende Halbbild herangezogen.

Um zu vermeiden, daß die Bildinformation in Teilbildern ausgegeben wird, was eine Vermessung von Bildmerkmalen im Bildfenster erheblich erschweren würde, wurden zwei Abhilfemöglichkeiten untersucht:

a) Mit dem Belichtungsimpuls wird der Synchronsignalgenerator, von dem aus der Auslesevorgang der Kamera gesteuert wird, auf den Bildanfang rückgesetzt. Hierdurch wird unmittelbar nach einer Belichtung ein zusammenhängendes Halbbild ausgegeben. Die Zeitabfolge ist schematisch in Bild 37b wieder-

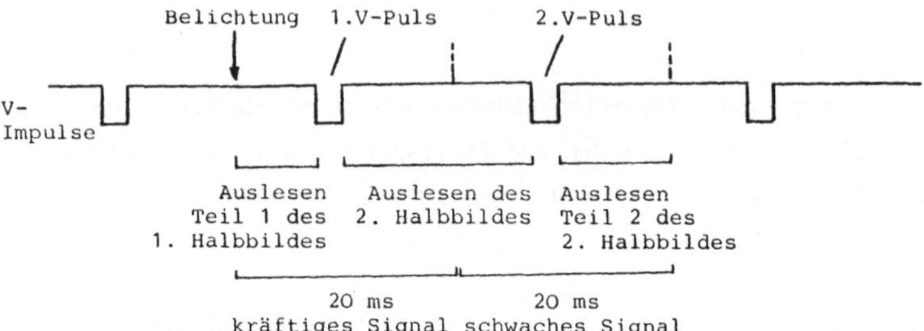

Bild 37a

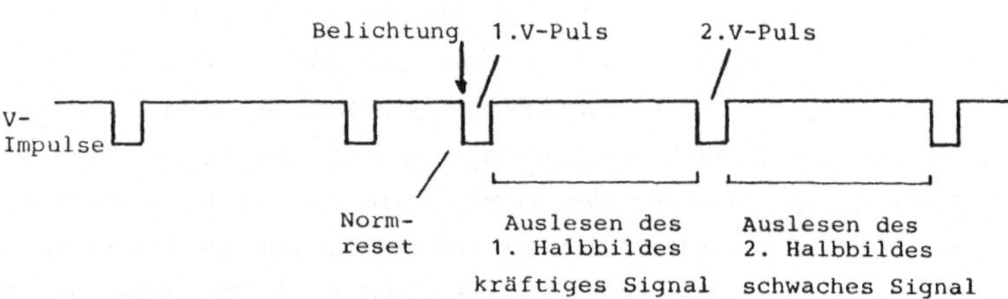

Bild 37b

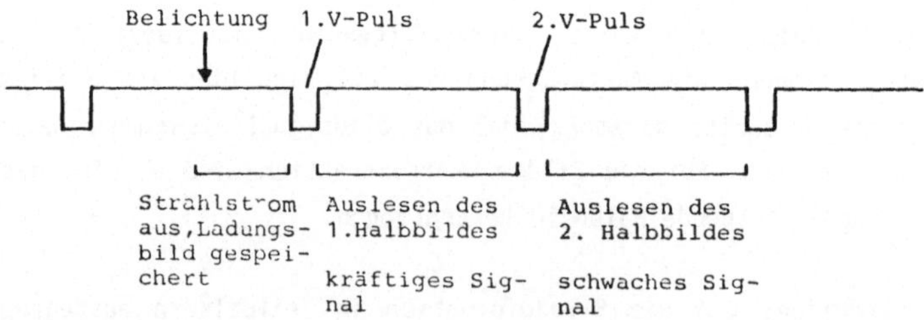

Bild 37c

Bild 37: Synchronisation des Bildausleseablaufs auf die Fernsehnorm a: ohne Synchronisation; b: Sysnchronisation durch Normrücksetzen; c: Bildzwischenspeichertechnik.

gegeben. Im Versuch erwies sich dieses Verfahren als unbrauchbar. Die Fernsehkamera benötigt einige Zeilen, um die durch das Rücksetzen verursachte Störung im Bildablauf zu überwinden. Der Auslesevorgang ist daher gestört. Allerdings liegt der Störbereich am oberen Bildrand und beeinträchtigt den eigentlichen Bildinhalt nur wenig. Gravierender dagegen ist, daß der Fernsehmonitor auf die Normrücksetzung mit einem Bildsprung reagiert, so daß bei einer unregelmäßigen Belichtungsfolge kein stehendes Szenenbild mehr erzielt werden kann. Für einen Betrachter ist daher die Bildaufnahme unbrauchbar geworden.

b) Als günstiger erweist sich eine Zwischenspeichertechnik bei der Bildaufnahme. Hierbei wird ausgenützt, daß das Ladungsbild der Bildaufnahmeröhre über eine gewisse Zeit unverändert erhalten bleibt, wenn der auslesende Strahlstrom abgeschaltet wird. Im vorliegenden Fall muß der Strahlstrom vom Belichtungszeitpunkt bis zum Beginn des nächsten Halbbildwechsels ausgeschaltet werden. Der Zeitpunkt des Halbbildwechsels ist durch die ungestörte Fernsehsynchronfolge festgelegt. Das Target der Bildaufnahmeröhre speichert die Bildinformation vom Belichtungszeitpunkt bis zum Beginn des folgenden Halbbildes, d.h. max. 20 msec lang. Bild 37c gibt den zeitlichen Ablauf wieder.

Dieses Verfahren wurde im Versuch getestet. Mit Hilfe einer logischen Schaltung, welche aus den Belichtungsimpulsen und den Halbbildimpulsen ein Signal zur Abschaltung des Strahlstroms jeweils für die gewünschte Zeitdauer erzeugt, konnte erreicht werden, daß trotz der Nichtperiodizität der Belichtungszeitpunkte jeweils geschlossene Halbbilder ausgelesen werden. Die Schaltung erzeugt außer dem Strahlstromschaltsignal noch zwei weitere Signale, die den Beginn ("1. V-Impuls") und das Ende ("2. V-Impuls") (Bild 37) der ausgelesenen Szeneninformation markieren. Sie werden zur Steuerung des Bildverarbeitungsablaufs verwendet (vgl. Kap. 7.3.6).

Die dargestellte Zwischenspeichertechnik erfordert einen Eingriff in die Ansteuerung der Bildwandlerröhre, um die Abschaltung des Strahlstromes zu realisieren. Die standardmäßige Beschaltung einer Fernsehröhre enthält jedoch bereits einen Strahlstromschalter, der von intern erzeugten, normsynchronen Schaltsignalen angesteuert wird, um den Strahlstrom beim Strahlenrücklauf auszutasten. Der Eingriff in die Beschaltung der Fernsehkamera reduziert sich daher auf die Einbringung eines zusätzlichen, extern vorgegebenen Schaltsignals.

Die beschriebene Zwischenspeichertechnik, die bei konventionellen Röhrenbildwandlern benötigt wird, erübrigt sich bei speichernden Bildwandlertypen, bei denen die Bildinformation durch den Auslesevorgang nicht zerstört wird. Entsprechende Bildröhren (/35/) werden in der Fernsehtechnik eingesetzt, liegen jedoch im Aufwand der zugeordneten Steuerelektronik und im Preis erheblich über den konventionellen Bildröhrentypen. Bei den röhrenlosen Bildwandlern (vgl. Kap. 3.1) bietet der CID-Typ die Möglichkeit eines zerstörungsfreien Auslesemodus, so daß die beschriebene Zwischenspeichertechnik angewendet werden kann.

7.3 Realisierung des Bildverarbeitungssystems

Entsprechend dem Entwurf von Kap. 7.1 wurde ein Bildverarbeitungssystem realisiert, welches ein analoges Bildsignal binarisiert und mit dem Ziel verarbeitet, über die geometrische Vermessung von Bildelementen Regelgrößen für die Schweißablaufregelung zu erstellen. Den grundsätzlichen Funktionsaufbau zeigt Bild 38.

Das analoge Signal der beobachtenden Kamera wird zunächst vorverarbeitet (Kap. 7.3.1). Am Ausgang dieser Stufe steht ein binäres Bildsignal zur Verfügung. Die Merkmalsextraktion wird in einem Bedingungsmodul (Kap. 7.3.2) durchgeführt, über dessen vorprogrammierte Eigenschaften das gewünschte Bildmerkmal aus dem Bildsignal isoliert und an das Rechenmodul (Kap. 7.3.3) weitergegeben wird. In diesem Modul wird die Merkmalsvermessung vorgenommen, wobei die Bildfensterrasterung als Maßeinheit genommen wird. Die Zei-

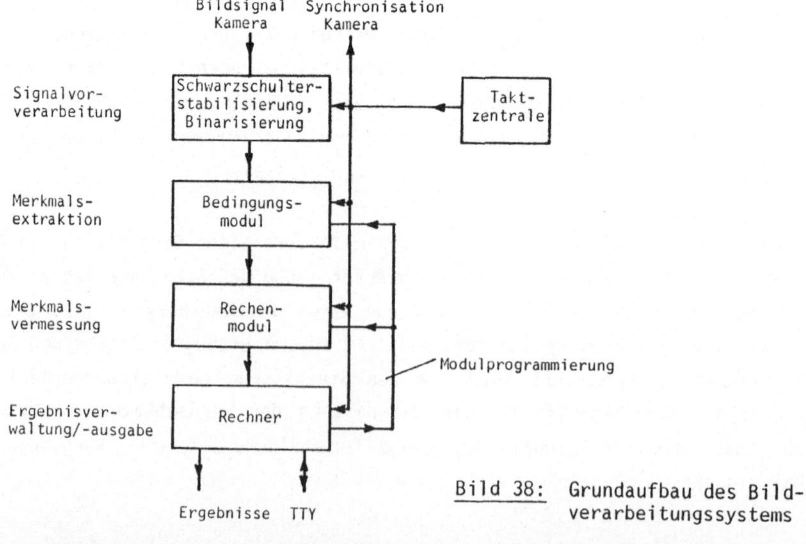

Bild 38: Grundaufbau des Bildverarbeitungssystems

len werden mit einem Takt von etwa 5 MHz aufgelöst. Über die durch die Fernsehnorm vorgegebene Zeilendauer (ca. 60 µs) ergeben sich somit etwa 300 Zeilenpunkte; ausgenutzt wird jedoch nur ein Abschnitt von 256 Zeilenpunkten, der symmetrisch zu Zeilenanfang und -ende liegt. In senkrechter Richtung ist die Auflösung durch die Fernsehzeilenrasterung vorgegeben, wobei ebenfalls nur 256 von 312 Halbbildzeilen berücksichtigt werden. Der erfolgreiche Abschluß einer Messung wird vom Rechenmodul an die Rechnereinheit gemeldet, die daraufhin das Meßergebnis übernimmt. Der Rechner wandelt das Ergebnis in eine Regelgröße um und stellt sie in geeignete Form als Systemausgangsgröße zur Verfügung.

Neben der Regelgrößenberechnung hat der Rechner innerhalb des Gesamtsystems die Funktion, die Module zu programmieren, wobei entweder Befehle, welche extern über eine Schnittstelle vorgegeben werden (Kap. 7.3.6), weitergeleitet werden oder die Programmierung der Module programmgesteuert abläuft (Kap. 7.3.7).

Die Hierarchie der Einheiten ergibt sich aus dem Bildverarbeitungsablauf (Kap. 7.3.6). Der Beginn eines Verarbeitungszyklus wird zeitlich durch die Kombination des Belichtungsimpulses mit den V-Impulsen der Fernsehnorm festgelegt (vgl. Kap. 7.2: Erzeugung des 1. V-Impulses). Alle Systemeinheiten sind daher von dieser Signalfolge abhängig. Bei der Programmierung sind Bedingungs- und Rechenmodul dem Rechner untergeordnet.

Das Bildverarbeitungssystem enthält eine Taktzentrale, welche die Fernsehnormimpulse generiert, auf die die beobachtende Fernsehkamera synchronisiert wird. In dieser Einheit wird ferner der Zeilenauflösungstakt erzeugt, welcher phasenstarr an die H-Impulsfolge gekoppelt ist.

7.3.1 Videosignalvorverarbeitung: Schwarzwertpegelstabilisierung, Binarisierung und Filterung

Bei der Binarisierung des Videosignals wird das analoge Bildsignal der Beobachtungskamera einem Schwellwertentscheid unterworfen, wobei je nach Helligkeit der Bildpunkte dem Ausgangssignal ein "weiß"- oder "schwarz"-Zustand (1 oder 0) eingeprägt wird (vgl. Bild 34, S. 89). Das Ausgangssignal wird im folgenden als binäres Bildsignal bezeichnet.

Pegelmäßig wird im analogen Bildsignal der dunkelste Grauton durch die sogenannte Schwarzschulterspannung definiert. Üblicherweise wird das Videosignal aus der Fernsehkamera kapazitiv ausgekoppelt. Da der Gleichspannungsanteil des Bildsignals je nach Aufteilung der beobachteten Szene in dunkle und helle Flächen schwankt, liegt der Schwarzschulterpegel im ausgekoppelten Videosignal nicht fest. Eine Binarisierung über einen festen Schwellwertpegel ist in diesem Fall nicht durchführbar. In der Vorverarbeitungsstufe wird daher die Schwarzschulterspannung auf einen konstanten Wert geregelt. Hierzu wurde ein von LÜBBERT /31/ vorgeschlagenes Verfahren schaltungsmäßig implementiert, bei dem zu dem Eingangssignal, welches die Fernsehkamera liefert, eine Gleichspannung addiert wird, die sich über ein Integrierglied entsprechend der in jeder Zeile durch Signalabtastung gemessenen Schwarzschulterspannung einstellt. Die Helligkeitspegel bleiben bei dieser Operation relativ zueinander erhalten, beziehen sich nunmehr jedoch auf eine konstante Schwarzschulterspannung.

Im vorliegenden Anwendungsfall muß die Binarisierungsschwelle so gewählt werden, daß sie zwischen dem Helligkeitspegel des Drahtes und dem des Schmelzbades (bzw. des Schmelzbades und des Metalltropfens) liegt. Wenn die Gesamthelligkeit der Szene schwankt, was einer Multiplikation des Bildsignals mit einem zeitlich nicht konstanten Faktor entspricht, so muß die Binarisierungsschwelle nachgeführt werden. Gesamthelligkeitsänderungen können durch Schwankungen des Schweißarbeitspunktes oder durch Verstellung der Kamerablende verursacht werden.

Zur helligkeitsabhängigen Schwellenadaption wurde folgendes Verfahren schaltungsmäßig realisiert: Nach jeder Belichtung wird der Signalpegel des hellsten Bildpunktes der Szene gemessen. Zusammen mit der Schwarzschulterspannung wird hierdurch ein aktueller Bildhelligkeitsbereich festgelegt. Die Binarisierungsschwelle wird nicht als absoluter Wert, sondern als %-Wert dieses Helligkeitsbereiches vorgewählt (hellster Bildpunkt = 100 %) und stellt sich demnach, absolut gesehen, von Belichtung zu Belichtung neu ein, angepaßt an die jeweiligen Helligkeitsverhältnisse (Bild 39a). Die Erfassung des aktuellen Helligkeitsbereiches wird während der Bildinformationsausgabe, d.h. vom 1. bis zum 2. V-Puls, vorgenommen und die Schwelle unmittelbar danach korrigiert. Die zeitliche Abfolge zeigt Bild 39b. Der zeitliche Versatz zwischen Schwellenkorrektur und der Binarisierung mittels des neu ein-

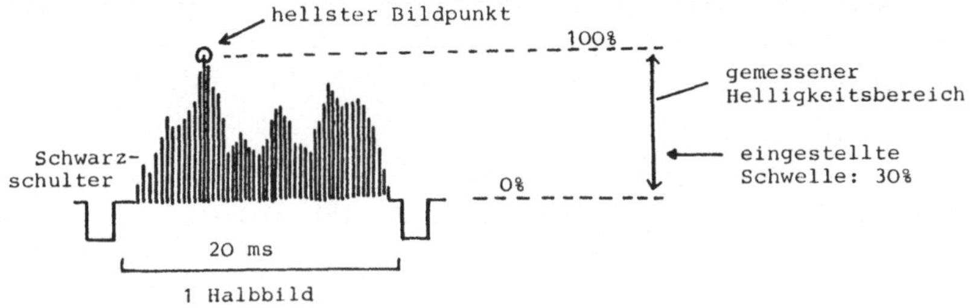

Bild 39a: Definition des Helligkeitsbereichs

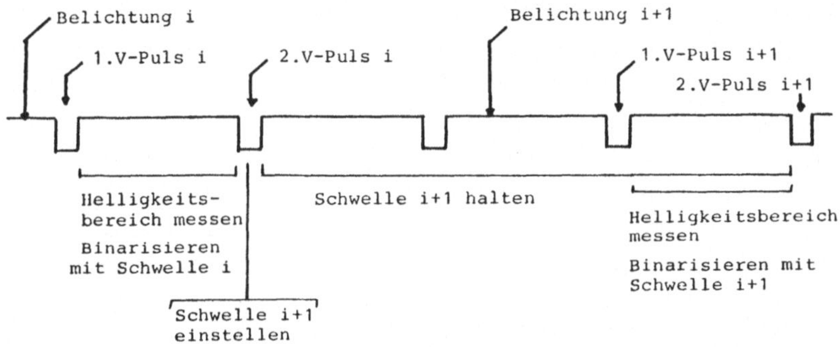

Bild 39b: Zeitlicher Ablauf der Binarisierungsschwelleneinstellung

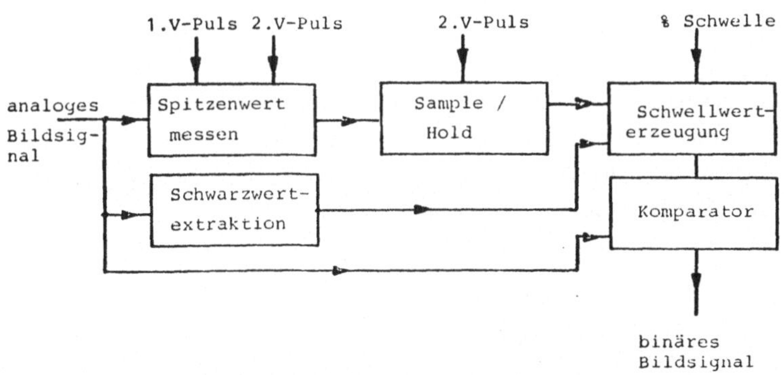

Bild 39c: Funktionsblockschaltbild der Anordnung zur adaptiven Binarisierungsschwelleneinstellung

gestellten Schwellpegels ist dann tolerierbar, wenn man davon ausgeht, daß sich die Helligkeitsverhältnisse zwischen zwei Belichtungen nicht wesentlich verändern.

Ein Funktionsschaltbild der realisierten Binarisierungsschaltung mit helligkeitsabhängiger Schwellwertnachführung zeigt Bild 39c. Im Versuch konnten stabile Binarisierungsverhältnisse bei einer Variation der Fernsehkamerablendeneinstellung über 1 - 2 Stufen (=Verdopplung bis Vervierfachung der erfaßten Szenenhelligkeit) erzielt werden. Bei zu geringen Bildhelligkeiten sind die Grenzen zwischen schwarzen und weißen Bildteilen im Binärbild stark verrauscht, weil sich das Signal/Rauschverhältnis des Kamerasignals verschlechtert. Gerät das Bildsignal wegen zu großer Szenenhelligkeit in Sättigung, wobei die Weißwertbegrenzung der Fernsehkamera wirksam wird, dann kann die Binarisierungsschwelle nicht mehr nachgeführt werden, da der erfaßte Helligkeitsbereich ebenfalls einen Grenzwert erreicht. Im Fall der Schmelzbadansichten tritt dieser Fall immer dann ein, wenn schweißprozeßbedingt Überbelichtungen der Kamera stattfinden. Der Einsatz der Binarisierungsstufe bei Schweißversuchen zeigte jedoch, daß der gewünschte Effekt der Stabilisierung der Binarisierungsverhältnisse das Störverhalten der Anordnung weit überwog. Innerhalb der erwähnten Grenzen konnte somit der Einfluß variierender Szenenhelligkeiten weitgehend eliminiert werden.

Zur Unterdrückung verrauschter Konturen im Binärbild wurde eine Filterschaltung eingesetzt, die gleichzeitig die Aufgabe hat, die Zustandsänderungen des binären Bildsignals ("schwarz"→"weiß" und umgekehrt), die im ungefilterten Signal zu beliebigen Zeitpunkten auftreten können, auf den Zeilenauflösungstakt zu synchronisieren. Hierdurch wird die Rasterung der Bildfläche in Zeilenrichtung erreicht.

Die Filtercharakteristik ist gegeben durch die logische Verknüpfung des aktuellen binären Bildsignalzustandes zum Zeitpunkt t_i mit den vorangegangenen Zustandswerten, wobei das binäre Bildsignal im Abstand t_{ZT} (Periodendauer des Zeilenauflösungstaktes) abgetastet wird:

(7.1) $h_{bf}(t_i) =$

(7.1a) $h_b(t_i) \wedge h_b(t_i - t_{ZT}) \wedge h_b(t_i - 2t_{ZT}) \wedge \ldots \wedge h_b(t_i - nt_{ZT})$

(7.1b) $h_b(t_i) \vee h_b(t_i - t_{ZT}) \vee h_b(t_i - 2t_{ZT}) \vee \ldots \vee h_b(t_i - nt_{ZT})$

7.1a: "schwarz"/"weiß" Übergänge
7.1b: "weiß"/"schwarz" Übergänge
$h_b(t)$: binäres Bildsignal
$h_{bf}(t)$: gefiltertes Binärsignal
t_{ZT}: Periode des Zeilenauflösungstaktes
n : natürliche Zahl (Filtercharakteristik)

Bild 40a zeigt die Filterwirkung anhand eines typischen Signalbeispiels. Das analoge Bildsignal wird angesetzt als Summe eines linearen Helligkeitsverlaufs zwischen einer dunklen und einer hellen Zone (Proportionalitätsfaktor h_a), dem ein amplitudenbegrenztes, gleichverteiltes Rauschen überlagert ist (Amplitude A_R). Bei einem festgelegten Schwellwert ergibt die Binarisierung ein Signal, das einen gewissen Unsicherheitsbereich aufweist, innerhalb dessen ein mehrfacher Zustandswechsel auftritt. Dieser Effekt ist für die Weiterverarbeitung des Signals störend und soll durch die Filterung behoben werden. Die Wahrscheinlichkeit des Zustandes "1" des ungefilterten Binärsignals verläuft innerhalb der Unsicherheitszone (Breite: A_R/h_a) linear. Durch die Abtastungen des binarisierten Signals im Zeilenauflösungstakt entsteht wiederum ein im Schwellwertbereich unsicheres Signal; der entsprechende Zustandswahrscheinlichkeitsverlauf wird diskret. Die Filterwirkung läßt sich nun abschätzen, indem Gl. 7.1a auf die Wahrscheinlichkeiten angewendet wird; die diskreten Wahrscheinlichkeiten müssen miteinander multipliziert werden, wobei zu jedem Abtastzeitpunkt, der einem Zeilenpunkt entspricht, der aktuelle und die n - 1 vorangehenden diskreten Wahrscheinlichkeitswerte beteiligt sind:

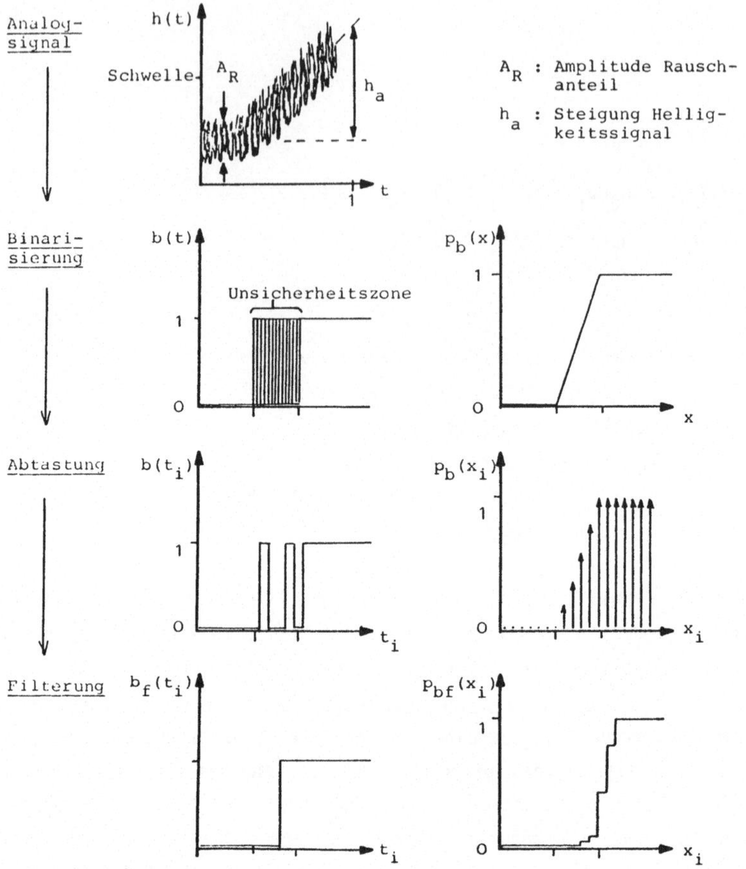

Analog-
signal
h(t)
Schwelle
A_R
h_a
t
1
A_R : Amplitude Rausch-
anteil
h_a : Steigung Hellig-
keitssignal
Binari-
sierung
b(t)
Unsicherheitszone
1
0
$p_b(x)$
1
0
x
Abtastung
$b(t_i)$
1
0
t_i
$p_b(x_i)$
1
0
x_i
Filterung
$b_f(t_i)$
t_i
$p_{bf}(x_i)$
1
0
x_i

Bild 40a: Wirkungsweise des Filters für das binäre Bildsignal

Zeilentakt
ungefilt.
Binärsignal
schaltbarer
Inverter
Schiebe-
register
(löschen)
ROM
(Gl.7.1a)
Multiplexer
Auswahl-
code
gefiltertes
Binärsignal

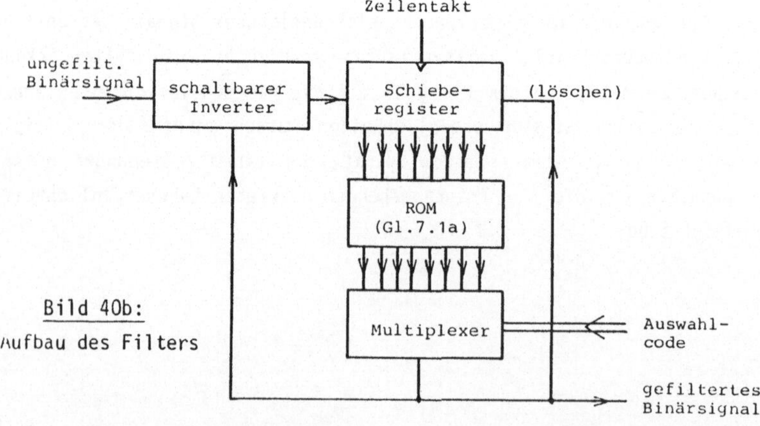

Bild 40b:
Aufbau des Filters

$$(7.2) \qquad p_{bf}(x_i) = \prod_{k=i}^{k=i-n-1} p_b(x_k)$$

$p_b(x_k)$: Wahrscheinlichkeit für den Zustand "weiß" des binären Bildsignals für den Bildpunkt x_k

$p_{bf}(x_i)$: Wahrscheinlichkeit für den Zustand "weiß" des gefilterten binären Bildsignals für den Bildpunkt x_i

k : Laufindex (natürliche Zahl)

n : natürliche Zahl (Filtercharakteristik)

x_i : Bildpunkt innerhalb der Unsicherheitszone

Man erkennt, daß der Zustandswechsel des gefilterten binären Signals frühestens zum Zeitpunkt $n \cdot t_{TZ}$ nach Beginn der Unsicherheitszone (Verzögerung) stattfinden kann. Sofern der Filter symmetrisch für "schwarz"→"weiß" und "weiß"→"schwarz" Übergänge arbeitet, folgt, daß für $n > n_{min}$ mit

$$(7.3) \qquad n_{min} = \frac{A_R}{2h_a \cdot t_{ZT}} \quad ;$$

A_R : Rauschamplitude

h_a : Helligkeitsverlaufsfaktor

die Charakteristik nach Gl. 7.1 einen eindeutigen Übergang des gefilterten Binärsignals erzwingt, also der Zweck der Filterung erreicht ist. Je größer n gewählt wird, umso steiler verläuft die Funktion 7.2 (vgl. Bild 40a). Eine Grenze wird erreicht bei

$$(7.4) \qquad n_{max} = \frac{A_R}{h_a \cdot t_{ZT}}$$

Für $n > n_{max}$ ändert sich der Verlauf 7.2 der Form nach nicht mehr, sondern verschiebt sich lediglich (Verzögerung). Steile Zustandswahrscheinlichkeitsverläufe des gefilterten Binärsignals sind erwünscht, da sie die Unsicherheit bzgl. des Ortes des Übergangs des gefilterten Signals reduzieren. Allerdings steigt mit n der Realisierungsaufwand.

Bild 40b zeigt den prinzipiellen Aufbau der realisierten Schaltung. Das binäre Bildsignal wird im Zeilentakt in ein 8-Bit-Schieberegister eingelesen, dessen Ausgänge parallel zur Verfügung stehen und die verzögerten Werte von $h_b(t)$ wiedergeben. Die logische Verknüpfung von Gl. 7.1 wird durch einen ROM (Read only memory)-Baustein implementiert, der so programmiert ist, daß an jeder seiner 8 Ausgangsleitungen das Filterausgangssignal für einen bestimmten Wert $n \in \{1 - 8\}$ liegt. Ein 8x1 Multiplexer wählt eine der ROM-Ausgangsleitungen aus. Die Filtercharakteristik kann demnach durch Vorgabe des Multiplexerauswahlcodes, welcher von einem Schalter oder über eine Adreßdekodierung rechnergesteuert generiert wird, festgelegt werden. Das in Bild 40b dargestellte ROM enthält lediglich die Verknüpfung 7.1a. Gl. 7.1b braucht nicht implementiert zu werden, wenn beim Signalübergang zu "weiß" der Schieberegisterinhalt gelöscht und das binäre Bildsignal invertiert in die Filteranordnung eingelesen wird. Hierdurch verhält sich die Schaltung anschließend wie von Gl. 7.1b gefordert.

7.3.2 Aufbau des Bedingungsmoduls (Merkmalsextraktion)

Das Bedingungsmodul dient zur Merkmalserkennung. Es verarbeitet das gefilterte binäre Bildsignal, indem "weiße" Zeilenabschnitte aufgesucht werden, die folgenden Bedingungen genügen:

a) Suchbereich: Durch die Vorgabe von vier Grenzen x1,x2,y1,y2 mit $x1<x2$ und $y1<y2$ wird im Bildfeld ein Teilbereich definiert. Die gesuchten Zeilenabschnitte müssen in diesem Teilbereich liegen. Für jedes Grenzwertpaar kann angegeben werden, ob die eingeschlossene oder die umgebende Zone berücksichtigt werden soll ("Suchbereichspolarität").

b) Mindestbreite: Durch die Vorgabe einer Abschnittsmindestbreite werden nur die Zeilenabschnitte berücksichtigt, deren Breite den vorgegebenen Wert überschreiten.

c) Anzahl der zu überspringenden Zustandswechsel des binären Bildsignals: In einer Bildzeile können mehrere Abschnitte auftreten, die den Bedingungen a) und b) genügen. Entsprechend der Bildauslesefolge lassen sich bis zu 16 "schwarz"→"weiß" oder "weiß"→"schwarz"-Übergänge vom linken Bildfeldrand ab unterdrücken, bevor ein Zeilenabschnitt extrahiert wird. Zeilenabschnit-

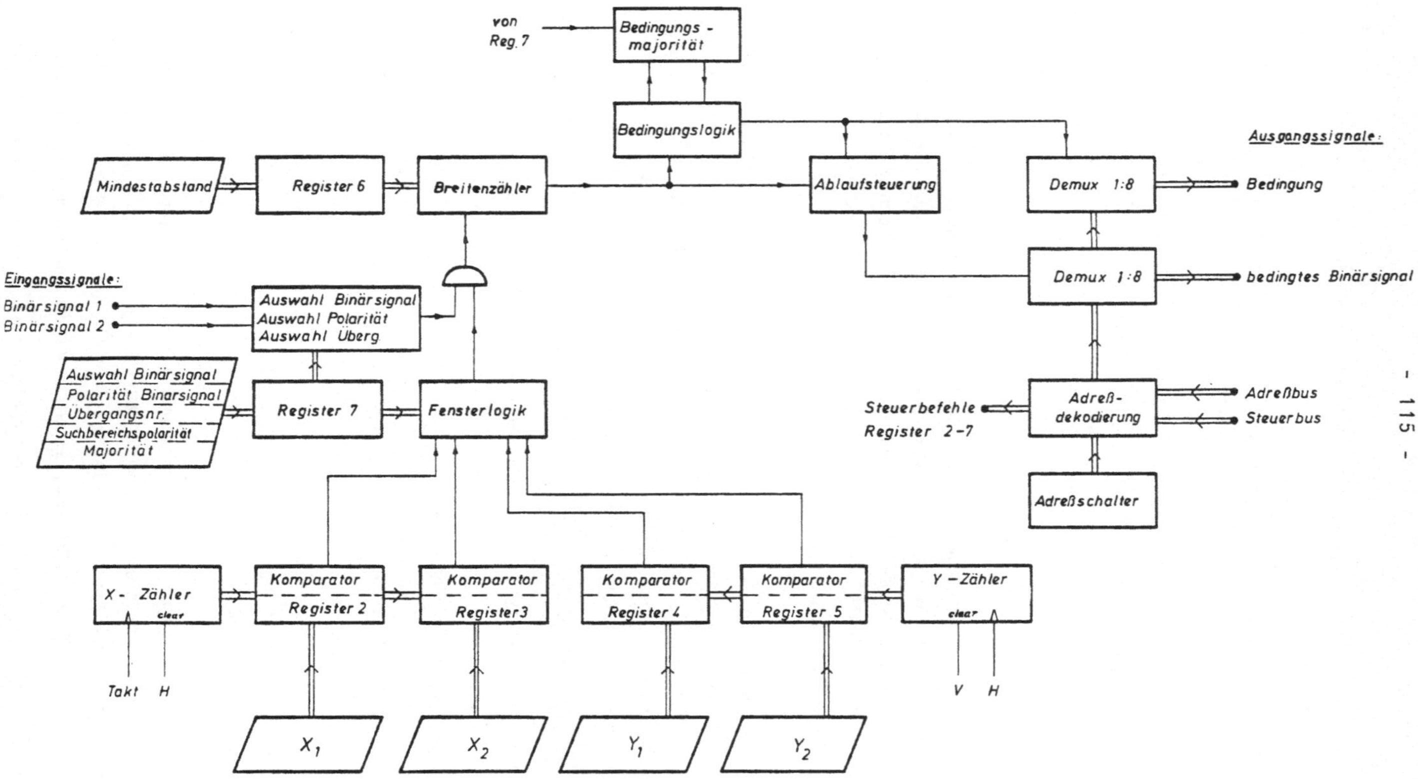

Bild 41: Funktionsblockschaltbild des Bedingungsmoduls (▱ : 8-Bit Funktionsprogrammierwort)

te, die nach einem extrahierten Abschnitt in der gleichen Zeile auftreten, werden nicht berücksichtigt.
d) Bedingungsmajorität: Auf Anforderung wird ein Zeilenabschnitt nur dann extrahiert, wenn die Bedingungen a) bis c) über mindestens vier benachbarte Zeilen erfüllt sind.

Um das Bedingungsmodul möglichst vielseitig einsetzbar zu machen, sind zwei Binärsignaleingänge vorgesehen, wobei die Signale jeweils negiert oder unverändert übernommen werden können. Der Bedingungssatz wird daher vervollständigt durch:

e) Auswahl des zu verarbeitenden Binärsignals aus zwei angebotenen.
f) Auswahl der "Polarität" des gewählten Binärsignals: Da sich die Bedingungen a) bis d) nur auf "weiße" Zeilenabschnitte beziehen, können durch Invertierung des Binärsignals die Möglichkeiten des Bedingungsmoduls auch auf "schwarze" Abschnitte erweitert werden.

Das Bedingungsmodul gibt an seinem Ausgang zwei Signale ab: Das binäre Bildsignal des Moduleingangs wird dann auf den Ausgang durchgeschaltet, wenn alle Bedingungen erfüllt sind. Dieses Ausgangssignal wird im folgenden als bedingtes Binärsignal bezeichnet. Ein zweites Ausgangssignal wird im Bedingungsmodul erzeugt, welches immer dann aktiv ist, wenn die Bedingungen a) bis d) erfüllt sind.

Ein Funktionsblockschaltbild des Bedingungsmoduls zeigt Bild 41.

Bei der Modulprogrammierung werden die Bedingungen a) - f) in 8-Bit-Kommandoworte zusammengefaßt (vgl. Kap. 7.3.6) und vom Rechner in Register geladen, die über eine Adreßkodierung angesprochen werden.

Zur Generierung des Suchbereiches sind x- und y-Zähler vorgesehen, die von dem Zeilenauflösungstakt bzw. von den H-Impulsen angesteuert werden und deren Stand laufend mit den programmierten Bereichsgrenzen verglichen werden.

Die Mindestbreitenbedingung ist durch einen Zähler realisiert, der zu jedem Zeilenbeginn auf die programmierte Mindestbreite geladen wird und zu Beginn eines Abschnittes rückwärts zu zählen beginnt; endet der Abschnitt, bevor der Zähler den Wert 0 erreicht hat, so wird der Abschnitt nicht weiter berücksichtigt. Der dem Breitenzähler zugeführte Zeilenabschnitt wird durch den Übergangszähler (Bedingung c)) vorselektiert.

Die Bedingungslogik erzeugt das Bedingungsausgangssignal, wobei ggf. die Bedingungsmajorität (Bedingung d)) berücksichtigt wird.

Die Gesamtschaltung des Bedingungsmoduls wurde in TTL-Logik aufgebaut. Zwei Bedingungsmodule mit gemeinsamer Adreßkodierung und BUS-Signalpufferung lassen sich auf eine Doppeleuropaschaltkarte integrieren.

7.3.3 Aufbau des Rechenmoduls (Merkmalsvermessung)

Das Rechenmodul verarbeitet die Ausgangssignale des Bedingungsmoduls. Folgende Meßfunktionen sind programmierbar:

a) x/y-Messung: Bei x-Messungen werden Abschnittslängen in Zeilenrichtung durch Abzählen des Zeilentaktes erfaßt. Bei y-Messungen werden H-Impulse gezählt, wodurch Abschnittslängen in der Richtung senkrecht zum Zeilenverlauf (im folgenden: y-Richtung) gemessen werden.
b) Streckendefinition: Ein durch seine 2 Grenzen definierter Abschnitt kann in folgenden Kombinationen vermessen werden: 1. bis 2. Grenze, d.h. Abschnittslänge, Bildrand bis 1. oder 2. Abschnittsgrenze, d.h. Lage des Abschnitts im Bildfeld. Diese Möglichkeiten lassen sich für die x- wie für die y-Richtung programmieren.
c) Mittenmessung: Auf Anforderung können die halben Längen der unter b) definierten Strecken erfaßt werden. Bei der Streckendefinition Bildrand - 2. Abschnittsgrenze wird die Lage des Abschnittsmittelpunktes erfaßt: (Bildrand - 1. Grenze) + 1/2 (2. Grenze - 1. Grenze).
d) Mittelung: Zur Elimination von Meßunsicherheiten ist bei x-Messungen eine Mittelung über bis zu 16 konsekutiven Zeilen programmierbar. Das Meßergebnis wird als Summe der Einzelmessungen gebildet. Bei y-Messungen ist eine derartige Mittelung aus Zeitgründen nicht sinnvoll, da über bis zu 16 Bilder (=16 Belichtungen) gemittelt werden müßte.
e) Strecke/Fläche: Die Funktionen a) bis d) beziehen sich auf die Vermessung von Strecken. Wird das Rechenmodul für Flächenmessungen benötigt, so wird im Prinzip wie bei der Mittelung vorgegangen, wobei jedoch die Mittelungszahl nicht fest vorgegeben ist, sondern die Einzelmessungen über den gesamten durch das Bedingungssignal festgelegten Bildabschnitt summiert wer-

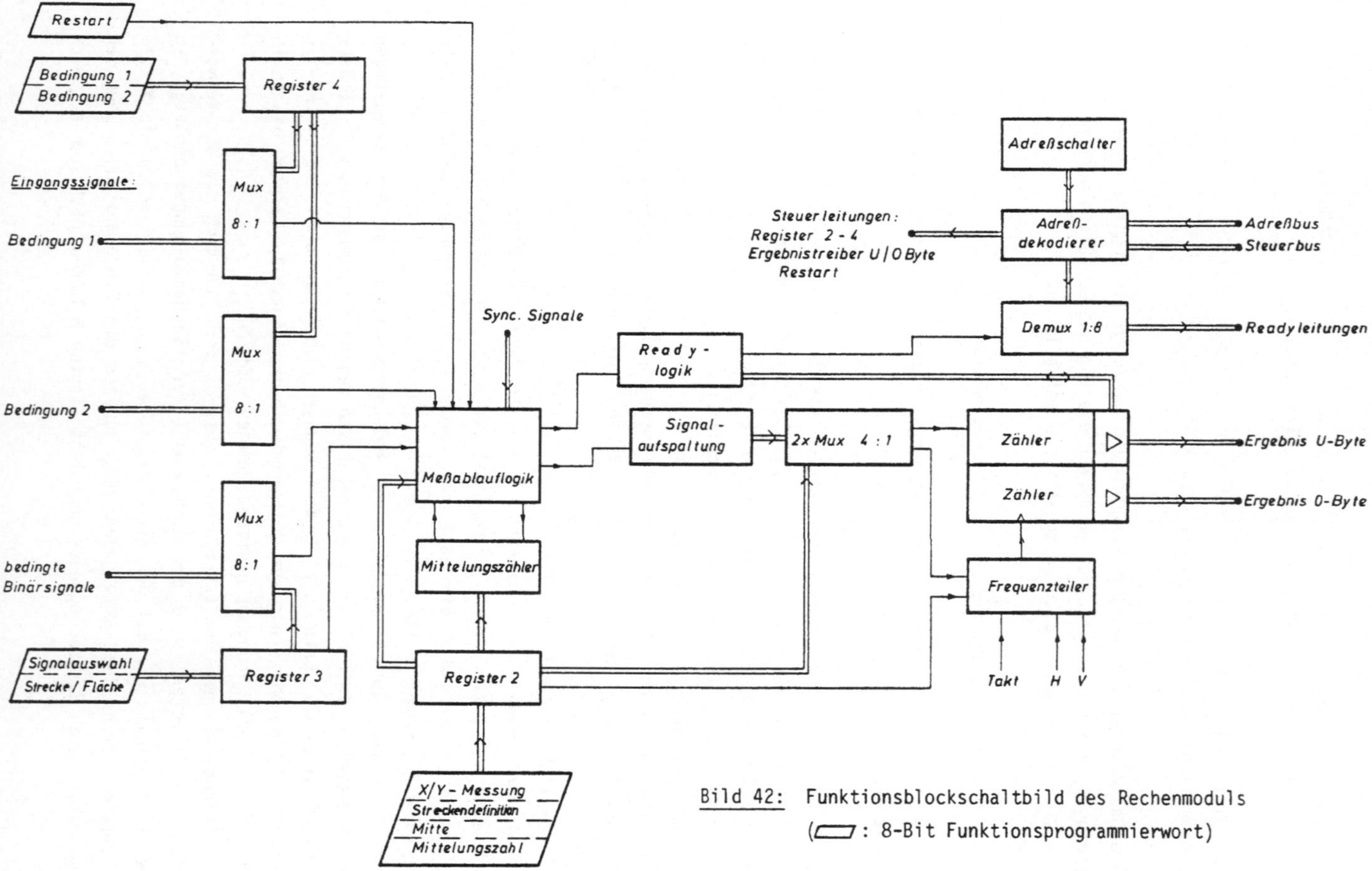

Restart

Bedingung 1
Bedingung 2

Register 4

Eingangssignale:

Bedingung 1

Mux 8 : 1

Bedingung 2

Mux 8 : 1

bedingte Binärsignale

Mux 8 : 1

Signalauswahl
Strecke / Fläche

Register 3

Sync. Signale

Meßablauflogik

Mittelungszähler

Register 2

X/Y – Messung
Streckendefinition
Mitte
Mittelungszahl

Ready-logik

Signal-aufspaltung

2x Mux 4 : 1

Adreßschalter

Steuerleitungen:
Register 2 - 4
Ergebnistreiber U/O Byte
Restart

Adreß-dekodierer

Adreßbus

Steuerbus

Demux 1:8

Readyleitungen

Zähler

Zähler

Ergebnis U-Byte

Ergebnis O-Byte

Frequenzteiler

Takt H V

Bild 42: Funktionsblockschaltbild des Rechenmoduls
(▱ : 8-Bit Funktionsprogrammierwort)

den. Sofern ein Bildelement vollständig durch die Programmierung des korrespondierenden Bedingungsmoduls erfaßt wird, vermißt das Rechenmodul daher die Elementenfläche als Summe aller Abschnittslängen.

Bei einer Systemkonfiguration mit mehreren Bedingungsmodulen ist nicht zwangsläufig einem Rechenmodul ein einziges Bedingungsmodul zugeordnet:

f) Binärsignalauswahl: Durch entsprechende Programmierung wählt das Rechenmodul eines der von den implementierten Bedingungsmodulen angebotenen bedingten Binärsignale aus.
g) Bedingungssignalauswahl: Das Rechenmodul ist mit 2 Bedingungssignaleingängen ("Enable-Eingänge") ausgerüstet, die intern durch eine UND-Funktion verknüpft sind. Durch die Programmierung werden die benötigten Bedingungssignale ausgewählt. Es lassen sich demnach die Bedingungssätze von zwei Bedingungsmodulen kombinieren.

Durch die programmierbaren Funktionen a) - e) läßt sich eine breite Palette von einfachen geometrischen Merkmalsvermessungen durchführen. Die in Kap. 6 geforderten Meßalgorithmen werden hierdurch voll abgedeckt. Die entsprechenden Einsätze von Bedingungs- und Rechenmodulen werden in Kap. 9 diskutiert.

Ein Funktionsblockschaltbild des Rechenmoduls zeigt Bild 42.

Die Funktionen a) - e) und die Signalauswahl f) und g) werden in 8-Bit Kommandoworte zusammengefaßt (vgl. Kap. 7.3.6) und mittels einer Adreßdekodierung vom Rechner den Modulregistern übergeben.

Kernstück des Rechenmoduls ist ein 16-Bit breiter Zähler. Er führt die programmierte Meßfunktion aus, indem er während des durch das Bedingungssignal und das bedingte Binärsignal definierten Zeitabschnitts die Auflösungstakte der x- bzw. y-Richtung zählt. Bei einfachen Streckenmessungen können maximal 8-Bit breite Ergebnisse auftreten, wenn die Bildauflösung, wie oben angeführt, zu 256x256 Bildpunkten gewählt wird. Bei Mittelungen und Flächenmessungen muß jedoch mit breiteren Ergebnissen gerechnet werden. Die Auslegung des Zählers trägt diesem Umstand Rechnung. Sie erlaubt auch, daß eine Erhöhung der Meßauflösung auf einfache Weise durch die Verfeinerung der Bildrasterung durchgeführt werden kann. In diesem Fall müssen lediglich die Auflösungstaktfrequenzen erhöht werden. Die Freigabe des Zählers für den

Zählvorgang wird bei x-Messungen durch das bedingte Binärsignal, bei y-Messungen durch die Kombination der gewählten Bedingungssignale gesteuert. Bei Messungen relativ zum Bildfeldrand werden diese Signale in ihre Abschnittsgrenzen zerlegt und mit den Fernsehnormimpulsen (H bzw. V) kombiniert. Bei Mittenmessungen wird der gezählte Takt während der Zählerfreigabe über einen steuerbaren Frequenzteiler halbiert. Der Zähler wird zu Beginn eines Bildverarbeitungszyklus mit dem 1. V-Impuls rückgesetzt. Eine Übernahme des Zählerergebnisses durch den Rechner bewirkt ebenfalls ein Löschen des Zählerstandes.

Das Rechenmodul führt die programmierte Funktion nach dem 1. V-Impuls einmal durch. Hierfür sorgt eine Meßablauflogik, die je nach Registerstand (Mittelung, Flächenmessung oder einfache Streckenmessung) das Zählerfreigabesignal fenstert und den Abschluß einer Messung durch Aktivieren einer "Ready"-Leitung anzeigt. Abweichend von der Meßzyklusinitiierung durch den 1. V-Impuls kann eine Messung zu jedem Zeitpunkt durch einen "Restart"-Impuls eingeleitet werden. Das Restart-Kommando wird vom Rechner generiert. Hierdurch ergibt sich die Möglichkeit, ein Rechenmodul während einer Bildausgabephase (1. -2.V-Impuls) mehrfach zu aktivieren (vgl. Kap. 7.3.7).

Das Rechenmodul wurde in TTL-Logik realisiert. Zwei Module mit gemeinsamer Adreßkodierung und BUS-Signalpufferung lassen sich auf einer Doppeleuropaschaltkarte unterbringen.

7.3.4 Aufbau des Rechners (Regelgrößenerstellung)

Der Rechner verarbeitet die Ergebnisse des Rechenmoduls, indem er die übernommenen Zahlenwerte entsprechend dem geforderten Meßalgorithmus verrechnet. Diese Aufgabe ist weitgehend anwendungsspezifisch. Entsprechende Softwarebeispiele werden in Kap. 9 beschrieben.

Sofern einfache Rechenoperationen ausgeführt werden müssen, ist eine reine Softwarerealisierung der Meßwertverarbeitung möglich. Da jedoch insbesondere in Hinsicht auf die Verarbeitungsgeschwindigkeit die Rechenmöglichkeiten einer mikroprozessorbestückten Recheneinheit beschränkt sind, wurde durch die Implementierung eines rechnerexternen schnellen Rechenwerkes die Möglichkeit geschaffen, auch komplizierte Rechenoperationen (Division, Multiplikation, Winkeloperationen) unter zeitkritischen Bedingungen durchzuführen.

Die Eigenschaften der Rechnereinheit werden in Kap. 7.3.5 bei der Beschreibung des Gesamtsystems erläutert. Als externes Rechenwerk wurde ein Arithmetikbaustein des Typs AMD 9511 eingesetzt, der durch eine systemadaptierte Adreßkodierung ergänzt wurde.

7.3.5 Gesamtsystem

Eine Obersicht über das gesamte Bildverarbeitungssystem zeigt Bild 43.

Die in Kap. 7.3.1 beschriebenen Schaltungen zur Aufbereitung des Videosignals wurden bezüglich der Binarisierung und Filterung des binären Bildsignals doppelt ausgelegt. Es können hierdurch zwei binäre Bildsignale, die über unterschiedliche Schwellen aus einem gemeinsamen Kamerasignal gewonnen wurden, parallel verarbeitet werden. Sollen zwei Beobachtungseinrichtungen durch ein einziges Bildverarbeitungssystem parallel bedient werden, so muß zusätzlich für jede Kamera eine Vorverarbeitungsstufe vorgesehen werden. Die Binarisierung erfolgt dann an zwei unabhängigen Bildsignalen. Beide Kameras müssen durch den gleichen Fernsehtakt fremdsynchronisiert werden, den die Taktzentrale liefert.

Die einzelnen Funktionsgruppen des Bildverarbeitungsteils des Systems sind über eine 3-fache BUS-Struktur verbunden:

- Der Video-BUS umfaßt alle Taktsignale (Fernsehnormtakte, Zeilenauflösungstakt, 1./2. V-Impuls), welche von der Taktzentrale generiert werden, sowie die binären Bildsignale und die Bildeinmischungssignale.
- Der Rechner-BUS faßt alle rechnerspezifischen Signale zusammen (Daten-, Adreßsignale, Steuersignale des Mikroprozessors)
- Der Verbindungs-BUS umfaßt die Signale, die Bedingungsmodule mit Rechenmodulen sowie Rechenmodule mit dem Rechner verbinden.

Entsprechend der Forderung nach der Aufrüstbarkeit des Systems kann die Anzahl der Bedingungs- und Rechenmodule variieren. Das Gesamtsystem ist für maximal 8 Module je Typ ausgelegt. Sie werden durch Zuordnung einer Modulnummer unterschieden, welche mittels eines Codeschalters auf der Modulplatine eingestellt werden muß. Dieser Schalter legt die Adreßbereiche für die einzelnen Module fest, so daß den Kommandoregistern eindeutige Adressen zugeordnet sind. Außerdem werden über die Codeschalter die Modulausgangssigna-

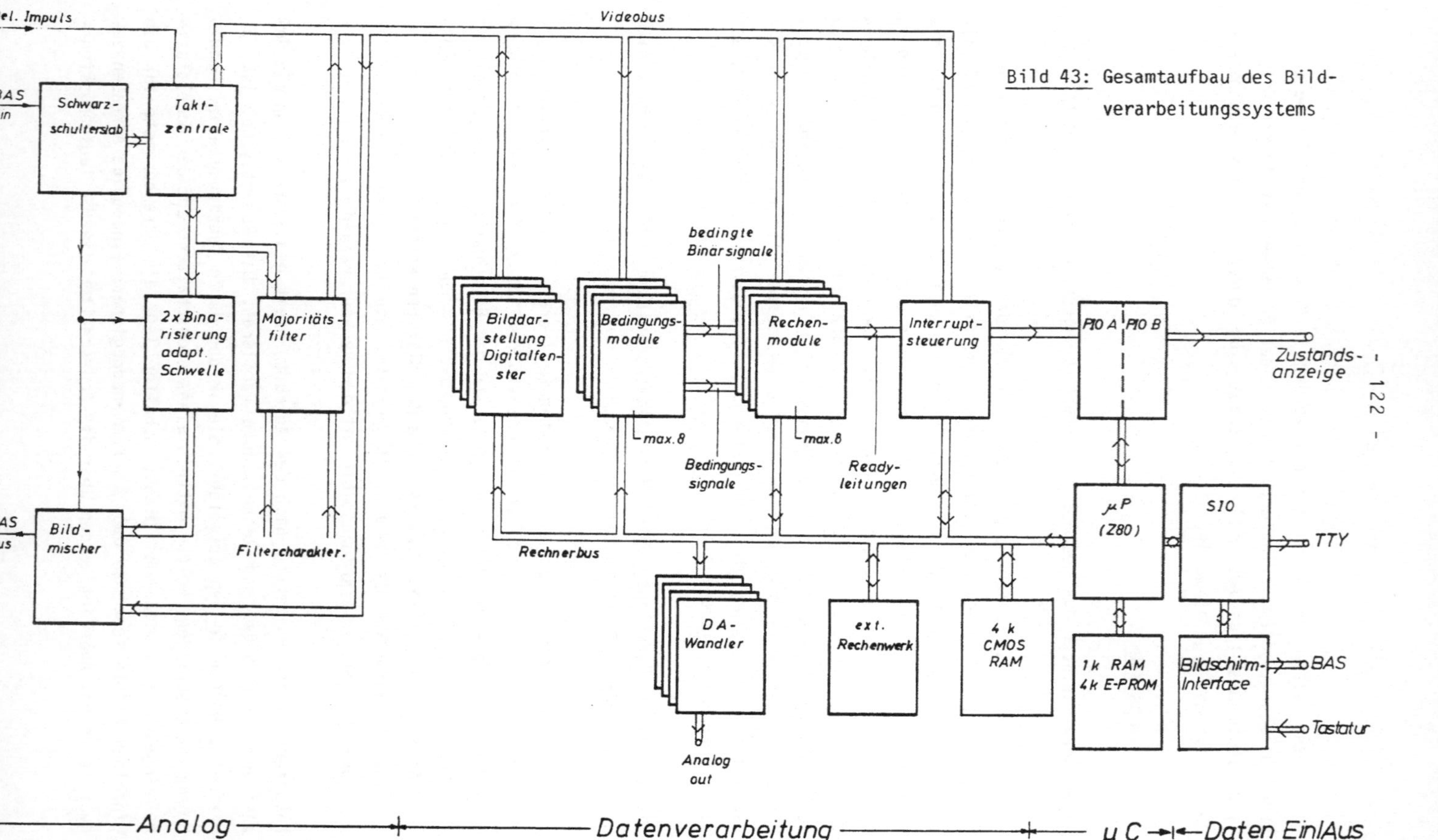

Bild 43: Gesamtaufbau des Bildverarbeitungssystems

le auf die entsprechenden Leitungen des Verbindungs-BUS gelegt (vgl. Ausgangsdemultiplexer in den Bildern 41 und 42).

Falls das System mehrere Rechenmodule enthält, wird die Ergebnisübergabe an den Rechner über eine Interruptsteuerung geregelt, wobei die 8 Ready-Leitungen zu einem 3-Bit Wort zusammengefaßt und dem Rechner parallel zur Verfügung gestellt werden (vgl. Kap. 7.3.7).

Als Rechnereinheit wurde ein Einplatinencomputer des Typs Z80A-ECB/C8 verwendet. Er enthält einen 8-Bit Microprozessor des Typs Z80A als CPU, der eine minimale Befehlszykluszeit von 1 µs zuläßt. Er wird ergänzt durch einen 1-k-RAM (Random Acces Memory) Arbeitsspeicher, welcher vom Rechner beschrieben oder gelesen werden kann, jedoch flüchtig ist. Für Festwerte sind 4-k-EPROM (Erasable Programmable Read Only Memory) vorgesehen. Dieser nichtflüchtige Speicher nimmt die Programmdaten auf und kann vom Prozessor nur gelesen werden. Der Einplatinencomputer ist ferner mit einer doppelten parallelen Schnittstelle ausgerüstet (PIO). Eine serielle Schnittstelle (SIO) entsprechend der RSC 232 Norm übernimmt den Datenverkehr mit externen Einheiten. Im vorliegenden Fall wurde ein Bildschirmterminal angeschlossen (Videointerfaceplatine + ASCII-Tastatur und Fernsehmonitor). Zur Erweiterung der Rechnerkapazität ist eine Speichererweiterung um 4-k-Byte implementiert. Gewählt wurde eine nichtflüchtige Speichereinheit des Typs Z80A-ECB/V, die vom Rechner beschrieben und gelesen werden kann.

Vom Rechner erstellte Ergebnisse können auf 3 verschiedene Arten ausgegeben werden, die einzeln oder in beliebiger Kombination eingesetzt werden können:

a) Ergebnisausgabe als Zahlenwert auf dem Bildschirmterminal: Dieser Ausgabemodus wird bei Testläufen und bei von Hand ausgelösten Einzelmeßzyklen verwendet (Programm "ERGDRU").

b) Ausgabe über D/A-Wandler: Hierüber lassen sich Meßwerte analog ausgeben (Programm "OUTDAT"). Bei einer ununterbrochenen Folge von Bildverarbeitungszyklen steht somit ein quasikontinuierliches Ergebnissignal zur Verfügung. So können z.B. Bewegungen von Bildelementen per Schreiber aufgezeichnet werden. Das analoge Ausgangsignal ist aber auch direkt als Regelgröße zur Ansteuerung von Stellvorrichtungen verwendbar. Hiervon wird im vorliegenden Fall bei der Implementierung von geschlossenen Schweißregelkreisen (Kap. 9.2) Gebrauch gemacht. Das Bildverarbeitungssystem enthält 4 12-Bit D/A-Kanäle, die auf einer Platine des Typs AN µP 80-A4 zusammengefaßt sind. Eine Erweiterung ist möglich.

c) Ergebnisausgabe als Fernseheinblendung: In diesem Ausgabemodus übergibt der Rechner das Ergebnis einem 8-Bit Register (im folgenden: Bilddarstellungsspeicher) (Programm "GRA"). Der Registerinhalt wird mit der aktuellen Punktnummer verglichen, die - getrennt für die Richtungen x und y - von der Taktzentrale synchron zur Fernsehnorm generiert wird. Bei der Übereinstimmung von Registerinhalt und Punktnummernzählerstand wird ein Signal erzeugt und einem Bildmischer zugeführt, der sein Videoausgangssignal hierauf hell tastet. Bei unverändertem Darstellungsspeicherinhalt während eines Halbbildes wird daher im Fernsehbild ein senkrechter (x-Darstellung) oder ein waagerechter (y-Darstellung) weißer Strich erzeugt. Das System enthält maximal 4 Darstellungsspeicher je Richtung. Insgesamt können daher 8 verschiedene Ergebnisse in das Fernsehbild eingeblendet werden. Per Schalter kann als Bildmischereingangssignal wahlweise das originale Kamerasignal oder ein Binärbildsignal gewählt werden.

Dieser Ausgabemodus erlaubt die graphische Darstellung von gemessenen Bildmerkmalspositionen. Wird ein solches Ergebnis in das Originalbild des Sensors eingeblendet, so lassen sich hierdurch erfaßte Bildmerkmale markieren. Neben einer sehr effektiven Überwachung der Arbeitsweise des Bildverarbeitungssystems bietet sich dieser graphische Ausgabemodus als sinnvolle Hilfe bei der Betrachtung des Schweißprozesses auf einem Bildschirm an, da wichtige Szenenelemente (z.B. die Nahtmitte) hervorgehoben werden können. Zur Unterscheidung mehrerer Einblendungen in der gleichen Koordinatenachse lassen sich gestrichelte Linien erzeugen.

Das Gesamtsystem kennt zwei verschiedene Arbeitsphasen: Bei der Vorbereitung auf einen Einsatz müssen die Funktionen programmiert werden (Kap. 7.3.6). Das System befindet sich dabei im Dialog mit dem Bediener. Während der Bildverarbeitungsphase laufen die Meßzyklen intern gesteuert ab (Kap. 7.3.7). Eine externe Einflußnahme ist dabei mit Ausnahme eines Abbruchbefehls nicht möglich.

7.3.6 Dialogsoftware, Speicherorganisation, Systemprogrammierung

Die Dialogsoftware erlaubt die Programmierung der Hardwaremodule sowie die Auswahl der während der Bildverarbeitungsphase benötigten Programme. Zur Eingabe wird das Bildschirmterminal verwendet.

Nach Aufruf eines Moduls (Angabe von Modultyp und -nummer) gibt der Rechner zunächst den aktuellen Stand der Modulregister aus. Der Bediener kann nun beliebige Änderungen vornehmen (vgl. Dialogauszug in Bild 44). Die Texterläuterungen, welche der Rechner zur übersichtlichen Gestaltung des Dialogs generiert, lassen sich - zu Lasten des benötigten Programmspeicherplatzes - beliebig erweitern, so daß der Bedienungskomfort entsprechend den Systemkenntnissen des Bedieners gestaltet werden kann. Zur Erleichterung der Programmierung des Suchbereiches können auf Befehl die Bereichsgrenzen in das Monitorbild der beobachtenden Kamera eingeblendet werden (Programm "BEGRA").

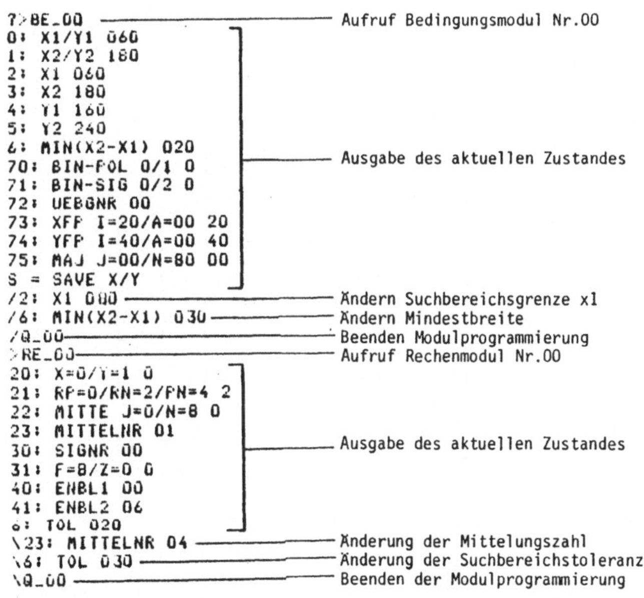

Bild 44: Erläuterter Rechnerdialogauszug (Modulprogrammierung)

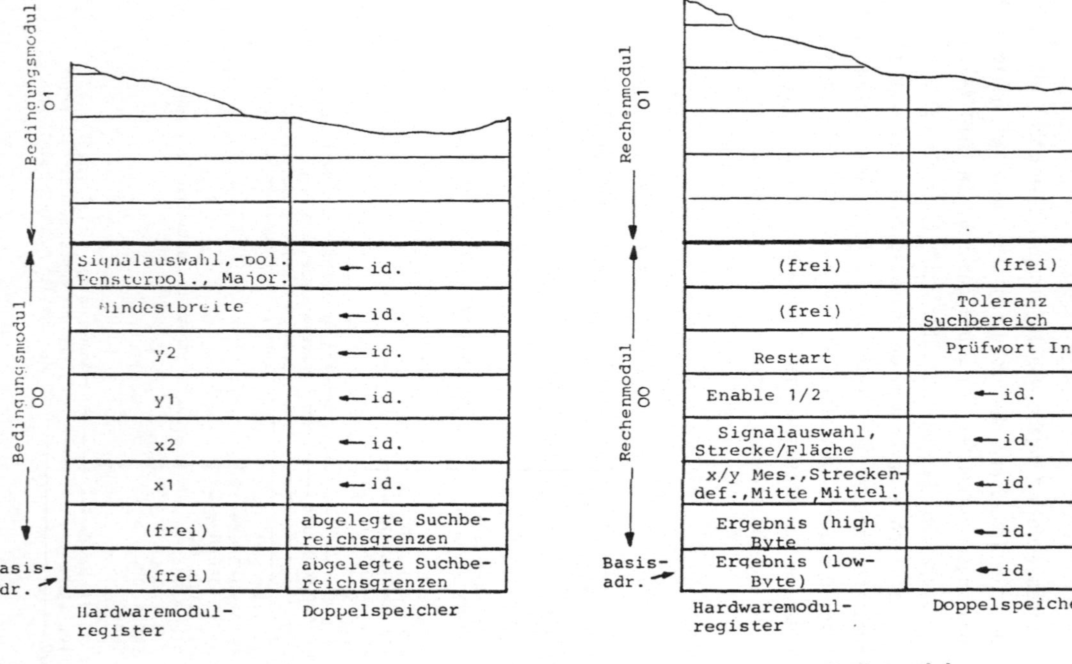

Bild 45: Speicherorganisation

Die Kommandoworte werden während des Dialogs rechnerintern in einem Arbeitsspeicher zusammengestellt. Bei Verlassen der Dialogroutine wird der Kommandosatz geschlossen an das Hardwaremodul transferiert. Außerdem werden die Werte in einen Moduldoppelspeicher geschrieben. Diese Maßnahme ist erforderlich, da die Register der Hardwaremodule nicht gelesen werden können. Der Rechner muß daher den Kommandosatz intern ablegen, um jederzeit über den programmierten Zustand des Moduls informiert zu sein.

Jedem Modul ist ein Speicherbereich von 8 Worten (in der Rechnerwortbreite von 8 Bit) zugeordnet. Relativ zu einer Basisadresse sind die Hardwareregister wie die zugehörigen Doppelspeicher organisiert. Hardwaremodul und Doppelspeicher unterscheiden sich lediglich im absoluten Wert ihrer Basisadressen. Die Kommandoworte für ein Modul füllen den 8-Worte-Block nicht voll aus. Redundante Speicherplätze können daher für zusätzliche Informationen genutzt werden. Einige dieser Informationen betreffen nur das Hardwaremodul (z.B. "Restart"), andere nur den Doppelspeicher (z.B. Ablage von Suchbereichsgrenzen bei der Bereichskorrektur, vgl. Kap. 7.3.7). Einen Überblick über die Modulspeicherorganisation gibt Bild 45. Durch dieses Speicherschema wird der Aufbau des Dialogprogramms wesentlich erleichtert, da sich durch die Angabe einer Modulnummer die Basisadressen und damit die Kommandoadressen für Hardwaremodul und Doppelspeicher errechnen lassen.

Einmal aufgestellte Modulprogrammierungen lassen sich als Datenblöcke abspeichern. Im System bedeutet dies einen Blocktransfer der Doppelspeicherinhalte in einen Archivspeicher, den die nichtflüchtige Speichererweiterung mit einem Gesamtumfang von 4-k-Byte (vgl. Bild 43) bildet. Die in dieser Form archivierten Meßalgorithmen lassen sich beliebig abrufen, so daß die Meßaufgabenprogrammierung auch ohne eine explizite Modulprogrammierung abgewickelt werden kann, sofern ein entsprechendes Archiv aufgebaut wurde.

Neben der Modulprogrammierung werden während der Dialogphase die Programme ausgewählt, die beim Meßzyklus abgearbeitet werden sollen. Sofern diese Programme ebenfalls archiviert sind, genügt die Angabe der Programmanfangsadressen, die in Form einer Interrupttabelle abgelegt werden (vgl. 7.3.7).

Das Dialogprogramm enthält zusätzlich eine Reihe von Befehlsmöglichkeiten, um Programme schreiben und testen zu können (Setzen und Lesen von Speicherstellen und Prozessorregistern, Break-Routine, Sprungbefehle etc.). Der

Übergang von der Dialog- zur Bildverarbeitungsphase wird über einen gesonderten Befehl veranlaßt.

Das gesamte Dialogprogramm hat einen Umfang von ca. 2 1/4 k Byte und ist im EPROM-Speicher angesiedelt.

7.3.7 Meßablauf: Interruptabarbeitungen, Bildverarbeitungssoftware

Während der Bildverarbeitungsphase des Systems wird der Funktionsablauf intern gesteuert, wobei 1. und 2. V-Puls den Ablauf der einzelnen Meßzyklen bestimmen.

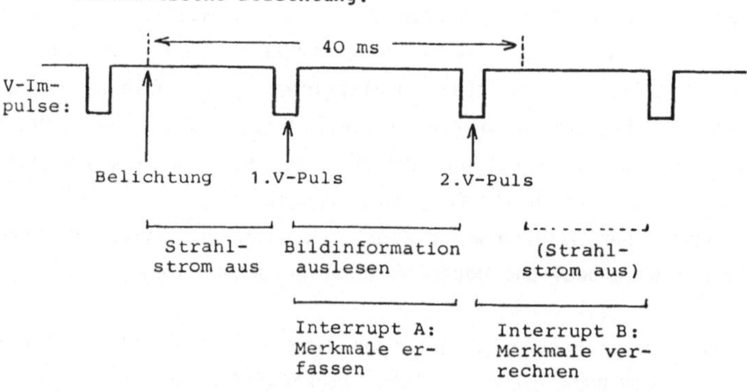

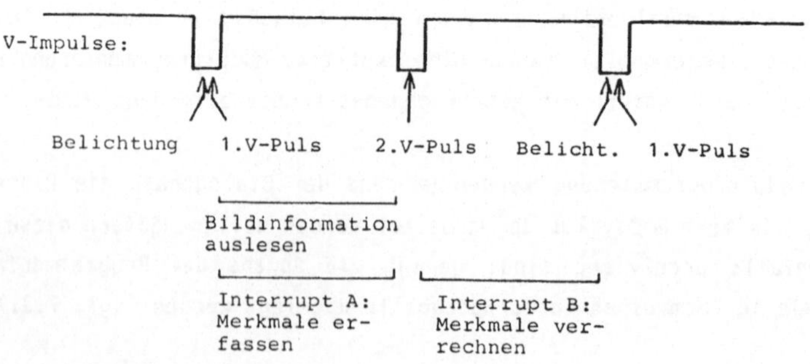

Bild 46: Interruptabläufe

Bild 46a stellt die zeitliche Abwicklung schematisch dar. Zum Zeitpunkt der Belichtung befindet sich der Rechner im "Halt"-Zustand, d.h. er führt keine Anweisungen aus. Der auf die Belichtung folgende 1. V-Impuls bereitet alle Rechenmodule auf den jeweiligen Meßvorgang vor, der zu dem Zeitpunkt stattfindet, zu dem die zugeordneten Bedingungsmodule die einzelnen Merkmale extrahieren. Die Rechenmodule setzen daher während der Bildinformationsausgabe ihre Ready-Signale zu unterschiedlichen Zeitpunkten. Sobald eines der 8 Ready-Signale gesetzt ist, löst der parallele Interfacebaustein PIO (vgl. Bild 43) einen Rechnerinterrupt des Typs A aus. Hierdurch verläßt der Rechner seinen Haltezustand und springt in eine Interruptroutine A, deren Anfangsadresse in der Interrupttabelle steht.

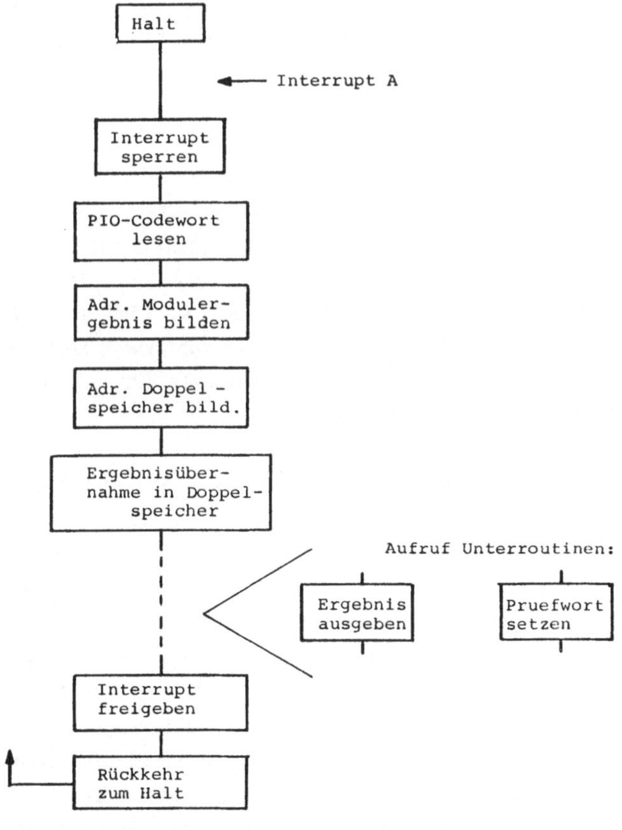

Bild 47: Flußdiagramm der Interruptroutine A ("IA")

Bild 47 zeigt ein Ablaufdiagramm der Interruptroutine A ("IA"). Der Rechner stellt zunächst fest, welches Modul einen Interrupt ausgelöst hat: Hierzu wird der Zustand der Ready-Leitungen über das Codewort an der PIO-Schnittstelle untersucht. Die Umkodierung der 8 Ready-Leitungen zu einem 3-Bit Wort ist derart gewählt, daß der Rechner direkt die Modulnummer der auslösenden Einheit erhält. Aus dieser Nummer wird die Adresse des Rechenmodulzählers bestimmt und die Adresse des korrespondierenden Doppelspeicherplatzes gebildet. Schließlich findet die Ergebnisübernahme in den Doppelspeicher statt. Die Interruptroutine A wird verlassen, indem der Rechner in den Halt-Zustand zurückkehrt und sich für weitere Ergebnisübernahmen bereithält.

Ein Interruptkonflikt wird bei mehreren Rechenmodulen durch eine Hardwarepriorisierung der Ready-Signale vermieden. Ready-Meldungen von Modulen niedrigerer Kennummer werden bevorzugt berücksichtigt. Interrupts können nicht verloren gehen, da die Ready-Signale erst bei der Ergebnisübernahme gelöscht werden. Entscheidend für einen möglichst reibungslosen Ablauf ist, daß die Interruptroutine A möglichst wenig Zeit in Anspruch nimmt. In ihrer minimalen Version läßt sich die Routine in ca. 20 μs abwickeln, was der Zeitdauer von ca. 1/3 Fernsehzeile entspricht. Enthält die Routine einfache Unterprogramme, die zusätzliche Funktionen erfüllen (z.B. Ergebnisausgabe), so ergeben sich typische Laufzeiten von 40-50 μs. Eine grobe Abschätzung zeigt daher, daß der Rechner bei der maximalen Zahl von 8 Rechenmodulen nur ca. 2 % der Zeit zwischen dem 1. und 2. V-Impuls (20 ms) aktiv ist, den Rest der Zeit im Halt-Zustand verbringt.

Das Ende der Bildinformationsausgabe, während der die Hardwaremodule tätig sind, wird durch den 2. V-Impuls signalisiert. Er löst einen Interrupt des Typs B aus. Interrupt B hat eine geringere Priorität als Interrupt A, so daß noch nicht beendete A-Routinen oder anstehende Interrupts A zunächst abgearbeitet werden. Da allerdings nur 256 von 312 Fernsehzeilen im Bild ausgewertet werden, kann im Normalfall davon ausgegangen werden, daß zum Zeitpunkt des 2. V-Impulses alle Ergebnisse vom Rechner übernommen wurden. Durch den Interrupt B ausgelöst werden nunmehr die Programme abgewickelt, die die Meßwertverrechnung und -ausgabe durchführen. Hierfür stehen maximal 20 ms zur Verfügung (vgl. Bild 46a). Den prinzipiellen Aufbau der Interruptroutine B ("IB"), deren Anfangsadresse in der Interrupttabelle steht, zeigt Bild 48. Sie bildet einen Rahmen, innerhalb dessen verschiedene Unterprogramme aufgerufen werden.

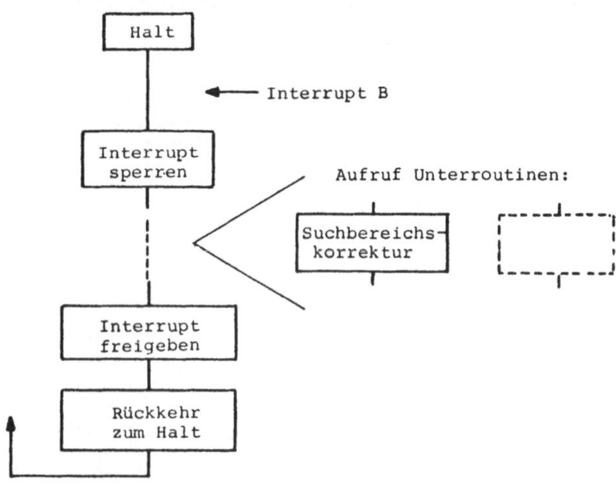

Bild 48: Flußdiagramm der Interruptroutine B ("IB")

Die Gesamtdauer eines Bildverarbeitungszyklus beträgt maximal 40 ms. Die maximale Bildverarbeitungsfrequenz liegt daher bei 25 Hz, wobei dieser Wert nur erreicht werden kann, wenn die Belichtung periodisch in jeder 2. Halbbildlücke vorgenommen wird (Bild 46b). Sofern auf einen Interrupt B verzichtet wird und alle Verarbeitungsaufgaben innerhalb der Interruptroutinen A abgewickelt werden, erhöht sich die maximale Verarbeitungsfrequenz auf 50 Hz. Dieser Wert kann aufgrund der vorgegebenen Halbbildfrequenz der Fernsehnorm nicht überschritten werden.

Durch Änderung des Inhaltes der Interrupttabelle lassen sich die verwendeten Interruptroutinen bequem austauschen.

Neben der Meßergebnisverwertung kann der Rechner auch Neuprogrammierungen von Hardwaremodulen während der Bildverarbeitungsphase durchführen. Diese Möglichkeit kann wie folgt genutzt werden:

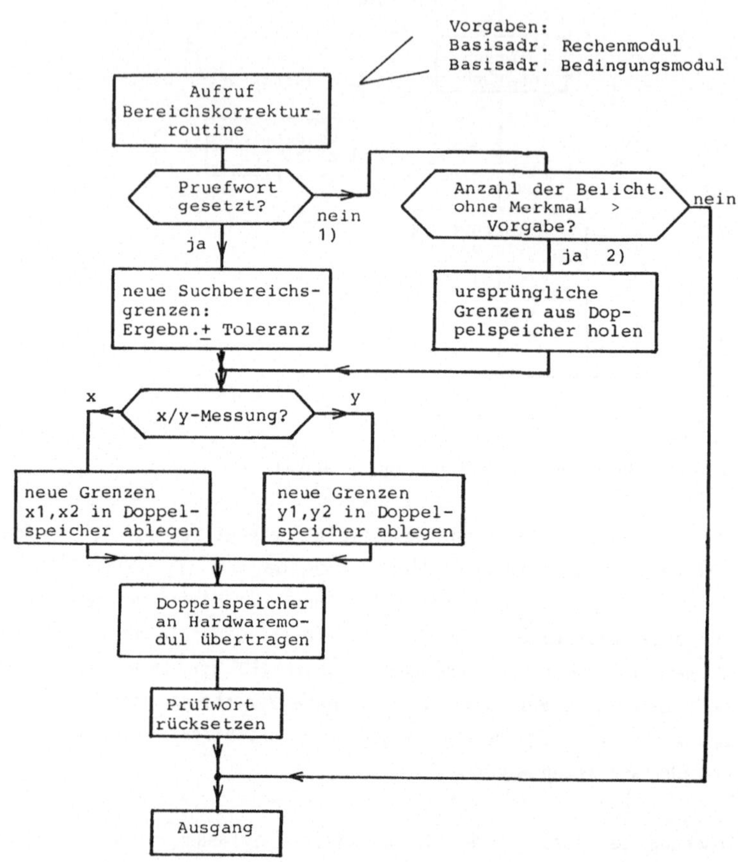

1: Merkmal während der vorangegangenen Interruptphase A nicht extrahiert

2: Merkmal während der n vorangegangenen Interruptphasen A nicht extrahiert = Merkmal "verloren" (n=Vorgabezahl)

Bild 49: Ablaufdiagramm der Unterroutine BERKOR zur Suchbereichsnachführung

a) Suchbereichskorrektur: Bei der Programmierung der Bedingungsmodule werden die Suchbereiche so gewählt, daß die jeweiligen Bildelemente möglichst eng von den Suchbereichsgrenzen umschlossen werden. Auf diese Weise werden eindeutige Merkmalsextraktionen sichergestellt. Die anfängliche Position eines Bildelementes läßt sich meist grob abschätzen. Während der Meßphase kann sich jedoch seine Position ändern, im Extremfall soweit, daß der ursprüngliche Suchbereich verlassen wird. Das Bildmerkmal kann dann nicht mehr extrahiert werden. Diese Schwierigkeit läßt sich vermeiden, wenn der Suchbereich entsprechend der vermessenen Merkmalsposition von Bild zu Bild nachgeführt wird. Diese Aufgabe wird dem Rechner übertragen. Er berechnet aus dem Meßergebnis die neuen Suchbereichsgrenzen, wobei eine eingelernte Bereichstoleranz festlegt, wie eng das Bildelement eingefaßt wird. Die Toleranzvorgabe richtet sich insbesondere danach, wie schnell sich das betroffene Bildelement maximal bewegen kann. Die korrigierten Bereichsgrenzen werden dem Bedingungsmodul übertragen.

Das realisierte Bereichskorrekturprogramm ("BERKOR", vgl. Bild 49) läuft während der Interruptphase B ab. Es korrigiert bei x-Messungen die Grenzen x1 und x2, bei y-Messungen das Wertepaar y1 und y2. Durch Abfrage eines Prüfwortes, welches während der Ergebnisübernahme gesetzt wurde, kann das Programm feststellen, ob das Merkmal während der Interruptphase gefunden wurde. Sofern das Merkmal über mehrere Meßzyklen nicht extrahiert wurde, gilt es als "verloren", worauf der ursprünglich eingelernte Suchbereich wieder übernommen wird. Dieser Anfangssuchbereich muß daher möglichst groß gewählt werden, damit ein "verlorenes" Objekt möglichst sicher wiedergefunden wird.

b) Mehrfachausnutzung eines Moduls: Bisher wurde vorausgesetzt, daß für jedes Merkmal ein Hardwaremodulsatz implementiert werden muß. Zur Reduktion des Hardwareaufwandes können jedoch Module mehrfach ausgenutzt werden, wenn ihre Funktion während der Bildverarbeitungsphase umprogrammiert wird.

Im einfachsten Fall wird die Modulfunktion von Belichtung zu Belichtung geändert. Die Umprogrammierung kann während der Interruptphase B vorgenommen werden. Bei n verschiedenen Funktionen und nur einem Modul ergibt sich folgendes Ablaufschema:

1. Belichtung:		
	Interrupt A:	Ergebnisübernahme (Merkmal 1)
	Interrupt B1:	Ergebnisverwertung Modulumprogrammierung auf Merkmal 2 Ändern der Interruptadresse B1 auf B2
2. Belichtung:	Interrupt A:	Ergebnisübernahme (Merkmal 2)
	Interrupt B2:	Ergebnisverwertung Modulprogrammierung auf Merkmal 3 Ändern der Interruptadresse B2 auf B3
...		
n. Belichtung:	Interrupt A:	Ergebnisübernahme (Merkmal n)
	Interrupt Bn:	Ergebnisverwertung Modulumprogrammierung auf Merkmal 1 Ändern der Interruptadresse von Bn auf B1
n+1. Belichtung	wie 1. Belichtung	
...		

Die Merkmale 1 bis n werden zyklisch erfaßt. Hierbei muß allerdings in Kauf genommen werden, daß sich die Zahl der Meßergebnisse pro Zeiteinheit für ein gleiches Merkmal mit 1/n verringert.

Da die Module und der Rechner während der Interruptphase A nur wenig ausgelastet sind, liegt es nahe, die Umprogrammierung der Module bereits während der Bildinformationsausgabe, d.h. während der Interruptphase A, vorzunehmen und somit den Nachteil des obigen Verfahrens zu umgehen. Allerdings muß hierbei die Reihenfolge der Merkmale während der Bildinformationsausgabe bekannt und stets gleich sein. Dann läßt sich folgendes Schema implementieren:

1. Belichtung:	Interrupt A1:	Ergebnis übernehmen (Merkmal 1) Modulumprogrammierung auf Merkmal 2 Ändern der Interruptadresse A1 auf A2 Restart-Befehl an Rechenmodul
	Interrupt A2:	Ergebnis übernehmen (Merkmal 2) Modulumprogrammierung auf Merkmal 3 Ändern der Interruptadresse A2 auf A3 Restart-Befehl an Rechenmodul
	...	
	Interrupt An:	Ergebnis übernehmen (Merkmal n) Modulprogrammierung auf Merkmal 1 Ändern der Interruptadresse An auf A1
	Interrupt B:	Ergebnisverwertung
2. Belichtung ...	wie 1. Belichtung	

Die Abarbeitung eines Interrupts A1 dauert wegen der Umprogrammierung (Routine "MOPROG") länger als die bisher erwähnte Interruptroutine A. Die typischen Laufzeiten erhöhen sich auf ca. 120 µs, d.h. auf die Dauer von 2 Fernsehzeilen. Die Modulprogrammierung wird in den Ablauf von Bild 47, Seite 123, als Unterroutine integriert.

c) Mehrfachausnutzung eines Moduls bei unveränderter Funktion: Die Anwendungsmöglichkeiten des Bildverarbeitungssystems lassen sich erweitern, sofern ein Szenenelement nicht nur durch charakteristische Einzelmerkmale beschrieben werden, sondern auch geometrische Eigenschaften über die gesamte Ausdehnung eines Bildelementes verfolgt werden können.

Eine Folge von Meßwerten, ein gleiches Element betreffend, läßt sich mit dem Bildverarbeitungssystem erzeugen, wenn folgendes Meßschema implementiert wird:

1. Belichtung:	Interrupt A:	Ergebnis übernehmen Restart-Befehl an Rechenmodul
	Interrupt A:	Ergebnis übernehmen Restart-Befehl an Rechenmodul
	...	
2. Belichtung:	wie 1. Belichtung	
...		

Eine Modulprogrammierung findet nicht statt. Der Rechner generiert jedoch Restartbefehle, so daß zwischen dem 1. und 2. V-Impuls stets neue Vermessungen vorgenommen werden, solange das Merkmal extrahiert werden kann. Sofern die Bearbeitungszeit der Interruptroutine A kleiner als eine Zeilendauer gehalten wird, wird das Bildelement im halben Zeilenraster vermessen. Die Ergebnisse werden bei dieser Betriebsart nicht in den Doppelspeicherbereich geschrieben: Stattdessen wird ein dynamischer Speicher angelegt, dessen Länge entsprechend der Zahl der Meßwerte pro Belichtung schwankt und dessen Ende zu Beginn der Interruptphase B per Codewort markiert wird (Routine "BILDSP").

Mögliche Anwendungen dieses Verfahrens sind die Erfassung des Konturlinien-, Mittellinien- oder Breitenverlaufs von Bildelementen. Aufgabenstellungen dieser Art sind aus Anwendungsfällen von Industriesensoren (vgl. z.B. FLÖSCHER /62/) bekannt. Die für den vorliegenden Anwendungsfall geforderten Meßaufgaben (Kap. 6) setzen derartige Meßwertfolgen nicht voraus. Es ist jedoch zu erwarten, daß bei einer Erweiterung der bisher zugelassenen Aufgabenstellung (Schweißverfahrenswechsel, Zulassung weiterer Nahtprofilformen) sich Meßaufgaben ergeben, die die Verfolgung von Bildelementeigenschaften über die Objektausdehnung erfordern.

Die drei erläuterten Verfahren zur Mehrfachausnutzung von Modulen stellen eine Verlagerung des Bildverarbeitungsaufwandes auf die Softwareseite dar. Dies bedeutet eine Erhöhung der Flexibilität, ohne daß wesentliche Einschränkungen an die Systemschnelligkeit gemacht werden müssen. Bei der variabel gestaltbaren Aufteilung von Hard- und Softwareimplementierung ist je nach Anwendungsfall die eine oder andere Orientierung des Systemausbaus sinnvoll. Neben der Realisierung von Hardwaremodulen müssen daher Grundfunktionen in Form von Softwarepaketen zur Verfügung gestellt werden. Tabelle 5 gibt einen Überblick über einige der verwendeten Programme. Die einzelnen

Routinen sind sehr kurz (zwischen 10 und 50 Maschinenbefehlen für die CPU). Als Rahmenprogramm werden Routinen bezeichnet, die bei den Interrupts des Typs A oder B angesprungen werden. Innerhalb der Rahmenprogramme können die in der Tabelle aufgeführten Unterprogramme verwendet werden.

Programm	Aufgabe	Interrupt	Rahmen-/ Unterprogramm
IA	Ergebnisübernahme von Rechenmodul in den Doppelspeicher	A	R
GRA	Ergebnisübergabe an Darstellungsspeicher (Einblendung Monitor)	A oder B	U
RST	Restartkommando an Rechenmodul übergeben	A	U
IB	Rahmenprogramm für Interrupt B	B	R
BERKOR	Suchbereichskorrektur	A oder B	U
MOPROG	Funktionsprogrammierung für Hardwaremodule	A oder B	U
DELTA	Differenz zweier Ergebnisse bilden	B	U
BILDSP	Ergebnisfolge im dynamischen Ergebnisspeicher mit Codewort abschließen	B	U
OUTDAT	Ergebnisübergabe an D/A Wandler	A oder B	U
ERGDRU	Ergebnisübergabe an Modem (TTY)	A oder B	U
BEGRA	Suchbereichsgrenzen an Darstellungsspeicher übergeben (Einblendung Monitor)	A oder B	U

Tabelle 5: Programmübersicht

8. Einsatz des Sensorsystems als reine Beobachtungseinrichtung

Um die Einsatzmöglichkeiten des Sensorsystems für die beschriebenen Schweißaufgaben zu untersuchen, wurde die Bildaufnahmeeinrichtung an zwei Anwendungsfällen aus der Fertigungspraxis erprobt.

Die reine Beobachtung des Schweißprozesses bietet folgende, für die Schweißpraxis wertvolle Möglichkeiten:

- Fernübertragung des Schweißprozesses: Unzugänglich oder nur unter erschwerten Bedingungen beobachtbare Schweißstellen können überwacht werden.
- Kontinuität der Beobachtung: Bei einer Serienfertigung lassen sich beliebig viele Schweißungen kontinuierlich überwachen.
- Abspeichern des Bildmaterials: Der bildliche Ablauf der Schweißung läßt sich aufzeichnen, beliebig oft abspielen und in Zeitlupe oder Einzelbildern untersuchen.

Die Erprobung der Bildsensortechnik in der Praxis sollte neben der Untersuchung dieser Möglichkeiten auch die Grenzen des Verfahrens aufzeigen und Hinweise liefern, inwieweit der Laboraufbau den Bedingungen der Schweißpraxis gerecht wird.

8.1 Qualität der Bilder in Abhängigkeit der Schweißbedingungen

Die Bildaufnahmetechnik ist an den Ablauf des Schweißprozesses gebunden. Die bildliche Darstellung des Schweißablaufs ist qualitativ wesentlich durch die Kontinuität der Einzelbildfolge bestimmt, wobei die Mindestbildfrequenz von 16 Hz für den menschlichen Beobachter eingehalten werden muß.

Die Darlegungen von Kap. 3 zeigten, daß für einen ungestörten Kurzlichtbogenprozeß diese Forderungen annähernd erfüllt sind. Erst beim Verlassen des typischen Kurzlichtbogenbereiches ändert der Schweißprozeß seine Eigenschaften, so daß die Bildaufnahme problematisch wird.

Ein Anwendungsfall aus der Fertigung brachte die Erkenntnis, daß diese Effekte beim Kurzlichtbogenschweißen mit reinem CO_2 als Schutzgas im Gegensatz zur Verwendung von Mischgasen verstärkt beobachtet werden.

Der untersuchte Anwendungsfall betrifft Rohrrundschweißungen (Y-Naht mit Keramikringbadsicherung, ca. 300 A, 25 V, 1.2 mm Zusatzdraht) unter CO_2. Bedingt durch vor der Schweißung angebrachte Flanschteile, deren Lage nicht definiert ist, kommt es während der maschinellen Schweißung zu Kollisionen zwischen dem Brenner und den Flanschen, so daß ein kurzzeitiger seitlicher Nahtversatz stattfindet. Die Brennerauslenkungen werden vom Bedienmann oft nicht erkannt, da diesem eine kontinuierliche Überwachung des Schweißvorganges durch ein Schutzglas nicht zugemutet werden kann. Es wurde daher der Versuch unternommen, die Störungserkennung durch eine Bildübertragung des Schweißprozesses zu erleichtern.

Bei der Reproduktion der Schweißbedingungen im Labor zeigte sich, daß die Bildaufnahme nur sehr unregelmäßig zu bewerkstelligen war. Dieser Umstand ist durch den Einfluß des Schutzgases bedingt; die Periodizität der Kurzschlüsse ist stark gestört. Der Effekt ist aus der Schweißpraxis bekannt und wurde von AICHELE /44/ und RUCKDESCHEL /63/ näher beschrieben. Das Schutzgas CO_2 bewirkt eine Tendenz zum grobtropfigen, sehr unregelmäßigen Materialübergang, weshalb sich auch die Spritzerwirkung gegenüber dem Mischgasschweißen verstärkt.

Für die Verwendung des Fernsehsensors hat dies folgende Konsequenzen: Für die einzelnen Belichtungen steht mehr Zeit zur Verfügung, da der grobtropfige Übergang mit einer längeren Kurzschlußphase verbunden ist. Wegen der Unregelmäßigkeit der Kurzschlüsse kommt es jedoch zu einer stark flackernden Bildfolge, die wegen des großen Helligkeitsunterschiedes zwischen den Schweißstellenansichten und den Bildpausen für den Betrachter ermüdend ist. Aufgrund der starken Spritzerwirkung sind zudem die Schmelzbadansichten gestört durch die hellen Flächen, die durch die aus der Badzone herausgeschleuderten Metallteilchen verursacht werden.

Bei den Laborversuchen ergab sich, daß die kurzzeitigen Brennerauslenkungen in der unruhigen Bildfolge kaum erkannt werden konnten, obwohl die Einzelbelichtungen die Schmelzbadzone in guter Qualität wiedergaben.

Der Anwendungsfall zeigte, daß die Qualität der Bildfolge in Grenzfällen für einen menschlichen Beobachter ungenügend sein kann. Das Bildverarbeitungssystem dagegen ist immer dann noch einsetzbar, wenn die Einzelbelichtungen im Rahmen der bisher erläuterten Bedingungen für Helligkeit- und

Strukturschwankungen bleiben und eine Vermessung der Schmelzbadgeometrie somit durchführbar ist. Im beschriebenen Einsatzfall war das Bildverarbeitungssystem nicht Objekt der Untersuchungen.

8.2 Diagnose des Fehlverhaltens einer Schweißanlage mit Hilfe der Schweißprozeßbeobachtung

Die Beobachtungseinrichtung konnte bei folgendem Anwendungsfall erfolgreich eingesetzt werden: In einer Serienproduktionsstätte sollte das Fehlverhalten einer Schweißmaschine untersucht werden, die ineinandergeschachtelte Rohrteile verschweißt, welche eine Tulpennaht bilden (2-Komponenten-Schutzgas, 300 A, 26 V, 1.6 mm Zusatzdraht, 1-Uhr-Position des Brenners).

In der Serienproduktion kommt es sporadisch zu Fehlschweißungen, welche offensichtlich durch eine falsche Positionierung des Brenners relativ zur Nahtmitte verursacht werden. Da die Raupe wesentlich breiter als die Nahtöffnung ist, sind die Fehlschweißungen durch eine optische Oberprüfung des Schweißergebnisses meist nicht zu erkennen, sondern treten erst zu Tage, wenn die Schweißnaht den geforderten Kräftebeanspruchungen nicht standhält und reißt. Aufwendige zerstörungsfreie Oberprüfungen (Ultraschall, Röntgen) der Schweißnaht können aus Kostengründen nicht durchgeführt werden.

Die Ursache der bisweilen auftretenden Brennerversätze war zu Beginn der Versuchsreihe nicht bekannt. Die Schweißanlage wird von einem Mann bedient, welcher dafür zu sorgen hat, daß der Brenner auf Nahtmitte justiert ist. Er tut dies, indem er jeweils die Schweißung der ersten Probe einer Serie von 10-15 Werkstücken beobachtet. Da er den Schweißprozeß von seinem Bedienungspult aus nicht einsehen kann, muß er hierzu um die Maschine herumgehen, einen Laufsteg erklimmen und in gebückter Position durch ein Schutzglas den Schweißvorgang betrachten. Ggf. korrigiert er die Brennerposition mit einem Stellrad. Da die beobachteten Fehlschweißungen einzeln und nicht in Serie auftreten, ist eine mangelhafte Brennerjustage durch den Bedienmann weitgehend auszuschließen. Vielmehr muß vermutet werden, daß die Schweißbedingungen von Probe zu Probe auch innerhalb einer Werkstückserie nicht konstant sind. Diese Schwankungen sollten näher untersucht werden.

Hierzu wurde in Vorversuchen der zeitliche Verlauf des Schweißspannungssignals untersucht. Eine Analyse der Verhältnisse ergab einen unruhigen Prozeß, welcher mehr dem Obergangsbereich Kurz-/Langlichtbogen zuzuordnen ist als einem typischen Kurzlichtbogenarbeitspunkt. Mit Hilfe des Schweißspannungssignals wurde die Erzeugung der Belichtungsabläufe simuliert. Die Auszählung der Belichtungsimpulse ließ eine mittlere Belichtungsfrequenz von ca. 16 Hz erwarten, wobei ein Teil der Belichtungen wegen des verfrühten Abbruchs des Kurzschlusses gestört war.

In einer weiteren Versuchsserie wurde der in die Schweißanlage integrierte Fernsehsensor in der Fertigungsstätte erprobt. Der Schweißprozeß war auf dem Fernsehbildschirm gut zu verfolgen, da sich die Helligkeit der Einzelbelichtungen als annähernd konstant erwies und sich die Belichtungsfolge nicht allzu diskontinuierlich verhielt. Mit Hilfe der Fernbeobachtung des Schweißprozesses konnte folgende Diagnose für das Fehlverhalten der Schweißanlage erstellt werden:

a) Während der Schweißung konnte bei feststehendem Brenner und Beobachtungssensor eine pendelartige Bewegung des Schweißdrahtes relativ zur Nahtmitte beobachtet werden, die mit sehr langsamer Frequenz (typisch ca. 0.1 Hz) ablief. Entsprechend ergibt sich ein unregelmäßiger Verlauf der Raupe am Werkstückumfang. Dieser Effekt wird durch eine mangelhaft arbeitende Drahtrichtanlage verursacht.

b) Bei manchen Proben lag der Draht im Mittel neben der Nahtmitte im Gegensatz zu vorangehenden oder nachfolgenden Proben. In diesem Fall war die Probe insgesamt falsch justiert, wie die Beobachtung der Nahtmittenlage relativ zum Bildschirmrand (= Maschinenrahmenreferenz) ergab. Diese Abweichungen waren bisher nicht erfaßbar gewesen oder als Dejustierung des Brenners gedeutet worden. Eine falsche Werkstücknahtpositionierung kann zwei Ursachen haben: Entweder die achsialen Maßtoleranzen der Teile sind nicht eingehalten, oder das Werkstück wird falsch eingespannt (z.B. Verkanten).

Neben diesen beiden Maschinenfehlern, die einen Nahtversatz verursachen, konnten folgende Störungen des Schweißprozesses über das Fernsehbild identifiziert werden:

c) Bisweilen konnte während einer Schweißung für kurze Zeit ein völliger Bildausfall beobachtet werden. Da dieser Effekt periodisch auftrat, konnte ermittelt werden, daß durch einen unerwünscht periodisch auftretenden Kurzschluß über die Bremseinrichtung der Drahtvorratsrolle der Schweißprozeß gestört wurde. Ein ähnlicher Effekt konnte bei stockendem Drahtvorschub beobachtet werden (z.B. Schlingenbildung auf der Vorratsrolle): Hier brennt der Lichtbogen momentan den stillstehenden Draht ab; es kann daher kein Kurzschluß stattfinden, was wiederum einen Bildausfall bedeutet.

d) Im Monitorbild war deutlich zu erkennen, wie sich die Gasdüse des Brenners im Laufe der Schweißungen mit Metallspritzern zusetzte. Der Zeitpunkt, zu dem eine Reinigung der Gasdüse erforderlich war, konnte daher auch ohne die direkte Brenneruntersuchung festgelegt werden.

e) Während der Versuchszeit trat ein Leck in der Wasserkühlung des Brenners auf. Die sich bildenden Tropfen konnten im Monitorbild eindeutig identifiziert werden.

f) Eine genaue Untersuchung der Sensorbilder zeigte, daß im Verlauf der Schweißung die Menge des vor den Lichtbogenansatzpunkt vorlaufenden Metalls geringfügig schwankt. Dieser Effekt hat einen Einfluß auf die Durchschweißtiefe, weil das vorgelaufene Material in die Lichtbogenzone mit der Vorschubdrehung des Werkstückes zurückgelangt und dem Prozeß hierdurch Energie entzieht, welche für die Tiefschweißung benötigt wird. Kritische Änderungen des Vorlaufs konnten nicht beobachten werden; es zeichnete sich jedoch die Möglichkeit ab, durch Beobachtung der Menge des Vorflusses eine möglichst günstige Einstellung des Arbeitspunktes anhand des Monitorbildes vorzunehmen (vgl. Kap. 6.2.2).

Aufgrund dieser Ergebnisse ergaben sich folgende Verbesserungsmöglichkeiten der Schweißanlage, die durch die Fernsehbeobachtung des Schweißprozesses realisiert werden können:

Der Fernsehmonitor war für die Versuchszeit neben dem Bedienungspult der Schweißmaschine untergebracht. Der Bedienmann lernte innerhalb kürzester Zeit, das Fernsehbild zu interpretieren und zur Überwachung des Schweißprozesses zu verwenden. Seiner bisherigen Aufgabe, neben dem Beschicken der Maschine ab und zu die Brennerposition zu kontrollieren, konnte er auf diese Weise sehr bequem, sicher und erheblich genauer nachgehen. Im Gegensatz zur bisherigen Vorgehensweise konnte jetzt jede Schweißung überwacht werden. Sofern eine Fernsteuerung der Brennerposition vorgesehen ist, ließe sich daher die Brennerjustage vom Maschinenbedienplatz ausführen.

Die ständige Einrichtung einer bildlichen Prozeßüberwachung vom Bedienungspult aus bedeutet somit nicht nur eine wesentliche Entlastung des Bedienmannes, der sich nicht mehr während der Schweißung in der unmittelbaren Nähe der Schweißzone aufhalten muß, sondern zugleich eine Erhöhung der Anlagenproduktivität, weil durch die ständige und genauere Überwachung Fehleinstellungen während eines Schweißvorganges vermieden werden. Die Zahl der Fehlschweißungen dürfte daher mit Hilfe der bildlichen Prozeßbeobachtung zurückgehen. Ferner reduziert sich der bisherige Prüfungsaufwand bzgl. des Schweißergebnisses erheblich, da eine sorgfältigere Überwachung der Schweißung ein besseres Schweißergebnis garantiert.

Mit Hilfe des Überwachungssystems ergibt sich eine einfache Möglichkeit der Dokumentation, indem die Videosignale auf Band aufgezeichnet werden. Hierbei bieten sich insbesondere Videorecorder an, die eine sehr hohe Aufnahmekapazität pro Band ermöglichen. Bei einem Schadensfall an der Schweißung läßt sich dann eine Fehlerursachenanalyse auf Grund der Bilder des Schweißprozesses durchführen. Die Zuordnung von Aufzeichnung zu Werkstück läßt sich über eine Teilenummer realisieren, die in das aufzuzeichnende Bildsignal eingeblendet und dem Werkstück eingeprägt wird. Schweißparameter wie Strommittelwert, Schweißspannung etc. können ebenfalls als Zahleneinblendung mitdokumentiert werden.

Bei der Integration in die Schweißanlage und der Erprobung (eine Woche unter Produktionsbedingungen im Zweischichtbetrieb) des Laborsensoraufbaus ergaben sich folgende Erkenntnisse:

- Die Anbringung des Sensors (Kamera, Optik, mechanischer Verschluß) an die Schweißmaschine ist problemlos möglich. Justagevorrichtungen für die Lage des Blickfeldes und den Vergrößerungsmaßstab erweisen sich als vorteilhaft.
- Wegen des geringen Platzangebotes in der Schweißanlage ist eine Verringerung der Abmaße von Beobachtungseinrichtung und Justageelementen wünschenswert.
- Der elektronische Aufbau arbeitete störungssicher. Auch die starken Störfelder in der Umgebung der Schweißmaschine beeinträchtigen die Funktionsweise der elektronischen Schaltungen nicht. Voraussetzung ist die saubere Trennung des Schweißstromkreises von der Sensorelektronik.

- Der Sensor hält den rauhen Betriebsbedingungen (Hitze, Spritzer, Erschütterungen) stand. Als laufende Instandsetzung ist lediglich das Auswechseln eines Schutzglases ca. einmal/Tag erforderlich. Für einen Dauerbetrieb müssen Kamera und Optik sicher geschützt sein, um zu verhindern, daß Staub oder Spritzer in die empfindlichen Sensorteile eindringen.

9. Versuche zur Merkmalsextraktion und -vermessung

Für die Größen x_D (x-Position des Schweißdrahtes), y_D (y-Position der Drahtspitze), x_S (Nahtmittenlage in x-Richtung) und x_{Bd} (Schmelzbadbreite) wurde das Bildverarbeitungssystem erprobt, um reale Arbeitsbedingungen bei Schweißanwendungen zu simulieren. Für die einzelnen Größen wurde jeweils die erforderliche Systemprogrammierung aufgestellt und das Bildverarbeitungssystem anhand von Schweißversuchen getestet. Die gewonnenen Ausgangssignale des Sensorsystems wurden über der Zeit aufgezeichnet; die Kurven lassen eine Diskussion der praktischen Verwendbarkeit der extrahierten Merkmale für Regelzwecke zu (Kap. 9.1).

Zur Demonstration einer Regelaufgabe wurden die Schweißanlage und das Sensorsystem zu einem geschlossenen Regelkreis vervollständigt und erprobt. Die Ergebnisse werden in Kap. 9.2 diskutiert.

9.1 Versuche bei offenem Regelkreis

9.1.1 Vermessung der x-Koordinate des Schweißdrahtes (x_D)

Die Versuche wurden bei Auftragsschweißungen sowie V- und I-Nahtschweißungen durchgeführt. Bei einer Kameraanordnung gemäß Bild 17 (vgl. Kap. 4) liegt die Mittellinie des Drahtes in der y-Richtung des Sensorbildes. Die im Bildfeld dunkel wiedergegebene Drahtzone besteht aus zwei Abschnitten (vgl. Bild 19, Seite 64): Die ungestörte Drahtzone mit parallelen Begrenzungslinien endet unmittelbar vor dem Abschmelzpunkt in der unsymmetrischen, in der Form stark schwankenden Abbrandzone des Drahtes. Die gesuchte Position x_D, die die Lage der Wärmequelle im Bildfeld beschreibt, läßt sich in irgendeiner der Zeilen erfassen, die die Drahtzone unterhalb des Abbrands schneiden. Das Bedingungsmodul des Bildverarbeitungssystems muß diese Zeilenabschnitte erkennen. Für die Programmierung ergeben sich folgende Bedingungen, die in Bild 50a schematisch dargestellt sind (vgl. Kap. 7.3.2):

- Suchbereich: x1 und x2 werden so gewählt, daß die Drahtzone sicher eingeschlossen wird. y1 und y2 sind entsprechend den obigen Überlegungen unkritisch, da die Meßzeile innerhalb eines breiten Bereichs gewählt werden kann. Der Suchbereich wird jedoch nach Möglichkeit so eng tole-

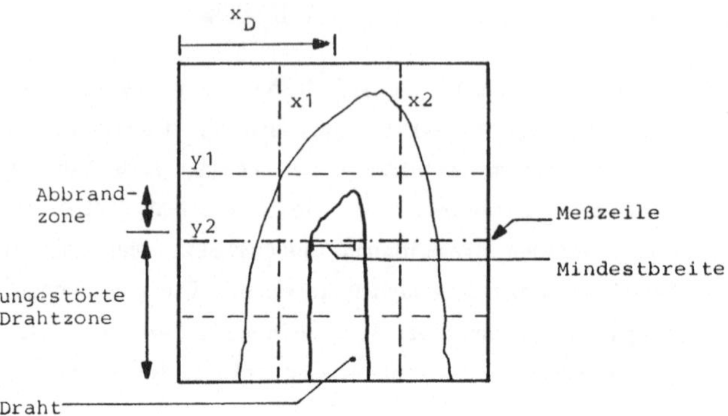

Bild 50a: Messung der x-Position der Drahtelektrode (x_D) (schematisch)

riert, daß die Schmelzbadlinie, deren Verlauf gestört sein kann, außerhalb des Suchbereichs liegt. Hierdurch wird die Merkmalsextraktion eindeutig.

- Mindestbreite: Über diesen Wert kann die asymmetrische Abbrandzone innerhalb des Suchbereichs eliminiert werden. Die maximale Breite der Drahtzone wird erst unterhalb der Abbrandzone erreicht und liegt über den Abbildungsmaßstab des Sensors durch die Schweißdrahtstärke fest. Als Mindestbreite wird ein um wenige Zeilenauflösungspunkte geringerer Wert einprogrammiert. Zeilenabschnitte innerhalb der Abbrandzone sind schmaler und werden somit nicht berücksichtigt.
- Bedingungsmajorität: Zur Erhöhung der Merkmalsextraktionssicherheit wird eine Bedingungsmajorität einprogrammiert.
- Polarität des Binärsignals: Da ein "schwarzes" Objekt (Drahtzone) gegen den "weißen" Hintergrund des Schmelzbades vermessen wird, muß das verarbeitete Binärsignal invertiert werden.

Für die gewünschte Vermessung muß das Rechenmodul auf folgende Funktion programmiert werden (vgl. Kap. 7.3.3):

- Messung in x-Richtung
- Streckendefinition mit Mittenmessung: Vermessung der Lage des Zeilenabschnittmittelpunktes innerhalb der Drahtzone relativ zum linken Bildfeldrand.
- Mittelung: Nicht erforderlich, da die Form der Drahtzone unterhalb des Abbrands eindeutig ist.

- Signalauswahl: Zuordnung der Ausgangssignale des Bedingungsmoduls zu den Rechenmoduleingängen. Die beiden Bedingungseingänge übernehmen das gleiche Bedingungssignal.

Bei der Abwicklung eines Meßzyklusses werden folgende Routinen benötigt:

- Interrupt A: Rahmenroutine zur Ergebnisübernahme in den Doppelspeicher, ruft ein Unterprogramm zur Einblendung des Meßwertes in das Sensorbild auf.
- Interrupt B: Rahmenroutine zur analogen Ergebnisausgabe, ruft ein Unterprogramm zur Bereichskorrektur auf (s.u.).

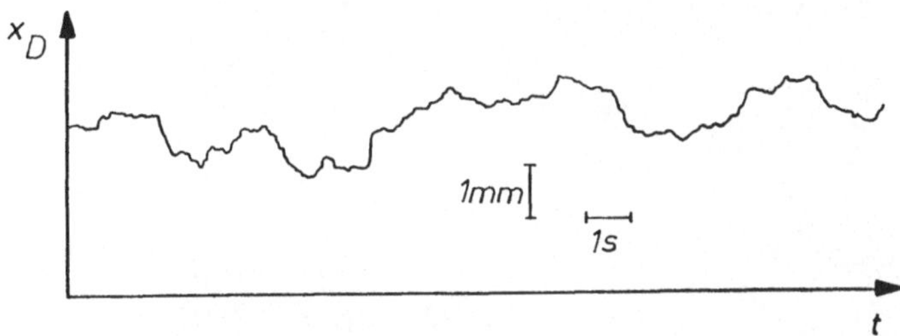

Bild 50b: Gemessener Verlauf $x_D(t)$

Einen typischen Verlauf von x_D (t) zeigt Bild 50b. Selbst bei festem Brenner kann sich während des Schweißablaufs der Drahtabschmelzpunkt um bis zu ca. ± 1 Drahtstärke seitlich zur Vorschubrichtung bewegen. Diese Bewegung wird durch die Biegung des Drahtes verursacht, welcher von einer Rolle abgespult und durch einen gewundenen Führungsschlauch geschoben wird. Die Bewegungsamplitude ist abhängig von der freien Drahtlänge zwischen Stromdüse und Schmelzbad und von der Drahtstärke. Der oben aufgeführte Richtwert wurde bei einem 1.2 mm starken Draht und einem Abstand Stromdüse/Werkstück von ca. 12 mm beobachtet. Wegen der langsamen Positionsänderung des Drahtendes bewegt sich das Schmelzbad mit der Drahtspitze, da die Wärmeausbreitung schnell genug folgen kann. Eine Auftragsraupe hat daher bei festem Brenner und geradliniger Werkstückbewegung keinen geraden Verlauf.

Bei einer Seitenpositionsregelung des Brenners relativ zur Nahtmitte muß dieser Einfluß berücksichtigt werden. Die Drahtbewegung bereitet aber auch

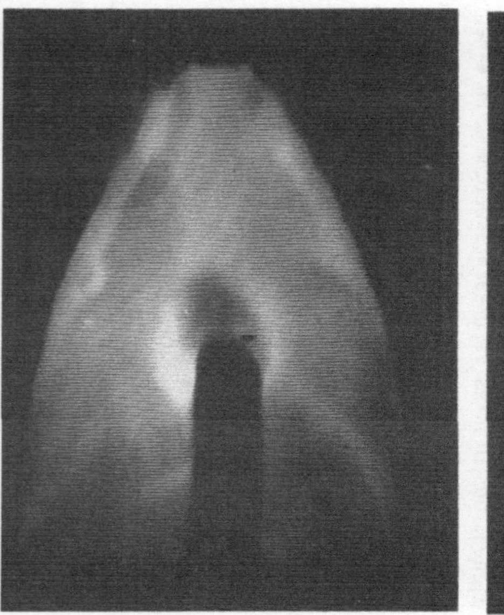

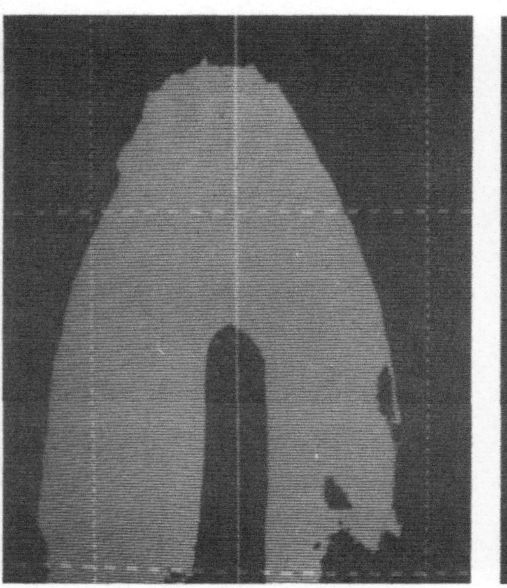

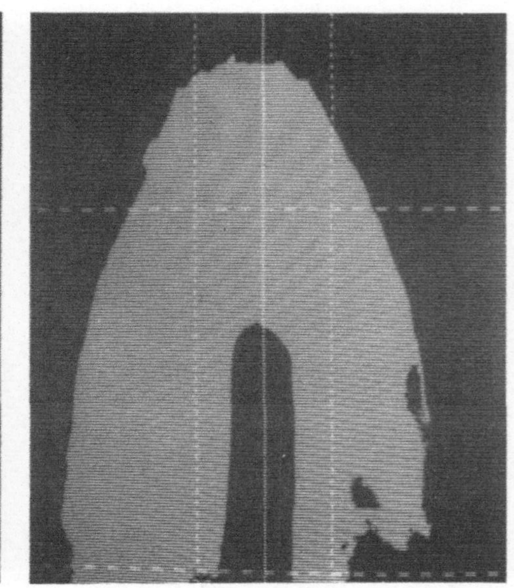

Bild 51: Suchbereichsnachführung bei der Vermessung der x-Position der Drahtelektrode

links: analoges Sensorbild
Mitte: binäres Sensorbild mit ursprünglichem Suchbereich
rechts: binäres Sensorbild mit nachgeführtem Suchbereich

Schwierigkeiten bei der Merkmalsextraktion, weil der Draht aus dem programmierten Suchbereich laufen kann. Aus diesem Grund empfiehlt sich eine Suchbereichsnachführung, deren Prinzip und Softwareimplementierung in Kap. 7.3.7 beschrieben wurde. Im vorliegenden Fall können y1 und y2 konstant gehalten werden. Laufend korrigiert werden müssen dagegen die Werte x1 und x2, wobei sich eine Bereichstoleranz von ± 1 Drahtstärke um den aktuellen Meßwert als geeignet erwies. Die Änderung von x_D ist zwischen zwei Belichtungen stets so gering, daß der Draht den nachgeführten Suchbereich nicht verläßt und daher für die Extraktion nicht "verloren" geht. Die relativ enge Toleranz des korrigierten Bereichs bringt außerdem den Vorteil, daß Szenenstörungen den Meßvorgang weniger beeinträchtigen. Bild 51 zeigt für eine V-Nahtschmelzbadansicht die Wirkung der Bereichskorrektur: Während der ursprüngliche Suchbereich (51b) noch die Störungen am rechten Schmelzbadrand erfaßt, werden diese aus dem korrigierten Bereich (51c) ausgeschlossen. Schwerwiegende Szenenstörungen, wie sie beim Wiederzünden des Lichtbogens während einer Belichtung des Sensors auftreten können, verletzen die einprogrammierten Bedingungen soweit, daß kein Merkmal extrahiert werden kann. Der vorangegangene Meßwert wird daher beibehalten und bis zur nächsten störungsfreien Belichtung "eingefroren". Ein Regelkreis, welcher x_D (t) verwendet, wird deshalb durch die Fehlbelichtungen nicht beeinflußt.

Die Versuche zur Vermessung von $x_D(t)$ ergaben, daß das Sensorausgangssignal unmittelbar als Regelgröße eingesetzt werden kann, da die Messung der Drahtposition sicher und störungsfrei abgewickelt wird.

9.1.2 Vermessung der y-Koordinate des Drahtabschmelzpunktes y_D

Eine prinzipielle Schwierigkeit bei der Vermessung von y_D ist durch die Abbrandzone des Drahtes gegeben, deren Form und y-Position im Sensorbild während des Schweißablaufs starken Schwankungen unterworfen ist. Im Binärbild ergeben sich keine eindeutigen Strukturen, wodurch die Merkmalsextraktion erschwert wird. Anders als bei der Messung von x_D, wo durch die Elimination der Störzone in einem Bildabschnitt mit definierten Strukturen gemessen werden konnte, geht die Unsicherheit der Abbrandzone voll in den zu messenden Wert y_D ein. Wegen der Merkmalsunsicherheit ist ein unruhiger Verlauf für $y_D(t)$ zu erwarten.

Für die Schweißversuche wurde das Bedingungsmodul in gleicher Weise programmiert wie für die x_D-Messungen (vgl. Kap. 9.1.1). Die Meßergebnisse von y_D werden hierdurch systematisch verfälscht, da nicht der Drahtabschmelzpunkt selbst, sondern der Bereich unterhalb der Abbrandzone zur Messung herangezogen wird. In erster Näherung wird angesetzt, daß die Meßwertverfälschung konstant ist und daher bei einer Verwendung von y_D als Regelgröße nicht stört. Das Rechenmodul wird bei y_D-Messungen wie folgt programmiert:

- Messung in y-Richtung
- Streckendefinition: Messung vom oberen Bildrand bis zur 1. Zeile, welche den extrahierten Drahtabschnitt enthält, keine Mittenmessung.
- Signalauswahl: Zuordnung der Ausgangssignale des Bedingungsmoduls zu den Rechenmoduleingängen. Die beiden Bedingungseingänge übernehmen das gleiche Signal. Soll mit dem Sensorsystem x_D und y_D gemessen werden, so genügt ein gemeinsames Bedingungsmodul, welches beide Rechenmodule versorgt.

Zur Abarbeitung eines Meßzykluses werden die gleichen Programmteile verwendet wie bei der Messung von x_D (vgl. Kap. 9.1.1).

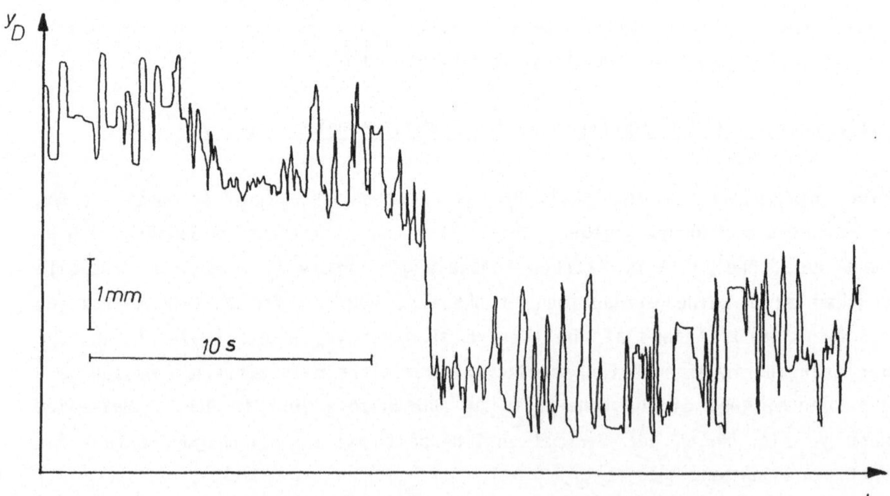

Bild 52: Messung von $y_p(t)$ (y-Position des Drahtelektrodenendes)

Einen typischen Verlauf von $y_D(t)$ zeigt das Bild 52. Die Unsicherheitszone des Meßsignals um seinen mittleren Verlauf entspricht einer Höhenvariation von 1 - 1.5 mm. Eine genauere Bestimmung der Lage des Drahtabschmelzpunktes und damit der Brennerhöhe über dem Werkstück ist bei einer Betrachtung der einzelnen Meßwerte nicht möglich. Sofern nur langsame Abstandsänderungen auftreten können, läßt sich jedoch das Signal $y_D(t)$ mit geringem Aufwand mitteln. Bei der Verwendung des Meßsignals zur Brennerhöhenregelung ist diese Mittelung unerläßlich, da das unbehandelte Signal die Funktionsweise des Regelkreises durch seine Störwelligkeit stark beeinträchtigen würde. Eine Mittelung des Signals kann entweder durch eine Filterung des analogen Meßsignals erfolgen oder bereits im Rechnerteil des Bildverarbeitungssystems durch Abarbeitung entsprechender Filterprogramme vorgenommen werden.

Der Kurvenverlauf von Bild 52 zeigt einen Sprung, der den Oberflächenverlauf des verwendeten Werkstücks wiederspiegelt: Während der Schweißung wurde eine in das Werkstück eingearbeitete Stufe von ca. 2.5 mm Höhe überschweißt.

Bei der Vermessung von y_D wurde von der Möglichkeit der Suchbereichskorrektur Gebrauch gemacht. Wegen des unruhigen Verlaufs der Meßwertfolge muß jedoch die Korrekturtoleranz, die in y-Richtung wirksam wird, relativ groß gewählt werden.

9.1.3 Vermessung der x-Koordinate der Badspitze x_S (Nahtmittenvermessung)

Zur Bestimmung der Nahtmittenlage wird die Schmelzbadspitzenposition x_S vermessen (vgl. Kap. 6). Die Schmelzbadzone hat wegen des flüssigen Zustands des Metalls nur näherungsweise eine definierte Form, was die Merkmalsextraktion erschwert. Die Spitze ist wegen des besonders unsicheren Verlaufs der Schmelzbadkonturlinie an dieser Stelle stark gestört. Zur Vermessung der Nahtmitte wird daher eine Meßzeile ausgewählt, welche etwas unter der Schmelzbadspitze liegt (Bild 53a). Sofern keine allzu großen Symmetrieabweichungen des Schmelzbades bzgl. der y-Richtung vorliegen, kann ersatzweise der so definierte Abschnittsmittelpunkt an Stelle von x_S an der Badspitze vermessen werden.

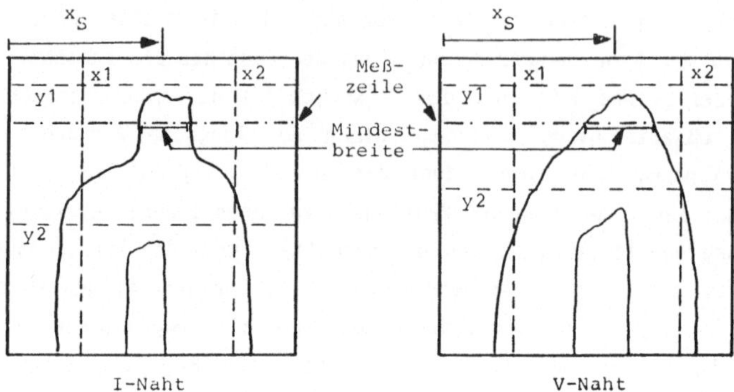

Bild 53a: Messung der x-Position der Badspitze (x_S) (schematisch)

Die Auswahl der Meßzeile wird durch die Bedingungsprogrammierung des entsprechenden Moduls festgelegt:

- Suchbereich: Die Grenzen werden so gewählt, daß die obere Badzone erfaßt wird. y2 wird zweckmäßigerweise oberhalb der Drahtspitze angesiedelt, um Störungen durch die Drahtzone zu unterbinden.
- Mindestbreite: Über den vorgegebenen Wert wird die Meßzeile ausgewählt: Die Mindestbreite legt die Schmelzbadbreite in der Meßzeile fest und wird so gewählt, daß die unsichere Badspitze bei der Merkmalsextraktion eliminiert wird.
- Zur Erhöhung der Extraktionssicherheit wird eine Bedingungsmajorität vorgesehen.
- Signalpolarität: Das Binärsignal wird nicht invertiert ("weiße" Badzone gegenüber "schwarzer" Umgebung).

Für die Messung von x_S wird die gleiche Rechenmodulfunktion benötigt wie für die Drahtvermessung x_D (vgl. Kap. 9.1.1). Die verwendeten Verarbeitungsprogramme sind ebenfalls identisch.

Bild 53b zeigt einen typischen Verlauf von $x_S(t)$ für den Fall einer V-Nahtschweißung. Der gerade Nahtverlauf bildete einen Winkel von ca. 5,5° gegenüber der Werkstückvorschubrichtung. Der schräge Verlauf der gemessenen Folge gibt diese Versuchsbedingung wieder.

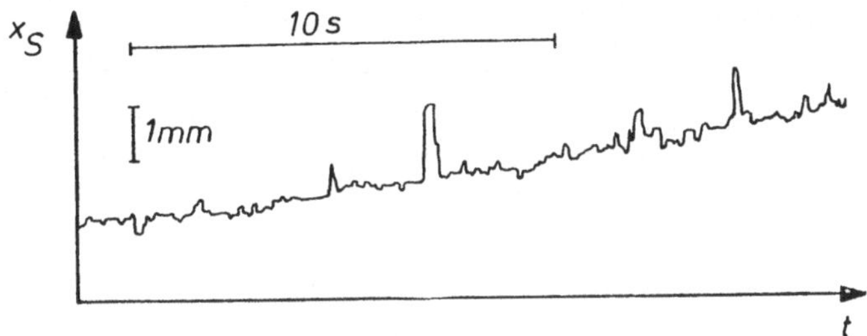

Bild 53b: Gemessener Verlauf $x_S(t)$

Wegen der schweißprozeßbedingten Badkonturschwankungen ist $x_S(t)$ gestört. Die Versuche ergaben, daß die Güte der Meßwerterfassung in Abhängigkeit von der Stabilität des Prozesses stark variieren kann. Im I-Nahtfall schlugen Instabilitäten weniger durch als bei V-Nähten, weil die sich ausbildende Schmelzbadform durch die Nahtkonfiguration bedingt definiertere Konturen besitzt. Da die Begrenzungslinien des Schmelzbadfortsatzes beim I-Nahtschmelzbad annähernd parallel zur y-Richtung verlaufen, ist zudem die Auswahl der Meßzeile über einen relativ breiten y-Bereich im Bildfeld unkritisch. Bei V-Nähten dagegen führt eine Schweißprozeßunruhe zu einem schwankenden "Vorfließen" der Schmelze, die weniger fest von der Nahtkonfiguration eingefaßt wird. Die Mindestbreite des Bedingungsmoduls muß daher bei V-Nähten sorgfältig ausgewählt werden. Ein zu großer Wert ergibt einen zu großen Abstand der Meßzeile von der Badspitze, so daß die Schmelzbadasymmetrie die Messung nichtlinear verzerrt. Eine zu klein gewählte Mindestbreite legt dagegen die Meßzeile in die gestörte Schmelzbadspitzenzone, so daß der Verlauf $x_S(t)$ unruhig wird. Der optimale Wert für die Mindestbreite hängt ebenfalls vom Nahtöffnungswinkel ab, der die Winkelform der Badspitze beeinflußt.

Eine Suchbereichsnachführung (vgl. Kap. 7.3.7) erweist sich als nützlich, um Bildstörungen außerhalb der Badzone (Spritzer, Reflexe an den Nahtflanken) zu eliminieren. Korrigiert wird das Wertepaar x1,x2, wobei eine Suchbereichstoleranz von ca. 1.5 Mindestbreiten zu günstigen Ergebnissen führte. Eine besondere Schwierigkeit tritt bei Nahtversätzen auf, weil sich im Falle einer V-Naht die Schmelzbadzone insgesamt (vgl. Gl. 6.5), im Fall einer I-Naht der Schmelzbadfortsatz in y-Richtung verschiebt. Um diesem Effekt

Rechnung zu tragen, wäre eine Suchbereichskorrektur auch in y-Richtung erforderlich, wozu allerdings die Lage der Meßzeile bekannt sein müßte. Hierzu würde ein eigenes Rechenmodul benötigt. Aus Aufwandsgründen wurde diese Möglichkeit nicht erprobt. Stattdessen wurden die Grenzen y1,y2 so weit gewählt, daß bei kleinen Nahtversätzen das Merkmal sicher erfaßt werden konnte.

Das Signal $x_S(t)$ erweist sich bei ruhigen Schweißprozessen als direkt für Regelungen verwendbar. Bei allzu großer Störwelligkeit, wie sie im Falle stark gestörter Schweißprozesse auftritt, muß eine Mittelung des Signals vorgenommen werden.

9.1.4 Vermessung der Schmelzbadbreite x_{Bd}

In Kap. 6 wurde der Einfluß des Schweißstromes und der Schweißgeschwindigkeit auf die Schmelzbadbreite diskutiert. Bei der Implementierung eines korrespondierenden Meßverfahrens auf dem Bildverarbeitungssystem muß die Meßzeile so gewählt werden, daß das Schmelzbad auf der Höhe des Lichtbogenansatzpunktes geschnitten wird. Sofern der Konturverlauf bezüglich der y-Richtung flach ist, kann die Meßzeile über einen breiten y-Bereich gewählt werden. Aus Schweißversuchen ergab sich, daß näherungsweise diejenige Bildzeile verwendet werden kann, die das Schmelzbad auf der Höhe des Drahtendes schneidet (vgl. Bild 54a). Das Bedingungsmodul wird demnach wie in Kap.

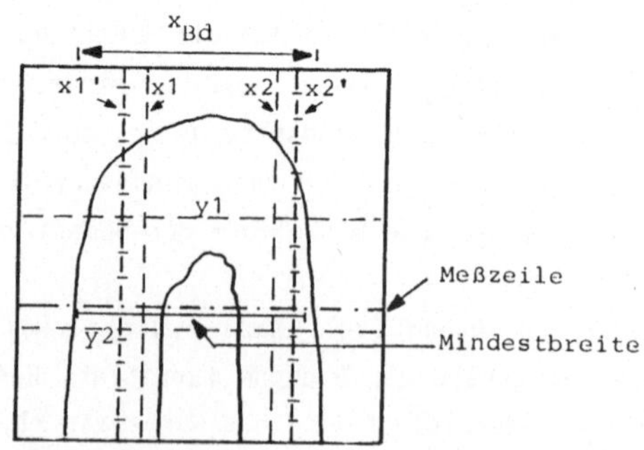

Bild 54a: Messung der Schmelzbadbreite (schematisch)
x1,x2,y1,y2: Suchbereich zur Auswahl der Meßzeile (vgl. Bild 50a)
x1',x2': Suchbereich für Meßzeilenabschnitt (y1',y2' nicht gezeigt)

9.1.1 für die x_D-Messung vorgesehen programmiert. Die Tatsache, daß etwas unterhalb des Drahtendes gemessen wird, verfälscht den gesuchten Meßwert systematisch. Die Abweichung wird im folgenden als konstant angesehen und vernachlässigt.

Zur Extraktion des in der so definierten Meßzeile liegenden Schmelzbadabschnitts wird ein zweites Bedingungsmodul benötigt, welches wie folgt programmiert wird:

- Suchbereich: Durch xl', x2' wird das Schmelzbad eingerahmt. Die x-Fensterpolarität wird so gewählt, daß der die Grenzen xl', x2' umgebende Bildfeldausschnitt berücksichtigt wird. Dadurch wird die Drahtzone innerhalb der Badzone bei der Bildverarbeitung ausgeklammert (Bild 54a). yl',y2' sind unkritisch, da die Meßzeile durch das andere Bedingungsmodul bestimmt wird; yl',y2' müssen lediglich die Meßzeile umschließen.

- Mindestbreite: Gewählt wird eine Breite, die etwas unter dem erwarteten Wert x_{Bd} liegt.

- Bedingungsmajorität: Nicht erforderlich wegen der ergänzenden Bedingung zur Meßzeilenauswahl.
- Signalpolarität: Das Bedingungssignal wird nicht invertiert ("weißes" Schmelzbad gegen "schwarze" Umgebung).

Für die Vermessung von x_{Bd} wird ein Rechenmodul in folgender Funktion verwendet:

- Messung in x-Richtung
- Streckendefinition: Messung des Abstandes der detektierten Abschnittsgrenzen, keine Mittenmessung
- Mittelung: Bei Bedarf (Unsicherheit des Badkonturverlaufs) programmierbar.
- Signalauswahl: Das Rechenmodul verarbeitet das bedingte Binärsignal des Bedingungsmoduls, welches den Abschnitt in der Meßzeile extrahiert. Es wird freigegeben durch die beiden Bedingungssignale der Bedingungsmodule.

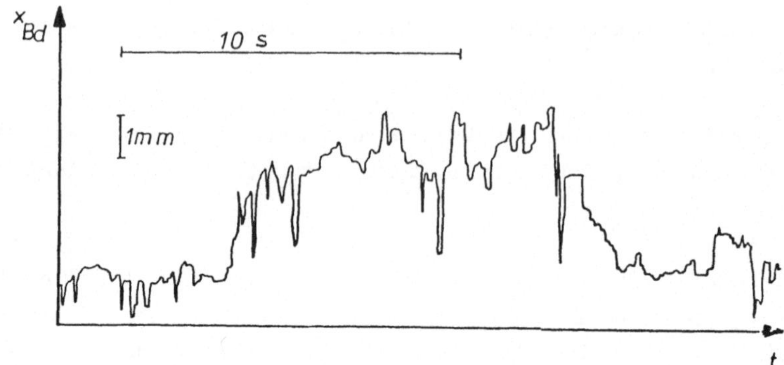

Bild 54b: Gemessener Verlauf von $x_{Bd}(t)$

Bild 54b zeigt einen typischen Signalverlauf für $x_{Bd}(t)$. Während des Schweißablaufs wurde die Schweißgeschwindigkeit vorübergehend halbiert. Sprungförmige Geschwindigkeitsänderungen konnten aus versuchstechnischen Gründen nur angenähert werden. Eine Geschwindigkeitserhöhung bewirkt eine Verengung des Schmelzbades, die im gemessenen Verlauf $x_{Bd}(t)$ deutlich zu erkennen ist, obwohl die Meßwertfolge mit einer erheblichen Störung behaftet ist, die neben der Unsicherheit des Badkonturverlaufs auch aus der Schwankung der Meßzeilenlage innerhalb der Badzone resultiert. Letzter Einfluß läßt sich reduzieren, wenn zur Auswahl der Meßzeile nicht die aktuelle Position des Drahtendes, sondern die durch ein tiefpaßgefiltertes y_D-Signal vorgegebenen Meßwerte verwendet werden.

Eine Suchbereichskorrektur läßt sich für die x_{Bd}-Messung nicht über den Meßwert durchführen, da dieser keine Position im Bildfeld wiedergibt. Eine Bereichsnachführung ist daher nur über eine fremde Meßgröße, z.B. x_S, möglich.

Der Verlauf von $x_{Bd}(t)$ ist zu unruhig, um die Meßwertfolge unmittelbar als Regelgröße verwerten zu können. Eine Mittelwertbildung erscheint erforderlich, weshalb sich im allgemeinen nur langsame Regelungen durchführen lassen.

9.2 Versuche bei geschlossenem Regelkreis: Nahtverfolgung in der Ebene

9.2.1 Aufgabenstellung

Das Sensorsystem kann zu verschiedenen Regelaufgaben eingesetzt werden. Gemäß den Überlegungen von Kap. 2 ergeben sich im allgemeinen Fall Mehrfachregelkreise. Eine mögliche Konfiguration zeigt Bild 55. Die einzelnen Regelkreise sind normalerweise nicht entkoppelt.

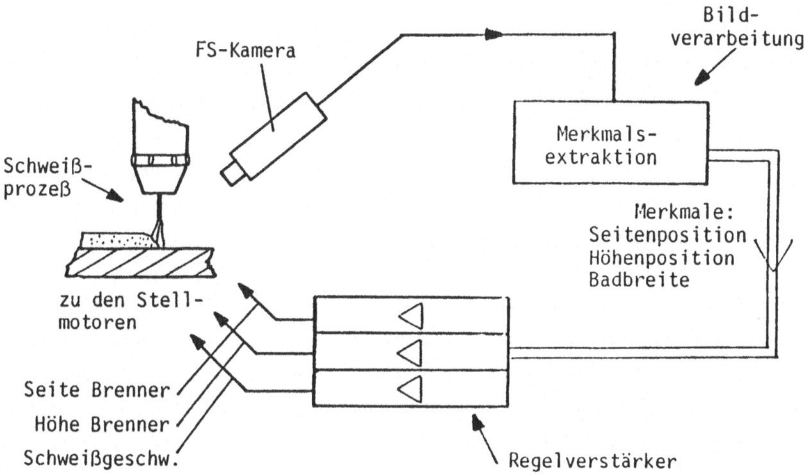

Bild 55: Integration des Sensorsystems in eine Schweißanlage (Mehrfachregelung)

Zur Erprobung des Sensorsystems wurde ein einzelner Regelkreis implementiert und untersucht. Die ausgewählte Regelaufgabe besteht in einer Nahtverfolgung in der Ebene: Ausgehend von einem im Idealfall geraden Nahtverlauf in der Schweißrichtung soll durch die Regelung der Einfluß eventueller Verlaufsunregelmäßigkeiten kompensiert werden. Die in der Schweißpraxis auftretende Bewegung der Wärmequelle, die durch unkontrolliertes Pendeln des Drahtes verursacht wird, soll ebenfalls ausgeregelt werden.

Für diese Aufgabe mißt der Sensor die Drahtposition x_D und die Badspitze x_S. Beide Größen werden gemäß Gleichung 6.6 verrechnet. Das Ergebnis wird zur Korrektur der Relativposition Brenner/Werkstück in der Richtung senkrecht zum Werkstückvorschub verwendet.

Der Regelkreis wurde so einfach wie möglich aufgebaut. Es wurde auf eine Meßsignalaufbereitung verzichtet und keine optimale Auslegung des Regelkreises angestrebt. Ziel der Untersuchung war die Abschätzung der Verwendbarkeit des Regelkreises in seiner einfachsten Ausbaustufe.

9.2.2 Regelungsmodell

Für die gewählte Regelaufgabe zeigt Bild 56 schematisch die Komponenten und Signale des Regelkreises. Die Strecke wird in zwei näherungsweise unabhängig angesetzte Teilstrecken aufgespalten. Die Streckenausgangssignale, $x_S(t)$ und $x_D(t)$, werden beeinflußt durch die Bewegung $x_T(t)$ des Probentisches, den Nahtverlauf $x_N(t)$ (=Verlauf der Koordinate x der Nahtmitte bei konstantem x_T) und die Bewegung $x_W(t)$ des Lichtbogens als Wärmequelle. Alle drei Streckeneingangsgrößen beziehen sich auf die x-Koordinate im Raum, die parallel zu der x-Koordinate des Bildfeldes verläuft (vgl. Bild 17). Die Verknüpfung der Streckensignale ist über den mechanischen Aufbau der Schweißanlage und den Schweißprozeß vorgegeben. Die Badspitzenposition $x_S(t)$ ist abhängig von Prozeßstörungen, die über die Größe $s_P(t)$ berücksichtigt werden. Die Meßeinrichtung, welche durch die beobachtende Fernsehkamera und das Bildverarbeitungssystem gebildet wird, verfolgt $x_S(t)$ und $x_D(t)$ und bildet die Differenz der jeweils gemessenen Größen. Am Ausgang der Meßeinrichtung steht eine Größe $x_R(t)$ zur Verfügung. Bedingt durch das Meßverfahren ist $x_R(t)$ gestört. Dieser Tatsache wird durch die Einführung einer angesetzten Meßstörgröße $s_M(t)$ Rechnung getragen. Die Regelgröße $x_R(t)$ wird mit einer Führungsgröße w(t) verglichen, deren Verwendung in Kap. 9.2.3 erläutert wird. Die Regeldifferenz steuert ein Stellglied an. Da als Stellgröße die Position des Probentisches gewählt wurde - der Brenner und der Sensor sind während des Schweißablaufs raumfest - bildet der Probentischantriebsmotor mit seiner Ansteuerungselektronik das Stellglied.

Zur Aufstellung eines mathematischen Modells (vgl. FÖLLINGER / 2/) des Regelkreises (Bild 59) werden die Übertragungsfunktionen der einzelnen Funktionsblöcke von Bild 56 untersucht.

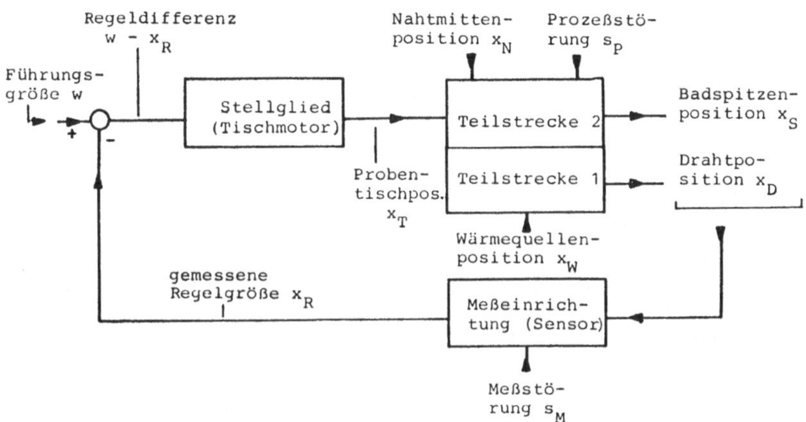

Bild 56: Schematisches Modell des Regelkreises zur geregelten Seitenpositionierung des Brenners

Anschaulicherweise ist die Position $x_W(t)$ der Wärmequelle an die x-Position des Drahtendes gekoppelt, da an dieser Stelle der Lichtbogen ansetzt:

$$(9.1) \qquad x_D(t) = K1 \cdot x_W(t) \qquad \text{mit } K1 = 1$$

Für die andere Teilstrecke wird angesetzt:

$$(9.2) \qquad x_S(t) = K1 \cdot (x_T(t) + x_N(t) + s_P(t)) \quad \text{mit } K1 = 1$$

Da das Werkstück auf dem Probentisch befestigt ist, stellt $x_N + x_T$ die absolute Koordinate der Nahtmitte im Raum dar. Sieht man zunächst von $s_P(t)$ ab, so ergeben die Überlegungen von Kap. 6, daß im stationären Fall die Badspitzenposition näherungsweise linear die Lage der Nahtmitte wiedergibt, wobei der Faktor K1=1 gesetzt werden kann. Zur Abschätzung des dynamischen Verhaltens muß jedoch die Sprungantwort der Teilstrecke überprüft werden. Bild 57 zeigt den Verlauf von $x_S(t)$ bei einer sprungartigen Änderung von $x_T(t)$, wobei $x_N(t) = x_W(t) = \text{const.}|_t$ gilt. Da durch die plötzliche Verstellung der Werkstückposition unter dem Brenner der Schweißprozeß in nicht realistischer Weise gestört wird, können nur kleine Amplituden untersucht werden.

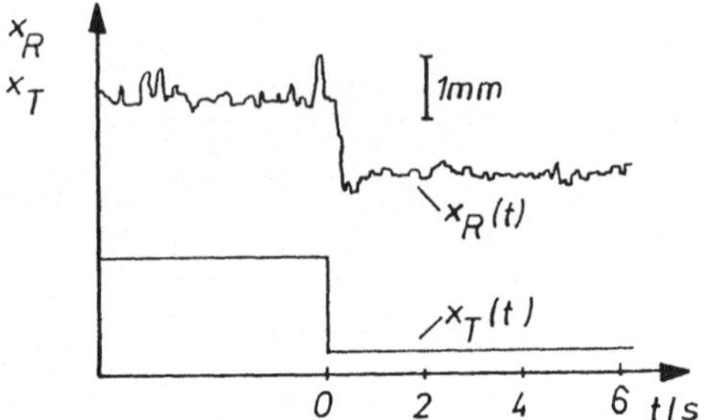

Bild 57: Sprungantwort der Teilstrecke 2 (x_N=const.$|_t$)

Der gemessene Verlauf zeigt jedoch, daß Gl. 9.2 auch im nicht-stationären Fall in guter Näherung gültig ist und kein Einschwingverhalten aufweist. Der Einfluß der Prozeßstörgröße $s_P(t)$ kann in Ermangelung einer genauen Schweißprozeßbeschreibung nur qualitativ abgeschätzt werden, indem $x_S(t)$ als durch einen additiven Rauschterm $s_P(t)$ gestört angesetzt wird, der sich aus der Unsicherheit der Badkonturlinie ergibt.

Das Meßsystem wandelt die Größe $x_S(t)$ und $x_D(t)$ in eine elektrische Größe $x_R(t)$ um, wobei folgende lineare Operation ausgeführt wird:

$$x_R(t) = (x_S(t) - x_D(t)) \cdot K2 + s_M(t) \cdot K2 \tag{9.3}$$

Die Konstante K2 beschreibt den Einfluß des Kameraabbildungsmaßstabes, der Bildfeldauflösung und der Proportionalitätskonstante des D/A-Wandlers. Sie hat demnach die Dimension [V/mm]. Das Störsignal $s_M(t)$ beschreibt die Störeinflüsse, die im Meßsystem verursacht werden (Fernsehbildsignalrauschen, Auflösungsunsicherheit etc.). Gleichung 9.3 vernachlässigt die Nichtlinearitäten, die durch das Meßverfahren verursacht werden (vgl. Kap. 9.1.3). Außerdem wird die abtastende Funktionsweise des Meßsystems, welche auf die Belichtungstechnik zurückzuführen ist, nicht berücksichtigt und $x_R(t)$ als kontinuierliches Signal betrachtet. Schließlich wird die Verzögerung zwischen Meßzeitpunkt (Belichtung) und Meßwertausgabe (Ende der Interruptphase B), die sich im Regelkreis als Totzeit auswirkt, vernachlässigt.

Wegen der postulierten Linearität des Meßsystems kann die Differenzbildung von Gleichung 9.3 vor das Meßsystem gelegt werden. Die Vorstellung dabei ist, daß die Strecke eine Regelgröße x(t) zur Verfügung stellt gemäß

(9.4) $x(t) = x_N(t) + x_T(t) - x_W(t)$

Diese Regelgröße beschreibt die Position x_W der Wärmequelle relativ zur absoluten Raumposition $x_N + x_T$ der Nahtmitte. Die Störgröße $s_P(t)$ kann wegen Gl. 9.2 als auf diese Regelgröße x(t) einwirkend betrachtet werden. Die

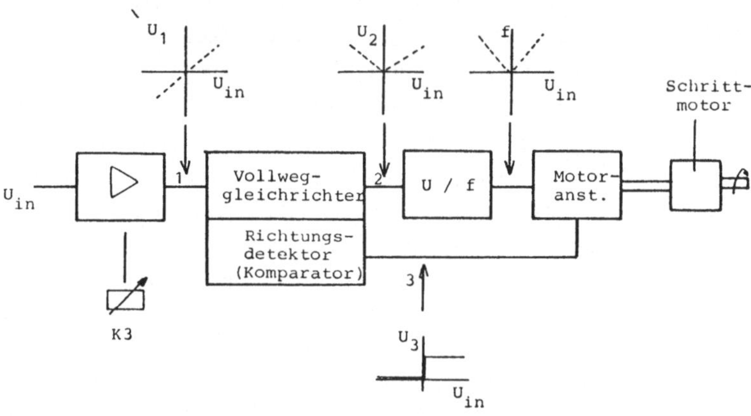

Bild 58a: Schrittmotoransteuerung (Stellglied)

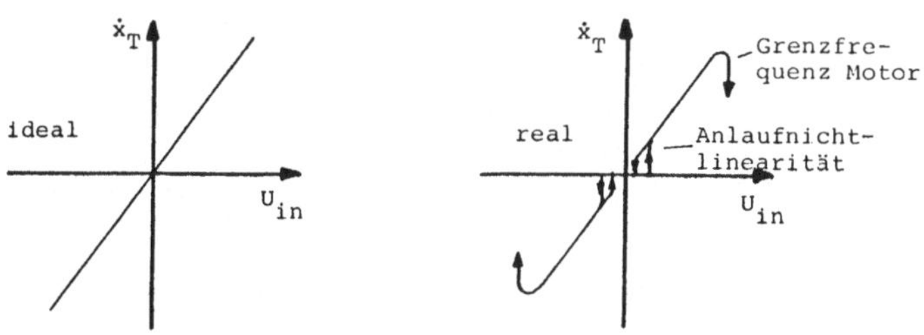

Bild 58b: Ideales und reales Verhalten des Stellgliedes

Strecke verhält sich dann wie ein P-Glied bezüglich der nicht direkt meßbaren Regelgröße x(t), wobei nur die entsprechende Größe $x_R(t)$ real zugänglich ist.

Das Stellglied, ein geschwindigkeitsproportional angesteuerter Schrittmotor, kann bezüglich der Position des Probentisches näherungsweise als I-Glied angesetzt werden:

$$\dot{x}_T(t) = K3 \cdot (x_W(t) - x_R(t)) \tag{9.5}$$

Die Ansteuerungselektronik des Motors besteht aus einem Vollweggleichrichter, welcher zusätzlich ein Richtungssignal in Abhängigkeit von der Quadrantenlage des Arbeitspunktes erzeugt. Über einen Spannungs/Frequenz-Wandler und eine Leistungsstufe wird somit die Regeldifferenz in eine Motorgeschwindigkeit umgesetzt (Bild 58). Abweichend vom idealen Verlauf der Ansteuerungskennlinie weist die Anordnung ein nichtlineares Verhalten um den Nullpunkt auf, das in Gleichung 9.5 nicht wiedergegeben ist. Ferner werden die mechanischen Trägheiten und die Reibungseinflüsse vernachlässigt. Die Konstante K3 berücksichtigt die elektrischen Übertragungseigenschaften der idealen Motoransteuerung, sowie die mechanische Auslegung des Motors und des Stellgetriebes. K3 hat die Dimension [mm/Vs].

Bild 59 gibt das mathematische Modell des Regelkreises wieder. Aus ihm errechnet sich nach der Laplace-Transformation der Gleichungen 9.3, 9.4 und 9.5 die Regelgröße zu:

$$\begin{aligned} x = {} & (x_N - x_W) \cdot \frac{1}{K2\ K3} \cdot \frac{s}{1+s/K2 \cdot K3} + && \leftarrow \text{Term 1: Hochpaß} \\ & + w \cdot \frac{1}{K2} \cdot \frac{1}{1+s/K2 \cdot K3} + && \leftarrow \text{Term 2: Tiefpaß} \\ & + (-s_P - s_M) \cdot \frac{1}{1+s/K2 \cdot K3} && \leftarrow \text{Term 3: Tiefpaß} \end{aligned} \tag{9.6}$$

Anhand dieser Gleichung läßt sich das Verhalten des Regelkreises qualitativ wie folgt abschätzen.

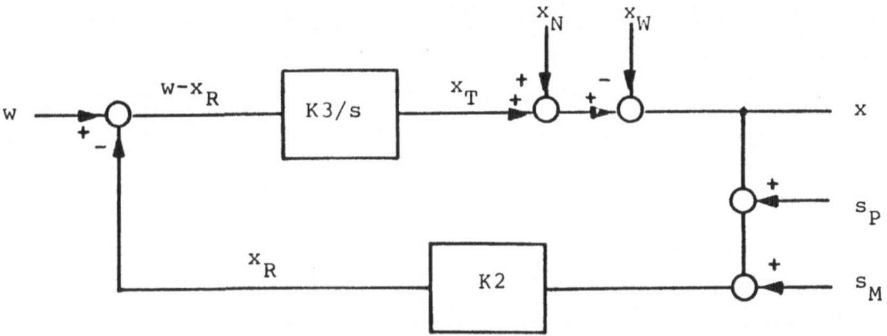

Bild 59: Mathematisches Modell des Regelkreises

In der Regelgröße x zeigt sich das System bezüglich x_W oder x_N ein Hochpaß-Verhalten: Bei im wesentlichen niederfrequenten Verhalten von $x_W(t)$ und $x_N(t)$, wie es in der Praxis beobachtet wird, wird x(t) daher in erster Näherung nicht durch diese Größen beeinflußt. Das Regelziel ist damit erreicht, da dies die Ausregelung von Änderungen von x_N oder x_W mit Hilfe von x_T bedeutet. Da $x=\mathrm{const}\,|\,x_N, x_W$ gilt, ist $x_N+x_T-x_W$ = const (Gl. 9.4). Die Größe $x_N+x_T-x_W$ wird 0, wenn w = 0 vorgegeben wird und die Störungsterme vernachlässigt werden. Dies bedeutet, daß stets die Position der Wärmequelle mit der Nahtmittenposition übereinstimmt und somit eine Nahtverfolgung für alle t gewährleistet ist.

Für niederfrequente Änderungen der Führungsgröße w dagegen folgt wegen des Tiefpaßcharakters des 2. Terms von Gl. 9.6 die Regelgröße x(t) der Funktion w(t). Von dieser Möglichkeit kann zur definierten Versatzpositionierung der Wärmequelle relativ zur Nahtmitte Gebrauch gemacht werden (vgl. 9.2.3).

Hochfrequente Störungen $s_M(t)$ greifen nicht auf x durch und stören daher nicht die Relativposition $x_N+x_T-x_W$. Dieses Verhalten ist durch den Tiefpaßcharakter des Term 3 von Gl. 9.6 bedingt. Sofern $s_M(t)$ niederfrequente Anteile besitzt (z.B. verursacht durch Kameradriften) wird jedoch die Regelung beeinflußt, indem die Position der Wärmequelle in nicht beabsichtigter Weise verstellt wird. Für $s_P(t)$ gilt die gleiche Überlegung.

Hochfrequente Anteile von $s_P(t)$, wie sie durch den Prozeß vorgegeben sind, stören nicht, da die für die relative Wärmequellenposition verantwortlichen Größen x_W und x_N+x_T hiervon unberührt bleiben. Niederfrequente Anteile von $s_P(t)$ greifen jedoch gemäß des Tiefpaßcharakters des 3. Terms von Gleichung 9.6 auf x durch und wirken sich daher störend aus. Derartige Störungen konnten allerdings während der ausgeführten Schweißversuche nicht beobachtet werden.

Die Abschätzung "hoch-" und "niederfrequent" muß gemessen werden an der Systemeckfrequenz K2·K3, die die Schleifenverstärkung des Regelkreises darstellt. Obwohl theoretisch K2·K3 beliebig gewählt werden kann, ohne daß der Kreis instabil wird, ist die freie Wahl der Eckfrequenz eingeschränkt durch die Abweichungen des theoretischen Modells vom realen System. Aufgrund der nicht berücksichtigten Nichtlinearitäten, Totzeiten, Trägheits- und Reibungseinflüsse kann das reale System bei zu großer Schleifenverstärkung instabil werden. Die Instabilitätsgrenze wurde bei $K2 \cdot K3 = 2 \cdot 2\pi s^{-1} = 2$ Hz gemessen. Als eine praktisch verwendbare Eckfrequenz wurde $K2 \cdot K3 = 1$ Hz gewählt. Bei dieser Einstellung liegen die Frequenzanteile der Störungssignale s_M und s_P im wesentlichen weit über der Systemeckfrequenz und stören die Regelung daher nicht. Die Eckfrequenz ist jedoch noch hoch genug, um die im Schweißfall auszuregelnden $x_W(t)$, $x_N(t)$ und $w(t)$ zu berücksichtigen, ohne daß die Instabilitätsgrenze erreicht wird. Die Einstellung von K2 K3 läßt sich bei festem Meßsystem (K2) über die Einstellung des Verstärkungsfaktors K3 der Stellmotoransteuerung vornehmen.

9.2.3 Erzielte Ergebnisse

Der beschriebene Regelkreis wurde anhand von Versuchsschweißungen (V-, I- und Überlappnähte) erprobt.

Das Bildverarbeitungssystem war mit einem Bedingungs- und einem Rechenmodul ausgerüstet. Zur gleichzeitigen Vermessung von $x_S(t)$ und $x_D(t)$ wurde daher ein Umprogrammierungsalgorithmus (vgl. 7.3.7) eingesetzt, wobei beide Merkmale innerhalb eines Bildverarbeitungszyklusses erfaßt und verarbeitet wurden. Wegen der in beiden Fällen identischen Rechenmodulprogrammierung muß während der Interruptphase A lediglich das Bedingungsmodul umprogrammiert werden. Für beide Merkmale ist eine eigene Suchbereichskorrektur während der Interruptphase B vorgesehen. Zur Überwachung der Arbeitsweise des Regelkreises wurden die erfaßten Positionen in das Sensorbild eingeblendet und über die D/A-Wandlerkanäle einem Schreiber zwecks Protokollierung zugeführt.

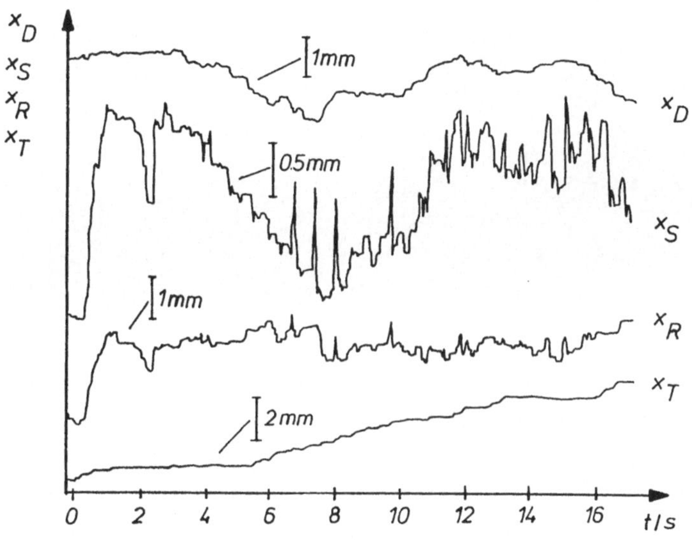

Bild 60: Signalverläufe beim Ablauf einer geregelten V-Nahtschweißung (Regelkreis bei t=0 geschlossen)

Bild 60 zeigt einen typischen Verlauf einer geregelten V-Nahtschweißung bei konstant gehaltener Führungsgröße w. Die Regelgröße x(t), die in Bild 60 durch den Verlauf $x_R(t)$ (d.h. durch die Störterme $s_P(t)$ und $s_M(t)$ verfälscht) wiedergegeben ist, verläuft, abgesehen von den Störtermen, annähernd konstant. Ausgeregelt wird ein relativ zur Vorschubrichtung des Werkstücks schräger Verlauf der Naht. Die Größe $x_S(t)$ folgt in etwa der Drahtbewegung $x_D(t)$, so daß die Nahtmitte stets gleich relativ zur Wärmequelle liegt. Der Verlauf der Stellgröße $x_T(t)$, die mittels eines Positionsgebers am Probentisch gemessen wird, berücksichtigt den schrägen Nahtverlauf und die Drahtpendelungen $x_D(t)$. Der glatte Verlauf von $x_T(t)$ zeigt die erwartete Störungsunterdrückung.

Bild 61 zeigt das Ergebnis einer geregelten V-Nahtschweißung, deren Nahtverlauf die Form einer gebrochenen Geraden annimmt. Es konnten Nähte mit einem maximalen Winkel von ca. 15° gegenüber der Vorschubrichtung verfolgt werden.

Bild 61: V-Nahtschweißung mit geregelter Seitenpositionierung des Brenners (gerade Linie im Werkstück = y_T)

Zur Bestimmung der Regelgenauigkeit lassen sich folgende Abschätzungen vornehmen:

Der Regelkreis ist ein Bahnverfolgungssystem, was voraussetzt, daß zu Schweißbeginn der Brenner auf den Nahtanfang gesetzt wird. Diese Initialjustage gelingt in der Regel nicht genau, so daß mit einem geringen Nahtversatz gerechnet werden muß. Entscheidend ist dabei, wie schnell der Regelkreis auf einen Nahtversatz reagieren kann. Bedingt durch die Verhältnisse an der Schweißstelle darf für den Versatz ein Grenzwert nicht überschritten werden, da das Schmelzbad nur in Verbindung mit dem Nahtprofil die für die Nahtmittenmessung benötigte charakteristische Form annimmt. Der "Fangbereich" der Regelung hangt von der Nahtform und vom Schweißarbeitspunkt (Ausbreitung der Schmelze) ab. Ein typischer Wert für eine V-Naht kann mit ± 2 mm angegeben werden. Ein Versatz von 2 mm stellt daher die maximale Anforderung an den Regelkreis. Die Regelgeschwindigkeitsangabe ist nur in Verbindung mit einem maximal zugelassenen Raupenversatz gegenüber der Nahtmitte sinnvoll: Geht man von einem vorgegebenen kritischen Wert von z.B. $x = 0.5$ mm aus, der der üblichen Positioniergenauigkeit eines Robotersystems entspricht, so läßt sich aus der Sprungantwort des Regelkreises ermitteln, wie lange das System benötigt, um die Brennerposition relativ zur Nahtmitte in diesen Toleranzbereich zu fahren. Bild 62 zeigt die Sprungantwort für einen maximalen Sprungversatz von 2 mm. Die oben definierte Regelzeit t_R beträgt in diesem Fall 0.24 s (aus Bild 62 abgelesen).

Die Messung der Sprungantwort ist bei laufendem Schweißprozeß problematisch, da eine erzwungene plötzliche Änderung der Nahtmittenlage $x_N(t)$ oder der Wärmequellenposition $x_W(t)$ die Schweißung nachhaltig stören kann und zudem aus versuchstechnischen Gründen unbequem zu realisieren ist. Da für die Strecke und das Meßsystem ein P-Verhalten angesetzt wurde, läßt sich die Sprungantwort ersatzweise messen, indem die Führungsgröße w(t) als Sprungfunktion vorgegeben wird und $x_R(t)$ verfolgt wird. Diese Messung läßt sich auch ohne Schweißprozeß durchführen, indem dem Sensor eine auf dem Probentisch befestigte, die Schmelzbadansicht simulierende Szenennachbildung dar-

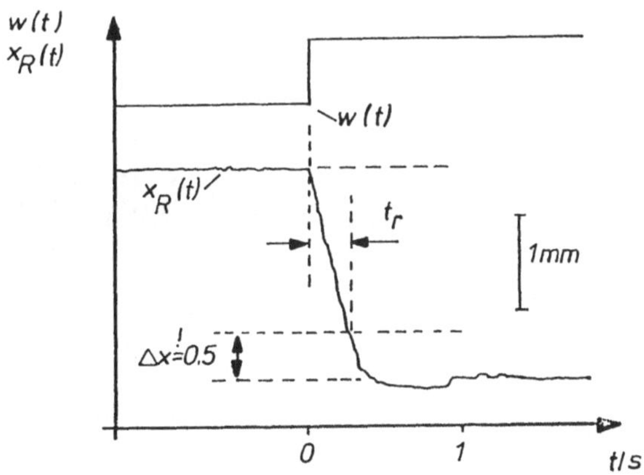

Bild 62: Sprungantwort des geschlossenen Regelkreises (K2·K3 = 1 Hz)

geboten wird und Belichtungsimpulse per Generator künstlich erzeugt werden. Die Ergebnisse von Bild 62 wurden auf diese Weise gewonnen. Das Signal $x_R(t)$ ist in diesem Fall nur noch durch die Meßstörgröße $s_M(t)$ verfälscht, die Prozeßstörgröße $s_P(t)$ tritt nicht in Erscheinung, da die Szenennachbildung invariant ist.

Da ein sprungförmiger Nahtverlauf außer zum Beginn einer Schweißung ausgeschlossen werden kann, ist es für die praktische Verwendung des Nahtverfolgungssystems wichtig zu wissen, welcher Nahtversatz sich im stationären Fall ($t \to \infty$) während einer Schweißung einstellt, wenn eine gerade Naht schräg zur Vorschubrichtung liegt. Der Nahtverlauf ist dann gegeben durch:

(9.7)
$$x_N(t) = v_{Sch}(t) \cdot t \cdot tg\,\psi \quad \circ\!\!-\!\!\bullet \text{ Laplacetransformation}$$
$$x_N(s) = \frac{v_{Sch}' \cdot tg\,\psi}{s^2}$$

$$\text{mit } v_{Sch}(t) = \begin{cases} 0 & \text{für } t<t_0 \\ v_{Sch}' & \text{für } t>t_0 \end{cases}$$

ψ gibt an, um welchen Winkel der Nahtverlauf gegenüber der Vorschubrichtung gedreht ist. Für w = 0 ergibt sich aus Gleichung 9.6 unter Vernachlässigung der Rauschterme

(9.8)
$$x(s) = \frac{v_{Sch}' \cdot tg\,\psi}{K2 \cdot K3} \; \frac{1}{s \cdot (1 + s/K2 \cdot K3)} \quad \bullet\!\!-\!\!\circ \text{ Laplace Rücktransformation}$$
$$x(t) = \frac{v_{Sch}' \cdot tg\,\psi}{K2 \cdot K3} \; (1 - \exp(-K2 \cdot K3 \cdot t))$$

Im eingeschwungenen Zustand ($t \to \infty$) stellt sich eine Regelabweichung von

(9.9)
$$\Delta x = \frac{v_{Sch}' \cdot tg\,\psi}{K2 \cdot K3}$$

ein. Für einen typischen Anwendungsfall (v_{Sch} = 200 mm/min; ψ = 15° und K2·K3 = 1 Hz) erhält man eine stationäre Regelungenauigkeit von ca. 0.15 mm.

Schwierigkeiten können bei der Nahtverfolgung dann auftreten, wenn das Bildverarbeitungssystem aufgrund der beschriebenen Prozeßstörungen ein verfolgtes Merkmal "verliert". Sofern das Merkmal nicht schnell genug wiedergefunden werden kann, läuft das Schmelzbad aus dem Bild, weil das Stellglied den Probentisch gemäß des letzten eingefrorenen Wertes x_R kontinuierlich verstellt. Dieses Fehlverhalten ist umso kritischer, als bei Prozeßablaufstörungen Fehlmessungen nicht völlig ausgeschlossen werden können, bevor ein Merkmal "verloren" geht, wodurch der Stellmotor den Probentisch unter Umständen sehr schnell verstellt. Hierdurch wird das Wiederauffinden des Merkmals definitiv verhindert, weil das Schmelzbad nicht mehr durch die Nahtkonfiguration geformt ist und somit der Regelfangbereich verlassen wird. Abhilfe schafft die Implementierung eines Korrekturgliedes vor dem Stellglied, so daß das I-Verhalten des Regelkreises kompensiert wird. Im vorliegenden Fall wurde anstelle einer solchen Optimierung des Regelkreises folgende alternative Lösung erprobt: Sobald der Rechner des Bildverarbeitungssystems feststellt, daß ein Merkmal nicht mehr extrahiert wird, stellt er den Probentischmotor über eine PIO-Leitung (vgl. Bild 43) ab. Erst wenn das Merkmal wieder erfaßt wird, gibt der Rechner den Stellmotor wieder frei. Dieses sehr einfach zu realisierende Verfahren ließ sich bei stark gestörten Schweißprozessen mit Erfolg einsetzen. Es kann auch verwendet werden, wenn bei gewissen Schweißprozeßsituationen, die das Bildverarbeitungssystem erkennen kann, eine Außerkraftsetzung des Regelkreises vorübergehend gewünscht wird. Dies kann z.B. beim Überschweißen von Heftstellen erwünscht sein.

Die Führungsgröße w, die sich durch die Modellaufstellung des Regelkreises ergibt und die bisher konstant gehalten wurde, kann zur Generierung einer Pendelbewegung eingesetzt werden. Üblicherweise werden Brennerpendelungen zur Überbrückung von Schweißspalten durchgeführt. Die Pendelung der Wärmequelle relativ zur Nahtmitte kann in den Regelkreis integriert werden, indem w(t) elektrisch generiert und vor der Regeldifferenzbildung eingespeist wird. Sofern die Pendelfrequenz weit genug unter der Systemeckfrequenz liegt, folgt x(t) gemäß Gleichung 9.5 der Funktion w(t). Der Vorteil des Verfahrens gegenüber konventionellen Brennerpendelungen ist darin zu sehen,

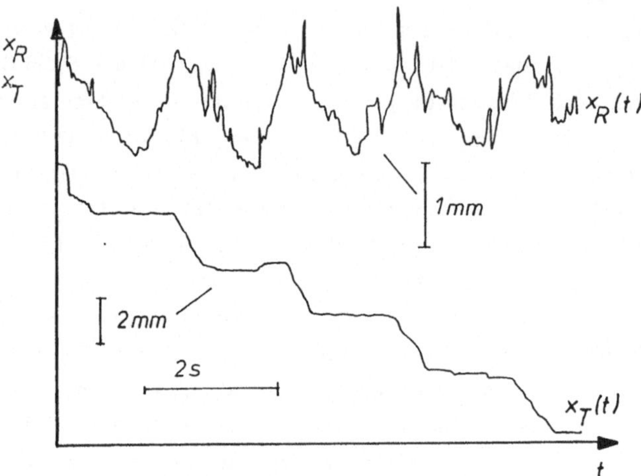

Bild 63: Seitenpositionsregelung bei durch Führungsgrößenmodulation induziertem Pendeln (ca.0.5Hz)

daß die ausgeführte Bewegung im Verlauf und in der Frequenz bequem über w(t) gewählt werden kann, indem die Führungsgröße durch einen entsprechend einstellbaren Funktionsgenerator realisiert wird. Zusätzliche Pendelanordnungen werden nicht benötigt, da die Bewegung über die Stelleinrichtung des Regelkreises vorgenommen wird.

Bild 63 zeigt einen typischen Kurvenverlauf der Regeldifferenz und der Position $x_T(t)$ des Probentisches bei der geregelten Schweißung einer schräg zur Vorschubrichtung liegenden V-Naht und einer über die Führungsgröße induzierten Pendelbewegung. Die Regeldifferenz spiegelt den sinusförmigen Verlauf von w(t) wieder. $x_T(t)$ entsteht aus der Überlagerung der Pendelbewegung mit dem Nahtverlauf $x_N(t)$, wie er über die Regelung verfolgt wird.

In anderen Schweißanwendungen kann es sinnvoll sein, nicht auf x(t) = 0 zu regeln, d.h. die Wärmequelle stets genau über der Nahtmitte zu positionieren, sondern mit einem definierten Brennerversatz zu schweißen. Beim Schweißen von Kehlnähten in Wannenlage kann so die Schwerkrafteinwirkung auf die Schmelze kompensiert werden, wenn der schräg stehende Brenner durch $w \neq 0$ etwas in Richtung der senkrechten Werkstückflanke versetzt wird.

10. Verwendungsmöglichkeiten des Sensorsystems für andere Schweißverfahren

Das vorgestellte Sensorsystem wurde für das Kurzlichtbogenschweißen entwikkelt. Sofern andere Schweißverfahren beobachtet bzw. geregelt werden sollen, müssen bei der Verwendung des Systems folgende Gesichtspunkte berücksichtigt werden:

a) Bildaufnahme der Schweißszene: Die Bildaufnahmetechnik des Systems beruht auf der Elimination des Lichtbogens im Moment der Sensorbelichtung. Je nach Schweißverfahren müssen hier unterschiedliche Vorgehensweisen gefunden werden. Die Ermittlung und Realisierung der jeweils geeigneten Bildaufnahmetechnik stellt unter Umständen ein schwieriges und nur unter großem Aufwand zu lösendes Problem dar.

b) Bildverarbeitung: Sofern sich beim gewählten Schweißverfahren ein beobachtbares Schmelzbad bildet und ein die Szene beschreibendes Bildsignal zur Verfügung steht, kann das für das Kurzlichtbogenschweißen entwickelte Bildverarbeitungssystem problemlos auch für andere Schweißverfahren eingesetzt werden. Durch die vielseitige Programmierbarkeit lassen sich die jeweils benötigten Meßalgorithmen implementieren.

c) Schnittstelle Bildaufnahmeeinrichtung/Bildverarbeitungssystem: Die Synchronisationstechnik des Bildverarbeitungszyklusses an die Norm des Bildsensors läßt beliebige Belichtungsfolgen zu. Es können periodische wie stochastische Belichtungen erfolgen. Vorausgesetzt wird allerdings ein sequentielles Bildsignal, welches die beobachtete Szene zeilenweise beschreibt. Sofern zu unregelmäßigen Zeitpunkten belichtet wird, muß der Bildsensor in der Lage sein, die Bildinformation kurzzeitig abzuspeichern, wenn die Normsequenz des Bildsignals ungestört beibehalten werden soll (vgl. Kap. 7.2). Die Bildfeldrasterung kann im Prinzip beliebig gewählt werden, wobei die Zeilenauflösung durch den Bildsensor festgelegt ist. Die Zeilenauflösung kann durch entsprechende Auslegung der Taktzentrale (vgl. Kap. 7.3) an die Anwendungsanforderungen angepaßt werden.

Die Untersuchung der Verwendungsmöglichkeiten des Sensorsystems bei einigen, dem Kurzlichtbogenschweißen verwandten Verfahren, ergibt folgende Ansatzpunkte:

Das Bildverarbeitungssystem wurde für den Fall des WIG-Schweißens eingesetzt. Die Belichtungstechnik für die Beobachtung des Schweißprozesses wurde von LÜBBERT (/31/) entwickelt und für die im folgenden beschriebenen Versuche übernommen: Synchron zum Bildablauf wird der Schweißstrom kurzzeitig abgesenkt und eine Belichtung bei fast erloschenem Lichtbogen vorgenommen. Der von LÜBBERT entwickelte Meßalgorithmus (Vermessung der Schweißlöse beim V-Naht Wurzelschweißen) läßt sich über das in Kap. 7 beschriebene Bildverarbeitungssystem durch Einprogrammierung einer Flächenmessung implementieren, so daß eine geregelte Drahtzufuhr nach der von LÜBBERT vorgeschlagenen Methode realisiert werden kann. In Schweißversuchen wurde jedoch eine andere Anwendung, nämlich die Möglichkeiten einer Nahtverfolgung, näher untersucht. Eine Regelung der Seitenposition des Brenners relativ zur Nahtmitte ließ sich wie folgt durchführen: Da wegen der nicht abschmelzenden Elektrode die Position der Wärmequelle bei festem Brenner invariant ist, genügt es, aus den Schmelzbadansichten die Lage der Nahtmitte zu extrahieren. Bedingt durch das Schweißverfahren wird die Nahtmitte durch die Lage der Schweißöse wiedergegeben, die sich durch das Anschmelzen der Nahtflanken ausbildet. Die Schweißösenposition läßt sich im Sensorbild bequem vermessen, weil sich die dunkle Schweißöse gegenüber dem hellen Schmelzbad, welches sie umgibt, deutlich abhebt. Allerdings ist das Meßsignal, welches das Bildverarbeitungssystem an seinem Ausgang zur Verfügung stellt, stark gestört, da die Form der Schweißöse erheblichen Schwankungen unterworfen ist. Zur Erprobung der Nahtverfolgung wurde ein zu Bild 56 analoger Regelkreis mit einem I-Stellglied aufgebaut. Da die dem Meßsignal überlagerte Störung auch niederfrequente Anteile aufweist, spricht die Regelung auf den Störanteil der Regelgröße an, so daß es während der Schweißung zu Regelabweichungen kommt, die je nach Genauigkeitsanforderungen auch außerhalb des zugelassenen Toleranzbereiches liegen können. Es zeigte sich daher, daß die gemessene Regelgröße zunächst einer Mittelung unterworfen werden muß, um den Störanteil zu reduzieren. In den durchgeführten Schweißversuchen wurde die Regelkreiseckfrequenz $K2 \cdot K3$ stark reduziert, wodurch auch die langsamen Störanteile des gemessenen Signals unterdrückt werden konnten (vgl. Diskussion von Gl. 9.5). Diese Vorgehensweise ist allerdings nur dann zulässig, wenn die Schweißgeschwindigkeit so gering ist, daß $x_N(t)$ nur sehr langsame Änderungen aufweist.

11. Zusammenfassung der Ergebnisse

Ziel der Untersuchungen war die Realisierung einer Überwachungseinrichtung für das Kurzlichtbogenschweißen.

Der Ansatzpunkt, sich an der Vorgehensweise des Handschweißers zu orientieren, führt zu einem auf optischer Basis arbeitenden Sensor, der die visuelle Information der Schweißstelle erfaßt. Eine hierdurch ermöglichte Fernübertragung des Schweißablaufs erlaubt eine vorteilhafte Ausgestaltung des Schweißarbeitsplatzes, da der Schweißer nicht mehr den widrigen Arbeitsbedingungen am Ort des Schweißgeschehens ausgesetzt ist, die seine Tätigkeit bisher kennzeichneten. Ohne auf die den Schweißablauf im wesentlichen beschreibende visuelle Information der Schweißstelle verzichten zu müssen, kann der Schweißer mit Hilfe der Beobachtungseinrichtung den Prozeß in fast gewohnter Weise verfolgen und fernsteuern. Diese Möglichkeit ist gerade beim Schweißen mit abschmelzender Elektrode wertvoll, da die besonders hohen Belastungen in der unmittelbaren Umgebung der Schweißstelle (Spritzer, sehr starke Helligkeitseinwirkung, Lärm) umgangen werden.

Die Fernübertragung des Schweißgeschehens erlaubt zudem die Beobachtung von Abläufen an bisher unzugänglichen Stellen, wie z.B. in engen Rohren oder in Kesseln, aber auch innerhalb radioaktiver Zonen. Mit den heute wenig aufwendigen Bandaufzeichnungsgeräten für Bildsignale ist ferner eine Dokumentation des bildlichen Ablaufs einer Schweißung möglich, wohingegen bisher nur die Schweißparameter erfaßt werden konnten.

Für die Beobachtung des Schweißprozesses ließ sich als Bildwandler eine gängige Fernsehkamera einsetzen. Da jedoch im wesentlichen der Anblick des Schmelzbades an der Schweißstelle interessiert, wurde eine Bildaufnahmetechnik verwendet, die den Lichtbogen im Belichtungsmoment aus der betrachteten Szene ausschließt. Beim Kurzlichtbogenschweißen treten prozeßbedingt Lichtbogenpausen auf; die abschmelzende Elektrode berührt in unregelmäßigen Abständen das Schmelzbad und schließt den Lichtbogen kurz. Mit Hilfe eines schnellen optischen Verschlusses, der das Blickfeld der Fernsehkamera nur im Moment des Kurzschlusses freigibt, bietet sich daher die Möglichkeit, über die Folge der Einzelbelichtungen den Schweißablauf zu betrachten. Bei einem typischen Kurzlichtbogenarbeitspunkt ist die mittlere Kurzschlußfrequenz so hoch, daß der Eindruck eines quasi-kontinuierlichen Ablaufs entsteht. Die Belichtungstechnik ist schweißprozeßabhängig. Die Belichtungszeitpunkte lassen sich durch elektronische Auswertung des Schweißspannungssignals detektieren. Wegen der Trägheit des Verschlusses, der auf mechanischer Basis arbeitet, muß eine Kurzschlußmindestzeit garantiert sein, um eine Belichtung unter Ausschluß des Lichtbogens durchführen zu können. Durch Ausnutzung der Statistik der Kurzschlußlängen lassen sich aus dem laufenden Prozeß die Kurzschlüsse detektieren, deren Länge eine Belichtung erlauben.

Die Sensorbildfolge gibt das Schweißgeschehen klar wieder. Aus den Helligkeitsverhältnissen an der Schweißstelle und der Empfindlichkeit der Fernsehkamera ergibt sich, daß das Schmelzbad als strukturierte graue Fläche dargestellt wird; die Schmelzbadumgebung und der Schweißdraht werden als dunkle Flächen wiedergegeben. Da durch die Belichtungstechnik nur die Kurzschlußmomente erfaßt werden, kann der Materialübergang in die Schmelze deutlich verfolgt werden.

Eine Analyse der Schweißszene, wie sie vom Sensor wiedergegeben wird, zeigte, daß sich aus der geometrischen Vermessung der Bildelemente wesentliche, den Schweißprozeß charakterisierende Parameter gewinnen lassen. Je nach Nahtform paßt sich die Schmelze an die durch die Nahtflanken vorgegebene "Schmelzbadeinfassung" an. Es bilden sich charakteristische Verläufe der Schmelzbadkontur aus, wobei zwei Grundtypen unterschieden werden müssen, je nachdem, ob eine V- oder eine I-Naht vorliegt. Andere Nahtprofile ergeben Schmelzbadkonturlinien, die auf den einen oder anderen Fall zurückgeführt werden können. (V-Naht verwandt: Y-, Kehl, Tulpennaht; I-Naht verwandt: Oberlappnaht). Der Konturverlauf erlaubt die Vermessung der Lage der Nahtmitte. Zusammen mit der vom Sensor wiedergegebenen Lage des Drahtes, die die Position des Lichtbogens bestimmt, läßt sich somit die relative Position der Wärmequelle zur Nahtmitte messen. Durch eine schräge Anordnung der Beobachtungseinrichtung läßt sich aus dem Sensorbild die Brennerhöhe über dem Werkstück bestimmen, die über die freie Drahtlänge den Schweißstrom beeinflußt. Andere charakteristische Schmelzbadgrößen wie z.B. Breite und Fläche sind ebenfalls über das Sensorbild meßbar und charakterisieren die Arbeitspunkteinstellung (Schweißgeschwindigkeit; indirekt: Durchschweißtiefe).

Der Satz von relevanten Bildmerkmalen kann für eine Teilautomatisierung des Prozesses eingesetzt werden, indem die während des Schweißablaufs kontinuierlich gemessenen Werte als Regel- oder Steuergrößen eingesetzt werden. Dabei müssen zwei grundsätzliche Aufgaben unterschieden werden: die Nahtverfolgung und die Prozeßarbeitspunktstabilisierung.

Die Vermessung der Bildmerkmale ließ sich mit einem rechnergestützten Bildverarbeitungssystem realisieren, welches bei geringem Aufwand und flexibel gestaltbarer Systemkonfiguration und -aufrüstbarkeit eine Echtzeitverarbeitung erlaubt und durch seine Programmierbarkeit leicht auf verschiedene Meßaufgaben umgestellt werden kann.

Die Systemfunktionsweise beruht auf dem Einsatz einer speziell entwickelten Meßschaltung, welche einfache geometrische Merkmale aus einem sequentiellen Bildsignal extrahieren und vermessen kann. Die realisierte Meßschaltung läßt sich auf verschiedene Funktionen programmieren und verarbeitet binäre Bildsignale. Eine Binarisierung des analogen Fernsehkamerasignals ist möglich, da sich die Bildelemente der Schweißszene kontrastreich gegeneinander abheben. Das Gesamtsystem besteht aus einer je nach Anwendung wählbaren Anzahl gleicher Meßschaltungen, die von einem Rechner verwaltet werden. Meßergebnisse werden vom Rechner in die gewünschten Ausgangsgrößen umgesetzt. Durch unterstützende Programme lassen sich die Einsatzmöglichkeiten des Systems steigern, indem einzelne Meßschaltungen während eines Bildverarbeitungszyklusses mehrfach verwendet werden. Durch diese Möglichkeit läßt sich ein Systemausbau, der je nach gefordertem Meßaufwand erforderlich sein kann, sowohl durch Hinzufügen weiterer Meßschaltungen als auch über eine Softwareerweiterung durchführen. Spezielle Rechenprogramme erlauben eine Positionsverfolgung bewegter Bildmerkmale.

Im Schweißfall werden besondere Anforderungen an das Bildverarbeitungssystem gestellt, da Szenenstörungen wegen des unruhig ablaufenden Schweißprozesses unvermeidbar sind. Hierdurch wird die Merkmalsauffindung und -vermessung wesentlich erschwert. Für ein bestimmtes Bildmerkmal muß daher die Funktionsprogrammierung der Meßschaltung sorgfältig gewählt werden, um eine eindeutige Identifizierung des Merkmals zu gewährleisten. Wegen der Szenenunruhe ist allerdings eine Störung der Meßwertfolge oft unvermeidbar. Sofern die Meßwerte als Regelgröße verwendet werden sollen, ist daher gegebenenfalls eine Filterung erforderlich. Der Rechner des Systems, der durch die eigentliche Bildverarbeitungsaufgabe nur in geringem Maße ausgelastet ist, kann diese Aufgabe durch Abarbeitung entsprechender Filterprogramme übernehmen.

Zur Erprobung des Sensorsystems als Beobachtungseinrichtung wurde ein Anwendungsfall aus der Fertigungspraxis untersucht. Mit Hilfe der Fernbeobachtung eines Schweißprozesses konnte das Fehlverhalten einer Schweißanlage diagnostiziert werden. Es zeigte sich ferner, daß die Beobachtungseinrichtung zur bedienungsfreundlichen Auslegung der Schweißanlage eingesetzt werden konnte. Hierdurch wurden die Eingriffsmöglichkeiten des Bedienmannes erleichtert und die Nachkontrolle des Schweißergebnisses reduziert. Die Versuche bewiesen auch, daß die Beobachtungseinrichtung für den Einsatz unter rauhen Einsatzbedingungen geeignet ist. Die Laborerprobung des Sensorsystems für eine einfache Nahtverfolgungsaufgabe zeigte die prinzipielle Eignung der Konfiguration für die vorgesehenen Anwendungen. Ein mit minimalem Aufwand realisierter Regelkreis für die Korrektur der Wärmequellenposition relativ zur Nahtmitte ließ sich für V- und I-Nähte sowie verwandte Nahtkonfigurationen verwenden. Die Regelstrecke, welche neben der mechanischen Auslegung der Schweißanlage auch den Einfluß des Schweißprozesses auf die gemessenen Merkmale beschreibt, konnte näherungsweise als Proportionalglied angesetzt werden. Trotz der Vereinfachungen bei der Regelkreismodellaufstellung ergab sich eine gute Übereinstimmung mit dem realen System. Die Nahtverfolgungsaufgabe konnte zufriedenstellend gelöst werden. Eine Optimierung der Regelung, wie sie ausgehend vom Regelungsmodell durchgeführt werden kann, wurde nicht angestrebt.

Obwohl für das Kurzlichtbogenschweißen entwickelt, zeichnen sich Möglichkeiten ab, das vorgestellte System auch für andere Schweißverfahren zu verwerten. Dabei wirkt sich günstig aus, daß bei verwandten Schweißverfahren (Sprühlichtbogen-, Impulslichtbogenschweißen, WIG-Schweißen) sich ähnliche Schmelzbadkonfigurationen ergeben, so daß die für das Kurzlichtbogenschweißen aufgestellten Meßverfahren übernommen werden können.

Die gleichzeitige Verwertbarkeit der Schmelzbadansichten durch einen Schweißer und durch eine angepaßte Bildverarbeitungseinrichtung erlaubt eine breite Palette von Einsatzmöglichkeiten für das Sensorsystem. Die speziellen Gegebenheiten eines Einsatzfalles bestimmen dabei den optimalen Automatisierungsgrad und dementsprechend die zu realisierende Systemkonfiguration, die von einer einfachen Beobachtungseinrichtung bis zu einer komplexen Regelkreisimplementierung reichen kann.

IPA Forschung und Praxis

Schriftenreihe aus dem Institut für Produktionstechnik und Automatisierung, Stuttgart

Herausgeber: Prof. Dr.-Ing. H. J. Warnecke

Datenerfassung im Produktionsbereich
Von E. Bendeich. ISBN 3-7830-0117-8.
1977, 176 Seiten, kartoniert. 54,— DM

Methodenauswahl für die Materialbewirtschaftung in Maschinenbau-Betrieben
Von H. Graf. ISBN 3-7830-0136-6.
1977, 144 Seiten, kartoniert. 54,— DM

Systematische Auswahl von Förderhilfsmitteln für den innerbetrieblichen Materialfluß
Von W. Rau. ISBN 3-7830-0139-0.
1977, 103 Seiten, kartoniert. 40,— DM

Grundlagen zur Planung von Ersatzteilfertigungen
Von E. Schulz. ISBN 3-7830-0138-2.
1977, 98 Seiten, kartoniert. 40,— DM

Rechnerunterstützte Fabrikplanung
Von B. Minten. ISBN 3-7830-0116-1.
1977, 124 Seiten, kartoniert. 38,— DM

Eine Planungsmethode für automatische Montagesysteme
Von H.-G. Löhr. ISBN 3-7830-0120-X.
1977, 108 Seiten, kartoniert. 32,— DM

Planung und Bewertung von Arbeitssystemen in der Montage
Von H. Metzger. ISBN 3-7830-0131-5.
1977, 108 Seiten, kartoniert. 40,— DM

Klassifizierungssystem für Prüfmittel der industriellen Längenprüftechnik
Von R. Czetto. ISBN 3-7830-0144-7.
1978, 181 Seiten, kartoniert. 64,— DM

Rechnerunterstützte Montageplanung
Von O. Hirschbach. ISBN 3-7830-0149-8.
1978, 146 Seiten, kartoniert. 52,— DM

Rechnerunterstützte Entwicklung von Simulationsmodellen für Unternehmensplanspiele
Von A. Moker. ISBN 3-7830-0147-1.
1978, 181 Seiten, kartoniert. 64,— DM

Arbeitsplatzanalysen zur Ermittlung der Einsatzmöglichkeiten und Anforderungen an Industrieroboter
Von G. Herrmann. ISBN 37830-0151-X.
1978, 113 Seiten, kartoniert. 40,— DM

MFSP — Ein Verfahren zur Simulation komplexer Materialflußsysteme
Von G. Stemmer. ISBN 3-7830-0118-8.
1977, 140 Seiten, kartoniert. 60,— DM

Berührungslose Erkennung durch Positionsbestimmung von Objekten durch inkohärent-optische Korrelation
Von M. König. ISBN 3-7830-0137-4.
1977, 110 Seiten, kartoniert. 40,— DM

Auslegung von Störungspuffern in kapitalintensiven Fertigungslinien
Von R. v. Stetten. ISBN 3-7830-0140-4.
1977, 154 Seiten, kartoniert. 56,— DM

Flexible Transportablaufsteuerung
Von G. Römer. ISBN 3-7830-0114-5.
1977, 188 Seiten, kartoniert. 60,— DM

Rechnergestützte Realplanung von Fabrikanlagen
Von T.-K. Sauter. ISBN 3-7830-0119-6.
1977, 108 Seiten, kartoniert. 32,— DM

Systematisches Auswählen und Konzipieren von programmierbaren Handhabungsgeräten
Von R. D. Schraft. ISBN 3-7830-0115-3
1977, 108 Seiten, kartoniert. 32,— DM

Auslandsproduktion
Von W. Cypris. ISBN 3-7830-0145-5.
1978, 126 Seiten, kartoniert. 42,— DM

Wirtschaftlicher Einsatz von Mehrkoordinatenmeßgeräten
Von M. Dietzsch. ISBN 3-7830-0148-X.
1978, 142 Seiten, kartoniert. 52,— DM

Fertigungssteuerung bei flexiblen Arbeitsstrukturen
Von K.-G. Lederer. ISBN 3-7830-0146-3.
1978, 128 Seiten, kartoniert. 42,— DM

Untersuchungen zum Polieren und Entgraten durch elektrochemisches Oberflächenabtragen
Von K. Zerweck. ISBN 3-7830-0150-1.
1978, 110 Seiten, kartoniert. 40,— DM

Stufenweise Ableitung eines praktischen Planungssystems für den Entwicklungsbereich
Von R. Hichert. ISBN 3-7830-0149-8.
1978. 151 Seiten, kartoniert. 52,— DM

Produktionsplanung mit Auftragsfamilien
Von U. W. Geitner. ISBN 3-7830-0161.7.
1979, 110 Seiten, kartoniert. 45,— DM

Thermisch-chemisches Entgraten
Von T. Wagner. ISBN 3-7830-0164-1.
1979, 111 Seiten, kartoniert. 45,— DM

Untersuchung der Materialflußkosten bei ausgewählten Systemen der Zentralen Arbeitsverteilung
Von R. Wenzel. ISBN 3-7830-0162-5.
1979. 168 Seiten, kartoniert. 86,— DM

Anpassung und Einführung eines Planungssystems für die Ablaufplanung im Konstruktionsbereich
Von W. Dangelmaier. ISBN 3-7830-0163-3.
1979. 168 Seiten, kartoniert. 80,— DM

Längenmessungen an bewegten Teilen mit berührungslos wirkenden Aufnehmern
Von H. Lang. ISBN 3-7830-0157-9.
1979, 89 Seiten, kartoniert. 42,— DM

Untersuchung multistabiler Strömungselemente und ihr Einsatz in sequentiellen Steuerungen
Von A. Ernst. ISBN 3-7830-0157-9.
1979. 122 Seiten, kartoniert. 48,— DM

Taktile Sensoren für programmierbare Handhabungsgeräte
Von M. Schweizer. ISBN 3-7830-0158-7.
1979. 91 Seiten, kartoniert. 42,— DM

Die rechnerunterstützte Prüfplanung
Von P. Blasing. ISBN 3-7830-0152-8.
1979, 100 Seiten, kartoniert. 44,— DM

Verfahren zur Fabrikplanung im Mensch-Rechner-Dialog am Bildschirm
Von W. Ernst. ISBN 3-7830-0156-0.
1979. 218 Seiten, kartoniert. 72,— DM

Rechnerunterstütztes Verfahren zur Leistungsabstimmung von Mehrmodell-Montagesystemen
Von M. Görke. ISBN 3-7830-0155-2.
1979, 139 Seiten, kartoniert. 50,— DM

Standortbezogene Betriebsmittel
Von G. Pflieger. ISBN 3-7830-0167-6.
1979, 127 Seiten, kartoniert. 52,— DM

Die betriebswirtschaftliche Beurteilung neuer Arbeitsformen
Von B.-H. Zippe. ISBN 3-7830-0168-4.
1979. 350 Seiten, kartoniert. 98,— DM

Untersuchung des Arbeitsverhaltens programmierbarer Handhabungsgeräte
Von B. Brodbeck. ISBN 3-7830-0169-2.
1979. 117 Seiten, kartoniert. 48,— DM

Untersuchung eines kohärent-optischen Verfahrens zur Rauheitsmessung
Von N. Rau. ISBN 3-7830-0174-9.
1979, 117 Seiten, kartoniert. 48,— DM

Entwicklung einer programmierbaren, pneumatischen Steuerung
Von D. Klemenz. ISBN 3-7830-0171-4.
1979. 93 Seiten, kartoniert. 42,— DM

Diese Berichte sind zu beziehen durch den Krausskopf-Verlag, Lessingstraße 12, 6500 Mainz

IPA Forschung und Praxis

Berichte aus dem Fraunhofer-Institut für Produktionstechnik und Automatisierung, Stuttgart, und dem Institut für Industrielle Fertigung und Fabrikbetrieb der Universität Stuttgart

Herausgeber: Prof. Dr.-Ing. H. J. Warnecke

38 **Arbeitsgangterminierung mit variabel strukturierten Arbeitsplänen — Ein Beitrag zur Fertigungssteuerung flexibler Fertigungssysteme**
Von U. Maier. ISBN 3-540-10213-2.
1980, 111 Seiten mit 45 Abbildungen. 43,– DM

39 **Kapazitätsabgleich bei flexiblen Fertigungssystemen**
Von P. S. Nieß. ISBN 3-540-10372-4
1980, 151 Seiten mit 57 Abbildungen 48,– DM

40 **Schichtdickenverteilung auf galvanisierten Paßteilen am Beispiel kleiner abgesetzter Wellen und Bohrungen**
Von D. Wolfhard. ISBN 3-540-10373-2
1980, 177 Seiten mit 83 Abbildungen. 48,– DM

41 **Planung von Mehrstellenarbeit unter Berücksichtigung von Umfeldaufgaben**
Von S. Haußermann. ISBN 3-540-10374-0
1980, 136 Seiten mit 59 Abbildungen 48,– DM

42 **Untersuchungen zur Schmierfilmdicke in Druckluftzylindern — Beurteilung der Abstreifwirkung und des Reibungsverhaltens von Pneumatikdichtungen mit Hilfe eines neu entwickelten Schmierfilmdicken-meßverfahrens**
Von R. Köhnlechner. ISBN 3-540-10375-9
1980, 100 Seiten mit 38 Abbildungen und 4 Tabellen 43,– DM

43 **Typologie zum überbetrieblichen Vergleich von Fertigungssteuerungsverfahren im Maschinenbau**
Von G. Rabus. ISBN 3-540-10376-7
1980, 174 Seiten mit 88 Abbildungen und 21 Tafeln 48,– DM

44 **System zur Planung des Umlaufbestandes in Betrieben mit Serienfertigung**
Von K.-G. Wilhelm. ISBN 3-540-10377-5.
1980, 142 Seiten mit 67 Abbildungen und 15 Tafeln 48,– DM

45 **Rechnerunterstützte Arbeitsplanerstellung mit Kleinrechnern, dargestellt am Beispiel der Blechbearbeitung**
Von W. Hoheisel. ISBN 3-540-10505-0.
1981, 169 Seiten mit 74 Abbildungen. 48,– DM

46 **Beitrag zur Verbesserung der Wirtschaftlichkeit EDV-unterstützter Fertigungssteuerungssysteme durch Schwachstellenanalyse**
Von J. Lienert. ISBN 3-540-10506-9.
1981, 148 Seiten mit 37 Abbildungen. 48,– DM

47 **Die Abscheidung von Öl an Entlüftungsöffnungen drucklufttechnischer Anlagen**
Von W.-D. Kiessling. ISBN 3-540-10604-9.
1981, 117 Seiten mit 48 Abbildungen und 3 Tabellen. 43,– DM

48 **Dynamische Optimierung technisch-ökonomischer Systeme**
Von J. Warschat. ISBN 3-540-10717-7.
1981, 132 Seiten mit 60 Abbildungen. 43,– DM

49 **Bildsensor zur Mustererkennung und Positionsmessung bei programmierbaren Handhabungsgeräten**
Von H. Geißelmann. ISBN 3-540-10735-5.
1981, 125 Seiten mit 52 Abbildungen. 43,– DM

50 **Verfügbarkeitsberechnung für komplexe Fertigungseinrichtungen**
Von Ekkehard Gericke. ISBN 3-540-10779-7.
1981, 132 Seiten mit 71 Abbildungen. 43,– DM

51 **Materialflußgestaltung in Fertigungssystemen**
Von Willi Rößner. ISBN 3-540-10888-2.
1981, 149 Seiten mit 76 Abbildungen. 48,– DM

52 **Beitrag zur Analyse der Auswirkungen der Mikroelektronik, dargestellt am Beispiel der Büromaschinen-Industrie**
Von Werner Neubauer. ISBN 3-540-10991-9.
1981, 145 Seiten mit 27 Abbildungen und 47 Tabellen. 43,– DM

53 **Modelle von Informationssystemen zur kurzfristigen Fertigungssteuerung und ihre Gestaltung nach betriebsspezifischen Gesichtspunkten**
Von Roland Gentner. ISBN 3-540-10992-7.
1981, 181 Seiten mit 69 Abbildungen und 7 Tabellen. 48,– DM

54 **Entwicklung von Verfahren zur Terminplanung und -steuerung bei flexiblen Montagesystemen**
Von Jürgen H. Kolle. ISBN 3-540-11227-8.
1981, 132 Seiten mit 64 Abbildungen und 1 Faltplan 43,– DM

55 **Arbeits- und Kapazitätsteilung in der Montage**
Von Stefan Dittmayer. ISBN 3-540-11228-6.
1981, 124 Seiten und 56 Abbildungen. 43,– DM

Die Berichte 38 und folgende sind zu beziehen durch den Springer-Verlag, Berlin Heidelberg New York

IPA Forschung und Praxis

Berichte aus dem Fraunhofer-Institut für Produktionstechnik und Automatisierung, Stuttgart, und dem Institut für Industrielle Fertigung und Fabrikbetrieb der Universität Stuttgart

Herausgeber: Prof. Dr.-Ing. H. J. Warnecke

56 **Beitrag zur systematischen Planung der Qualitätsprüfung bei Klein- und Mittelserienfertigung**
Von Herbert Babic. ISBN 3-540-11325-8.
1982, 108 Seiten mit 38 Abbildungen und 7 Tabellen. 53,— DM

57 **Methode zur rechnerunterstützten Einsatzplanung von programmierbaren Handhabungsgeräten**
Von Uwe Schmidt-Streier. ISBN 3-540-11355-X.
1982, 188 Seiten mit 72 Abbildungen. 53,— DM

58 **Werkstoff- und Energiekennwerte industrieller Lackieranlagen, am Beispiel der Automobilindustrie**
Von Rainer Manfred Thiel. ISBN 3-540-11356-8.
1982, 116 Seiten mit 59 Abbildungen. 53,— DM

59 **Maßnahmen zum Verbessern der pneumatischen Lackzerstäubung — Teilchengrößenbestimmung im Spritzstrahl —**
Von Klaus Werner Thomer. ISBN 3-540-11507-2.
1982, 162 Seiten mit 94 Abbildungen und 1 Tabelle. 53,— DM

60 **Ermittlung und Bewertung von Rationalisierungsmaßnahmen im Produktionsbereich**
Von Jürgen Schilde. ISBN 3-540-11730-X.
1982, 158 Seiten mit 57 Abbildungen. 53,— DM

61 **Untersuchung von Verfahren der Reihenfolgeplanung und ihre Anwendung bei Fertigungszellen**
Von Mohamed Osman. ISBN 3-540-11747-4.
1982, 124 Seiten mit 32 Abbildungen und 3 Tabellen. 53,— DM

62 **Ein Simulationsmodell zur Planung gruppentechnologischer Fertigungszellen**
Von Volker Saak. ISBN 3-540-11747-4.
1982, 134 Seiten mit 53 Abbildungen. 53,— DM

63 **Verfahren zur technischen Investitionsplanung automatisierter flexibler Fertigungsanlagen**
Von Günter Vettin. ISBN 3-540-11747-4.
1982, 134 Seiten mit 63 Abbildungen. 53,— DM

64 **Pneumatische Sensoren zur prozeßsimultanen Messung des Werkzeugverschleißes und zur Kollisionsvermeidung beim Messerkopffräsen**
Von Wolfgang Jentner. ISBN 3-540-11747-4
1982, 126 Seiten mit 47 Abbildungen und 6 Tabellen. 53,— DM

65 **Rechnerunterstützte Gestaltung ortsgebundener Montagearbeitsplätze, dargestellt am Beispiel kleinvolumiger Produkte**
Von Eberhard Haller. ISBN 3-540-12015-7.
1982, 130 Seiten mit 43 Abbildungen 53,— DM

66 **Fernsehüberwachung von Schutzgasschweißvorgängen mit abschmelzender Elektrode MIG – MAG**
Von Ruprecht Niepold. ISBN 3-540-12181-1.
1983, 178 Seiten mit 73 Abbildungen und 5 Tabellen 58,— DM